中国社会科学院 学者文选

马 侠 集

中国社会科学院科研局组织编选

中国社会科学出版社

图书在版编目（CIP）数据

马侠集／中国社会科学院科研局组织编选. —北京：中国社会
科学出版社，2006. 12（2018. 8 重印）
（中国社会科学院学者文选）
ISBN 978 - 7 - 5004 - 5899 - 9

Ⅰ. ①马… Ⅱ. ①中… Ⅲ. ①社会学—中国—文集 Ⅳ. ①C91 - 53

中国版本图书馆 CIP 数据核字（2006）第 133172 号

出 版 人	赵剑英
责任编辑	周兴泉
责任校对	石春梅
责任印制	李寡寡

出　　版	中国社会科学出版社
社　　址	北京鼓楼西大街甲 158 号
邮　　编	100720
网　　址	http：//www. csspw. cn
发 行 部	010 - 84083685
门 市 部	010 - 84029450
经　　销	新华书店及其他书店

印刷装订	北京市十月印刷有限公司
版　　次	2006 年 12 月第 1 版
印　　次	2018 年 8 月第 2 次印刷

开　　本	880 × 1230　1/32
印　　张	13. 75
字　　数	328 千字
定　　价	79. 00 元

出 版 说 明

一、《中国社会科学院学者文选》是根据李铁映院长的倡议和院务会议的决定，由科研局组织编选的大型学术性丛书。它的出版，旨在积累本院学者的重要学术成果，展示他们具有代表性的学术成就。

二、《文选》的作者都是中国社会科学院具有正高级专业技术职称的资深专家、学者。他们在长期的学术生涯中，对于人文社会科学的发展作出了贡献。

三、《文选》中所收学术论文，以作者在社科院工作期间的作品为主，同时也兼顾了作者在院外工作期间的代表作；对少数在建国前成名的学者，文章选收的时间范围更宽。

中国社会科学院

科研局

1999 年 11 月 14 日

目　　录

人口发展与家庭结构变化

前　言

　　我 1948 年毕业于国立中央大学，（重庆、南京）解放后在江苏省文委和中国农业科学院从事党政工作多年，后在南京农业大学和北京清华大学讲授经济学二十余年，其后调入中国社会科学院从事人口学研究十余年。曾任中国社会科学院教授兼人口研究所副所长，同时兼任研究生院人口系系主任，享受国家特殊津贴。主要研究领域为城市化与人口迁移，人口发展与家庭结构变化。著述遵循唯物史观，关注我国文化传统，结合经济社会变革国情，广泛应用人口学、经济学、发展经济学以及社会学等学科的理论方法。分析实地调查资料，对照相应历史数据，着力于经验总结与理论概括，评估现行政策，提出决策建议，研究成果有实际意义。先后承担和参与国家社科重点研究项目、联合国援助项目、加拿大援助项目、中澳合作研究项目，以及国内合作研究项目多起，主持和参加人口实地调查五项，撰写专著和论文，在国内外出版中英文本百余万言。本文集所收论文二十余篇，分为城市化、人口迁移、人口发展与家庭结构变化三部分。

关于城市化论述

概述马克思关于城市起源、不同社会制度下城市依存的经济基础及城市性质与功能。由城乡对立，最终发展到城乡融合的理想。在工业化和经济现代化过程中，大量农业人口逐渐转变为非农业人口，农村人口逐渐转变为城市人口，城乡人口结构发生巨大变化，乃是紧随经济发展产生的客观必然性。

考察我国城市体系，等级规模，城镇划分标准沿革，城市化水平，城镇分布，城市政策等方面。揭示户口制度和迁移政策使城乡成为两大封闭社区，城市人口形成封闭人口；城镇建制标准包括农村人口过多，造成城市虚假膨胀，城市化水平计算失真，使城市人口之中非农人口与农业人口比例倒挂，偏离国际通行原则，为此修订城乡划分标准势在必行。同时提出一个计算我国城市化真实水平的公式，从而排除城市化中的虚假水分。

其次，考察我国城市化发展方针（严格限制大城市发展，适当发展中等城市，积极发展小城市），以城市人口规模大小作为限制或发展的依据仍不全面，而应以城市的人口、区位、生态、资源、经济以及功能六个主要因素，确定城市发展规模和城市性质。该大则大，该小则小，不做硬性统一规定。我国历史遗留下来的城镇体系，是以农业和手工业为经济基础的多中心塔形分层城镇网络体系，分布偏集东南，由东向西逐次疏稀，城市性质多为行政中心和手工业生产与集散地，拥有现代化工商业的城镇为数不多。在计划经济体制时期，主要采取计划性安排工业、矿业办法，新建或扩建城镇。

再次，对照世界多数国家，工业人口，国民总产值与城市化水平三者，观察我国相应参数，显示我国20世纪80年代城市化水平与经济发展水平还较吻合，并无过大差距。又以74城镇调查数据估算，建国以后直至80年代中，农村迁入城市人口总数，及其迁入以后所生子女数，用来观察农村迁入人口在城市化水平增长中的影响和作用。

关于人口迁移的论述

出生和死亡是人的生命机体的自然变动，迁移是人的社会变动，就人口总体而言人口的迁移变动总是伴随着人口自然变动。

迁移行为的微观效益，是为取得改善个体的生存环境和提高生活质量。迁移行为的宏观效益，则是通过空间上的扩散，广泛开拓生存天地，从而取得群体素质的提高，群体数量的增长，群体生命在时间上的延长，人类物种的不断繁衍。

其次依据世界史实，由前工业社会步入早期工业社会阶段，必然出现农村人口流入城市。运用发展经济学者威廉·刘易斯所论两部门（即农村部门和工业部门）转变学说，观察我国工业化过程中农村人口面向城市的大迁移，乃是农业产业部门逐步转变为工业产业部门的必要条件，也是两种产业部门转变的直接结果。因此我认为，我国实现工业化和现代化，必须实现三种转变：即人口产业类型的转变（即变农业人口为非农业人口）、人口居住地类型的变化（即变乡村人口为城镇人口）和封闭社区人口转变为开放社区人口。

再次，论证市场经济与迁移流动的关系。人口流动是商品流通的物质承担者，人口流动和人口迁移是市场经济发展的条件，商品流向、资本流向引导人口流向；人口流动与市场经济发展互相促动，人口流动和迁移不仅促进市场经济发展和城市化发展，同时也促进人口本身素质提高和促使人口生育率的降低。

此外，依据户口登记资料，计算建国后 26 年的人口迁移数量；依据黑龙江移民调查材料，计算移入黑龙江省人口数量以及依据 74 城镇人口迁移调查资料估算迁入全国城镇人口数量。划分人口迁移分期，比较自发性人口迁移与计划性人口迁移的差异，城乡人口迁移的差异，地域差异和中外差异等等。分析人口迁移流向、迁移原因、迁移人口构成以及迁移的效应影响。从比较分析中，综合概括我国改革开放前城乡人口迁移呈现呆滞、单向、逆城市化等诸多特性。这些特点无疑是计划体制下严格限制人口迁移的产物，由此造成城乡两大社区封闭，阻碍市场经济发展和城市化水平增长，以及两种产业类型的转变。为此建议修改迁移政策，解禁城乡封闭，适应市场经济发展。

另外，80 年代的"民工潮"以及改革开放后，出现相当数量的国际人口迁移中的智力外流（"即脑流失"）现象，也分别有专文做出分析评论并提出决策建议。

关于人口与家庭结构变化的论述

家庭是以婚姻为基础，以血缘为纽带的人类社会组织的细胞，是人类自身繁殖单位，在一定社会经济条件下家庭是成员共同劳动生产和共同生活的基本单位。

家庭规模和家庭结构的变化受经济、社会、文化、心理等多方面的影响和制约。在社会主义公有制度下，由于生产方式的变革，家庭的规模、结构、功能、成员关系以及与之相联的伦理观念和道德法律，也都发生了很大变化。这些变化对于人口本身的发展也会产生深远影响。

根据历史档案资料，历次人口普查资料，以及自己亲身调查资料，观察 20 世纪初迄至 80 年代，我国家庭规模、结构、世代的变化，进行今昔、城乡、地域的比较，土地改革以后农村家庭发生的变化乃是若干世纪以来最大的一次变化，主要表现在：家庭户急骤分解，家庭户数量增多，家庭人口规模缩小，家庭世代缩小，核心家庭增加，直系家庭减少。

论证上述家庭诸多方面的变化原因，在于观察社会经济结构与家庭结构以及生育意愿三者的内在关联。首先，生产资料所有制的变革，封建地主所有制的消灭，农民个体所有制的建立，农民分得土地，政治翻身经济自主，收入增加，生活改善，生育意识增强，结果人口生育率逐步增长，人口总量相应增加，家庭户平均人口总量理应同步增加，但是由于家长制在土地改革冲击之下，家长权利相应削弱，父辈不再拥有一家的全部土地，成年已婚子辈得以带走自己分得的份地，分离另立，导致家庭户数量增加与家庭户平均人口规模缩小；其次人口增长，寿命延长，导致亲子血缘世代增加，但因子辈离家另立，户数增多抵消了家庭户平均世代增长。另就家庭结构而言，由于子辈分离另立小家庭为数众多，导致核心家庭户数增加很多，而三代直系家庭户却相对萎缩。再次，经过土地改革消灭封建地主所有制以后、分得土地的农民以家庭为生产经营单位追求发家致富，自然产生增添人手的要求，合作化解体实行家庭承包制，又恢复了以家庭为劳动经营单位的生产功能，同样不可避免产生增添人口的愿望。因此应该认识到实施计划生育不仅会遇到追求多子多福的传统意识的阻力，也会遇到现实经济利益驱动下希望增添人手的阻力。

马　侠
2006 年 5 月

城 市 化

略论马克思和恩格斯的城市发展观

　　人类居住形式的发展，在历史上曾经历过三个阶段：一是游牧式逐水草而居的阶段（约在一万年以前新石器时代的前期）；二是比较固定的泥洞石屋式的半永久的农牧村舍阶段（约在新石器时代的后期）；三是城市聚居阶段，此阶段约在公元前5000—前3500年之间开始。在当前世界上，虽然整个人类并未都居住在城市里（大约只有41%的人类住在城市里），但是在人类居住形式的发展历程中，我们仍然处于城市聚居的发展阶段。城市的起源是人们所熟知的，而它的发展和未来的前途如何，又是人们所关心的。

　　马克思和恩格斯在《共产党宣言》、《资本论》、《德意志意识形态》、《政治经济学批判》、《英国工人阶级的状况》、《论住宅问题》、《反杜林论》和《家庭、私有制和国家的起源》等著作中，对于人类高度聚居形式城市的起源和发展以及共产主义社会人类理想的居住形式等一系列问题，有过丰富、精辟的论述。今天重温这些教导，它对于我们在实现"四化"过程中改造旧城市，建设社会主义新城市和新农村，逐步消灭城乡差别，形成合理的城乡人口分布，形成均衡生产力布局，并建立合理的城镇体系等一系列实际问题，不论在理论或实践上，都具有现实的指导意义。

一

城市是社会生产力发展到一定阶段的产物。在社会生产发生第一次大分工（即农业和畜牧业分离）以后，出现了农业定居点。在社会生产发生第二次大分工（即手工业和农业的分离）以后，随着私有制和阶级的产生，同时也出现了人类聚居的城市。

马克思和恩格斯在《德意志意识形态》一书中讲到古代社会所有制时说：最初的城市是"几个部落通过契约或征服联合为一个城市而产生的"[①]。恩格斯说："用石墙、城楼、雉堞围绕着石造或砖造房屋的城市，已经成为部落或部落联盟的中心；这是建筑艺术上的巨大进步，同时也是危险增加和防卫需要增加的标志。"[②] 在分工和私有制出现以后，奴隶制的产生和发展、直接以交换为目的的商品生产的出现、部落内部及其境界上的贸易交换，所有这一切活动，都使少数人的财富增加起来。正是这些"邻人的财富刺激了各民族的贪欲，……获取财富已成为最重要的生活目的之一"[③]。所以，到原始公社末期，部族之间的战争就只是为了掠夺邻人的财富。为了防御其他部族的侵扰和掠夺，就建造起城堡（即城市）以护卫本部族的财产和人身安全。

早期较繁荣的城市大约于公元前3500年至公元前3000年首

---

① 《马克思恩格斯选集》第1卷，第26页。
② 《马克思恩格斯选集》第4卷，第159页。
③ 同上书，第160页。

先在两河流域、埃及、中国、印度河流域、中美安第斯山脉和尼日利亚的西南部形成。当时的城市和农村没有多大区别，它主要作为部落联盟的军事堡垒和政治中心而存在。手工业并不发达，虽然手工业者出售他们的制成品，但是产品交换仍然是有限的。"古代人从来不曾超出道地的城市手工艺的范围，因此从未能造成大工业。大工业的首要前提，是把全部农村纳入不是使用价值而是交换价值的生产"①。他们生活所需的大部分消费品仍然是依靠本身生产，许多手工业者都有小块耕地和菜地，并且自己还饲养家畜。城市周围的土地是城市的领土。城市里还有大片耕地、菜园和果园，从事手工业的居民还不能完全脱离农业。马克思把这种古代城市叫做"以土地财产和农业为基础的城市"②，并说"城市连同属于它的土地是一个经济整体"，"土地私有者同时也就是城市市民"。③ 所以，马克思也把古代的历史称之为"城市乡村化"的历史。

二

古代早期的城市主要是为了防御的需要而建立起来的，而后来商品的生产和交换对城市的发展起了很大作用。

马克思说："城市的出现也就需要有行政机关、警察、赋税等等，一句话，就是需要有公共的政治机构，也就是说需要政治。在这里居民第一次划分为两大阶级，这种划分直接以分工和生产工具为基础。城市本身表明了人口、生产工具、资本、享乐

---

① 《马克思恩格斯全集》第 46 卷上，第 515 页。
② 同上书，第 480 页。
③ 同上书，第 481 页。

和需求的集中。"① 随着商品生产和商品交换的发展，城市逐渐变为手工业者、商人和高利贷者的聚集地。在奴隶制国家出现以后，城市既是奴隶主的政治统治中心，也是手工业和商业中心。当时的欧洲出现了罗马、佛罗伦萨、威尼斯、热那亚、巴黎、里昂、马赛、伦敦等城市。奴隶制解体以后，罗马的许多城市也随之衰落了。

中世纪欧洲新兴的城市是手工业者和商人建造起来的。封建制度统治下的小农是自给自足的，他们差不多能生产他们所需要的一切，几乎没有什么交换；封建领主则以剥削所得购买奢侈品满足自己的享受；手工业者逐渐向地主庄园和寺院周围聚拢，或是向大村落和产品集散地集中。于是，往往在一些庄园周围和交通要道上又形成一些新城市。封建主住在农村的庄园里，向城市发号施令；城市在政治上受住在农村的封建主的统治，在经济上向封建主纳税。所以，"在中世纪，每一城市中的市民，为了保护自己的生活，都不得不团结起来反对农村贵族"②。欧洲封建社会从 11 世纪开始，随着商品生产的发展，城市日益增多，当时的神圣罗马帝国曾有城市"三千座"。

在中世纪欧洲的城市里，同行业手工业者组织各种行会，既限制本地手工业的竞争，也防止外来手工业的竞争。但是"不同城市之间的分工的直接后果就是工场手工业的产生，即超出行会制度范围的生产部门的生产"③。工场手工业出现以后，过去手工业者师徒之间的宗法关系被资本主义雇佣关系所代替。后来，随着资本主义机器大工业的发展，资产阶级"建立了现代

① 《马克思恩格斯选集》第 1 卷，第 56 页。
② 同上书，第 59 页。
③ 同上书，第 61 页。

化大工业城市（它们像闪电般迅速地成长起来）来代替从前自然成长起来的城市。凡是它所渗入的地方，它就破坏了手工业和工业的一切旧阶段。它使商业城市最终战胜了乡村"①。

从工业革命开始直到自由资本主义阶段结束：（1750—1900年），这短短150多年间，工业的发展促进城市的迅速发展。英国是工业革命的发源地，1851年英国城市人口超过农村人口，到19世纪末，英国城市人口已猛增到总人口的75%。美国1790年第一次人口普查时，只有24座工业城市。100年后，即1890年工业城市已经发展到1348座。可以看出，随着工业的发展，城市发展之速是十分惊人的。

马克思说："城市工业本身一旦和农业分离，它的产品一开始就是商品，因而它的产品的出售就需要有商业作为媒介，这是理所当然的。因此，商业依赖于城市的发展，而城市的发展也要以商业为条件，这是不言而喻的。"② 恩格斯说："向城市集中是资本主义生产的基本条件。"③ 可见，城市的发展是随着手工业的发展而成长和壮大的，同时也是随着商品生产的发展而发展的。特别是资本主义商品生产的发展，更促进了城市的膨胀。

在资本主义由自由竞争阶段发展到垄断阶段，资本的集中和垄断更促使城市大大地膨胀起来。

在《共产党宣言》发表后的第二年，即1850年，被恩格斯称为世界商业首都伦敦的人口是230多万，1875年增长为424万人。1900年，伦敦人口达到648万人。1960年，更上升为1070万人。一百多年伦敦人口增长4倍以上。在这个时期，不

---

① 《马克思恩格斯选集》第1卷，第67页。
② 《马克思恩格斯全集》第25卷，第371页。
③ 《反杜林论》，第291页。

仅伦敦一个城市的人口迅速膨胀起来，而且世界上还出现了许多大城市。19世纪初叶，1800年世界上拥有百万人口的城市只有北京1座城市，而1850年增加到3座（伦敦、北京、巴黎），1875年增加到6座，1960年增加到133座，到1980年又增加到272座。据预测，到20世纪末叶，将要达到522座[①]。

1800年，世界城市人口总数是2930万（占当时世界人口总数9.06亿的3%），而1900年城市人口已增加到2.244亿（占当时世界人口总数16.08亿的13.6%）。第二次世界大战以后，世界城市人口增长的速度更快。1950年，城市人口7.067亿（占当时世界人口总数24亿的28.2%）。20年以后，1970年增加到13.99亿（占当时世界人口总数36.28亿的38.6%）。1975年，又增加到16.50亿（占当时世界人口总数40亿的41%）。据联合国统计学家估计，在20世纪末，城市人口将占世界人口的50%以上，即达到30多亿人。20世纪最后30年间增加的城市人口，要比1970年的城市人口总数还多。

世界城市的发展，不仅出现了上千万或几千万人口的大城市（如墨西哥城人口2000万），而且邻近的大城市连成一片，形成城市地带、特大城市地区，例如伦敦地区、巴黎地区、鲁尔地区、尼德兰地区、波士顿—华盛顿—哥伦比亚特区；日本的京滨、阪神、中京、北九州形成了800公里的带状地区，它的面积只占国土的22%，而拥有的人口却占全国人口的66%。90%的百万人口以上的大城市，全国60%以上的工厂，83%的产业人口，72%的工业产值都集中在这个特大城市地区。可以说，在这些地区城市成群，工厂林立，人口密集，交通纵横，环境污染。西方学者预言，这种特大城市将发展到1亿左右的人口规模。随

---

① 《1950—2000年城乡人口增长模式》（联合国人口资料），1979年。

着科技和交通的发展，特大城市地区还要向纵深发展，延伸到一国、一洲，乃至全球。

三

　　马克思在总结各个历史时期城市发展的特点时指出："古典古代的历史是城市的历史，不过这是以土地财产和农业为基础的城市"；"中世纪（日耳曼时代）是从乡村这个历史舞台出发的，然后，它的进一步发展是在城市和乡村的对立中进行的；现代的历史是乡村城市化，而不像在古代那样，是城市乡村化。"① 这就是说，古代最初的城市里还有耕地、菜园、果园，"城市连同属于它的土地是一个经济整体"②，而现代则是资本主义工商业的发展不断地把许多的农村变为城市。马克思在世时，城市的发展虽然还没有出现像现在这样的城市群和城市带，然而马克思面对当时人类聚居形式已经达到的历史阶段性的巨大变化，对当时城市化的功过得失做过极其精辟和深邃的评价。他认为："资本主义生产使它汇集在各大中心的城市人口越来越占优势，这样一来，它一方面聚集着社会的历史动力，另一方面又破坏着人和土地之间的物质变换……它同时就破坏城市工人的身体健康和农村工人的精神生活。"③

　　在资产阶级建立的大城市里汇集着先进的阶段（无产阶级）和由他们创造的大量的物质财富，并且还汇集着各种优秀人物和人类智力劳动结晶的精神财富，所以城市是文明的象征。马克思

---

　　① 《马克思恩格斯全集》第46卷上，第480页。
　　② 同上书，第481页。
　　③ 《资本论》第1卷，第552页。

说："资产阶级……创立了巨大的城市，使城市人口比农村人口大大增加起来，因而使很大一部分居民脱离了乡村生活的愚昧状态。"① 城市不仅把农业人口带进了文明圈，而且通过它的现代化工具影响到落后民族的发展。马克思说："资产阶级，由于一切生产工具的迅速改进，由于交通的极其便利，把一切民族甚至最野蛮的民族都卷到文明中来了。"② 这就是说，城市和文明紧密相连，城市聚集着人类的文明，不仅现代城市如此，就是古代城市和中世纪城市也如此。在"文明期三大时代"的最初时代，即古代奴隶制时期的希腊城市里，不仅产生了文学艺术、哲学历史和科学技术等古代文化，而且还建造了规模宏大的剧场、竞技场、市政厅、神庙和市场等公共建筑。例如公元前3—前1世纪罗马城市建造了华丽的宫殿、寺庙、浴池、斗兽场、多层建筑、石铺道路、下水道和高架供水渠道等公共工程。

我国封建社会的历代都城和许多城市，不仅建筑宏伟，而且也是文物聚集、人才荟萃的所在。盛唐的京城长安开设弘文学馆，广引文学之士；精选天下文儒。"是时四方儒士，抱负典籍，云会京师。"③ 弘文殿收藏群书，多至20余万卷。国子监总设七学馆，学舍1200间，广收中外学子多至8000人，外国贵族子弟前来留学者络绎不绝。当时城市文化教育之昌盛，是可以想见的。

总之，城市和文化、文明是不可分割的。城市的出现是人类社会发展史上划时代的里程碑。恩格斯说得好：在氏族社会末期"新的设防城市的周围屹立着高峻的墙壁并非无故：它们的壕沟

---

① 《马克思恩格斯选集》第1卷，第255页。
② 同上。
③ 《旧唐书》。

深陷为氏族制度的墓穴，而它们的城楼已经耸入文明时代了。"①
恩格斯把城市的出现看做是人类脱离野蛮时期而进入文明时期的
分界线。这种精辟的论断是一点也不过分的。难怪西方人一直把
城市看做是人类的精华和文明的象征。长期以来，许多西方人把
城市化的发展当作文明和进步的同义语，这种看法也是不无道理
的。

从另一方面看，人类进入"文明时代的基础是一个阶级对
另一个阶级的剥削，所以它的全部发展都是在经常的矛盾中进行
的"②。城市中成长和发展着文明，同时也不断产生着新的野蛮
和罪恶，在城市生活的最底层，劳动者承受着肉体上的折磨和精
神上的摧残。在马克思和恩格斯的许多著作中，对于资本主义工
业城市带给无产阶级的沉重灾难，曾给以无情的揭露和辛辣的批
判。特别是，在马克思和恩格斯逝世以后，发展到垄断阶段的资
本主义国家大城市里产生的种种罪恶和弊端，如抢劫、凶杀、贩
毒、娼妓、车祸、污染等更加严重，这些资产阶级根本无法克服
的难题，只能在资本主义制度被消灭以后由无产阶级去解决。

四

马克思和恩格斯对于城市发展的前途如何看待呢？无产阶级
取得政权以后又该如何对待城市和农村的发展问题呢？

马克思和恩格斯对于城市发展前途的展望，是和消灭城乡对
立问题相联系的。

城市从其出现的第一天开始，就产生了城乡分离和城乡对立

---

① 《马克思恩格斯选集》第4卷，第160页。
② 同上书，第173页。

问题。马克思和恩格斯认为："物质劳动和精神劳动的最大的一次分工，就是城市和乡村的分离。城乡之间的对立是随着野蛮向文明的过渡、部落制度向国家的过渡、地方局限性向民族的过渡而开始的，它贯穿着全部文明的历史并一直延续到现在。"① 马克思还指出："消灭城乡之间的对立，是社会统一的首要条件之一。"② 城乡对立的经济基础既然是城市对乡村的剥削，那么消灭城乡对立必须首先消灭资本主义和一切剥削制度。而城乡对立消灭以后，还要通过"农业和工业结合"以及"城市和乡村融合"来逐渐消灭城乡之间的差别。

我国社会主义革命和建设的实践表明：随着资本主义和其他剥削制度的消灭以及社会主义制度的巩固，城乡之间根本利益上的对立，或者说是城乡对立的基础，已经被社会主义制度消灭了。但是，城乡差别依然存在。那么我们如何进一步消灭这样的差别呢？由于城乡差别的形成和发展经历了漫长的历史，所以要消灭这个差别也需要一个较长期的过程。

五

综上所述，马克思、恩格斯论述城市的产生和发展的主要观点，可以简要概括为以下四点。

第一，城市是社会生产力发展到一定阶段才出现的。初期阶段城乡的分野并不是很大。手工业和商业的发展，促进了城市的进一步发展。而机械大工业的出现和发展，最终使城市发展成为现代化大城市。

① 《马克思恩格斯选集》第1卷，第56页。
② 同上书，第57页。

第二，城市最初的功能主要是防御外敌侵扰。在现代化武器出现以前，城市对于交战的双方都有极大的战略价值，对一方是坚守的据点，对另一方就是攻占的目标。随着现代攻坚武器的发展和战略战术向立体化演变，城墙的防御功能业已相对缩小。因此新兴城市无须再筑城墙，而一些古老城市高耸的城墙也已逐渐被拆毁了，代之出现的是政治机关密布、烟囱高耸、学府林立、交通线路密如蛛网。这一切都说明，城市的防御功能日益减弱了，而城市的政治、经济和文化功能日益加强。

第三，城市出现以后就产生了城乡的分离和对立，随着城乡差别的扩大，城乡对立也日趋严重。在私有制的各个社会形态之中，城市成为全国性的或者是地区性的政治、经济、文化中心。农村一方面受城市的剥削和控制，另一方面，落后的农村又不能不受到城市文明的影响和推动。

第四，由古代社会的"城市农村化"发展到资本主义社会的"农村城市化"时，城乡对立和矛盾发展到顶点；到共产主义社会，通过城乡融合，城乡之间的差别和对立才能最终消灭，并使畸形发展的大城市得到合理的控制。

马克思和恩格斯关于城市的发生和发展、城市的社会功能和历史作用，以及城市未来发展前景等方面的论述，对于我们现实的社会主义建设具有重大的理论指导意义。重温这些教导对我们有极大的启发。

首先，我们应该正确认识城市历史在发展过程中的各个社会阶段的地位和功能。在社会主义建设中，充分发挥它的积极方面的作用。

如前所述，城市是伴随着社会分工、私有制以及商品的生产和交换而产生和发展起来的，也是在人类的物质文明和各个阶级的精神文明的发展过程中成长和壮大起来的。事实上，城市自产生以后就逐渐发展成为人类社会的政治、经济、文化的中心。

在一个经济和文化比较落后的社会主义国家里进行四个现代化建设，必须充分发挥马克思所说的城市的"历史动力"作用。列宁在十月革命胜利以后不久也曾指出："城市必然要领导农村。农村必然要跟城市走。"这"是在从资本主义向共产主义过渡的时代不可避免的事实"①。

现代工业城市不仅是工业生产的基地，而且聚集着历史流传下来的物质财富和精神财富。城市里集中了当代的先进阶级和精英人物，集中着众多的科技文教机构。拥有丰富的图书资料和完善的科研设备，拥有便利的交通运输条件和快速的情报信息以及文化传播手段。此外，还拥有强大的金融体系和广阔的商品交换渠道。这一切都是推动社会发展的文化和经济手段。列宁说："在现代各个国家甚至在俄国，城市的发展要比乡村迅速得多，城市是经济、政治和人民的精神生活的中心，是前进的主要动力。"② 我们必须充分发挥城市的这一作用，让城市去带动农村的发展，并促进整个社会的进步。

其次，对于消灭城乡差别问题要有一个全面和完整的认识。

城市发展的历程，是由最初的"城市乡村化"，进而发展到"乡村城市化"，最终将达到"城乡融合"阶段。"城乡融合"是人类聚居的高级阶段。到那时既不再有上千万人口集聚的喧闹的大城市，也基本上不再有孤单零散的居住户。人们居住在享有现代化设施的规模大小不等的聚居区中，既接近学习和生产劳动岗位，又接近大自然。

但是，无论从城市的发展历史和实现"城乡融合"所需要

---

① 《列宁全集》第30卷，第225页。
② 《列宁全集》第19卷，第264页。

的物质和精神条件看，要消灭城乡差别都不是一蹴可及的事情，我们不能指望在短时期内就可以实现，它需要一个较为长远的过程。

至于消灭城乡差别的途径，既不能继续走资本主义发展过程中的"农村城市化"的老路，也不能采取一概限制城市发展的办法，去硬和农村的现有水平拉平，这两种道路都是行不通的。恩格斯曾预言到共产主义时代"大城市的毁灭，肯定是会实现的"。① 这种设想的实现是通过"城乡融合"逐渐完成的。我们国家经济和文化比较落后，无产阶级取得政权以后，在大力发展农村的同时，也要大力发展城市，发挥城市对农村的带动作用，只有这样，才能较快地改变农村的落后面貌，才能指望最终实现"大城市的毁灭"和"城乡融合"。但是，正像斯大林说的那样，"这不是说，城市和乡村之间对立的消灭应当引导到'大城市'的毁灭。不仅大城市不会毁灭，并且还要出现新的大城市，它们是文化最发达的中心，它们不仅是大工业的中心，而且是农产品加工和一切食品工业部门强大发展的中心。这种情况将促进全国文化的繁荣，将使城市和乡村有同等的生活条件。"②

再次，在改造原有城市和建设新城镇的过程中，应建立大中小城市和集镇体系。我国原有城市数量本来不多，城市人口比重较低，这反映了旧中国生产力水平的低下。所以，在我国社会主义建设的过程中，不仅应该改造好原有城市，还应有计划地建设和发展一批新的中、小城镇，以便适应四化建设的需要。中央提出的"严格控制大城市，合理发展中等城市，积极发展小城市"的城市发展方针，反映了社会主义经济和文化建设对于社会主义

---

① 《反杜林论》，第 293 页。
② 《斯大林选集》下卷，第 558 页。

城市发展的要求，应该大力促进这一方针的付诸实施。

恩格斯曾指出："大工业在全国的尽可能平衡的分布，是消灭城市和乡村的分离的条件。"① 这里说的"平衡分布"，绝不是平均分布的意思，而是相对的均衡分布，因为大工业的布局，一方面受到资源制约，不能要求资源充分或资源缺乏的地方，都建立同样的工业；其次，各种工业的性质及其生产过程决定了各自规模不尽相同。例如，钢铁工业一般都比纺织工业规模大得多，因此不能要求分布在各地的工业规模强求一律。另一方面，各种工业的联合配置的范围大小也不相同。有些工业需要几种工厂联合建厂，经济效益较高；有些工业则需单独建厂。因此，工业的分布只能是相对的均衡，而不是绝对的平均。

与工业分布直接相关的则是城市的布局问题，大工业的设置地点必然出现新城市。我国社会主义社会理想的城市模式，既不应是西方预言的逐渐发展为大城市区（Metropolitan Area）或城市带等，也不应是空想共产主义者欧文和傅立叶所设想的把人口"分成 1600 人到 3000 人的集团，分布于全国"②。我们既不盲目模仿西方城市发展的模式，也不应倒退到自给自足经济条件下的小生产者聚居的自然村落。我们应该根据我国历史传留下来的城市遗产和社会主义工农业发展的实际情况，以及人民物质文明和精神文明的需要，建设大、中、小城市和星罗棋布的集镇相结合的城镇体系。1981 年我国政府提出，要"以大中城市为依托，形成各类经济中心，组成合理的经济网络"。这对于以城市为中心的区域经济、文化的发展和城镇体系的形成有重大指导意义。随着国民经济结构中工业和农业比例的变化，将有大量的农业人

---

① 《反杜林论》，第 292—293 页。
② 同上书，第 288 页。

口逐渐转变为非农业人口，将来这些占人口总数绝大部分的非农业人口，将会居住在工矿企业所在的城镇之中，而将来占总人口少部分的农业人口的居住模式也应该是聚居的居民点。人口从数百到几千不等，显然这类居民点的规模够不上城镇，但是居民点的建设标准，也应享有现代化城市所拥有的最主要的公共设施和社会福利设施。

（原载《社会调查与研究》1985 年第 1 期）

中国城镇发展模式初探

1949 年我国城市人口比重为 10.6%，比一百年前的 1850年时的发达地区城市人口所占比重还低（1850 年发达地区城市人口比重为 11.4%），只略高于 1925 年时的不发达地区城市人口比重（1925 年不发达地区城市人口比重为 9.3%）。1982 年我国的城镇人口比重已上升为 20.8%，城市人口在 32 年内大致翻了一番。这样的城市化增长速度和已经达到的城市化水平是否与"四化"建设相适应？这是中外学术界十分关心的问题。本文就建国以来我国城镇体系结构、城镇分布的变化、城镇发展特点等问题进行一些探讨，以期找到适应中国国情的城镇化模式。

一 中国城镇的体系和分布

（一）多中心塔形城镇网络延续发展

城镇体系是适应社会政治制度和经济形态的要求而发展变化的。旧中国的绝大多数城市基本上是行政中心、商业资本和手工业集聚的中心。只有少数拥有现代工商业的城市形成经济贸易中心和工业基地。各省首府一般设在省区的中心或腰部。只有少数省会位置虽然处在省区的边缘，但是仍然处在该省已开发地区或人口集中地区的中心。省会以下大小城镇设置层次分明，形成以省会为中心的多层次的塔形城镇网络体系。其顶端是省会，其基础是分布全省的市镇。每个省会自成中心、自成体系。从全国范围来看，也呈现为以首都为中心的大中小城镇层叠的塔形体系。

　　解放以后，由于工业化的推进，沿海工业的内迁，生产力的有计划配置，人口的自然增长和人口的机械变动，以及城市政策实施等因素的影响，我国原有城镇的规模和体系发生了变化。但是仍然保持着塔形体系的基本特点（见表1）。

表1　　　　　　　　全国城镇统计和预计　　　　　单位：座

年份	城　　市					镇
	特大城市	大城市	中等城市	小城市	城市总数	
1953	9	16	28	113	166	5402
1964	16	35	64	53	168	3148
1982	38	47	87	73	244	2660
1984	50	75	117	53	294	6211
2000	63	74	117	—	—	—

　　在城镇发展过程中，有些年份（如1964年和1984年），大城市增加较多，小城市有所减少，人们认为呈现所谓"头重脚轻"的现象。这是由于原有的一些中等城市发展为大城市，小城市发展为中等城市，使得大中城市有所增加，而原有的未设建制及新兴的小城市未能及时补充建制的结果。事实上1982年仅10万人口以上的镇就有24个，5万—10万人口的镇有227个，2万—5万人口的镇有907个。如果把其中有条件的镇及时建制为市，则小城市会源源不断得到补充。所以"头重脚轻"的概

念是城市建制体制造成的错觉,不是城镇体系实体的客观存在。不论是否及时增加小城市建制,我国城市体系始终拥有庞大的城镇基础。展望未来,在排除城市人口机械变动条件下,仅以目前城市人口自然增长率8‰计算,及至20世纪末全国特大城市、大城市、中等城市将分别发展到63个、74个、117个,至于小城市的发展既然有广大乡镇作为增补来源(前已述及10万人口以上和5万到10万人口的镇现有251个),就不难从中选择有条件的乡镇,建制为小城市,届时我国城镇系列,仍然是一个塔形的体系。

百万人口以上特大城市的增长,引起人们的关注。特大城市的数目已由1953年的9个发展为1984年的50个。拥有人口9216.4万人,占城市人口比重的48.7%。其实,特大城市人口比重过大是由于不少特大城市包括农业人口数量过大所致。甚至有些城市所属非农人口和农业人口呈现倒挂现象。例如,在特大城市中非农业人口仅占33%以下的就有16个,山东省淄博市228万人口中,非农人口仅占33.44%。贵州省六盘水市216万人口中,非农人口只占14.64%。湖北省孝感市119万人口中,非农人口只占8.99%。广西玉林市120万人口中,非农人口只占9.06%。如果除去农业人口,按非农业人口计算则拥有百万以上人口的城市就不是50个,而是20个,拥有非农人口4446万,占现有城市非农人口总数的40.3%,如果把庞大的镇中非农人口和市的非农人口计算在一起,则特大城市非农人口占市镇非农人口的比重还会下降许多,所以实际上特大城市数目不能算多,人口比重不算过高。

特大城市和大城市数量继续增长是不可避免的,人们以为特大城市数量超过一些发达国家似乎是不正常的。其实这是不足为虑的,我国是一个拥有10亿多人口的领土辽阔的大国,绝大多数省份人口都在几千万以上。到 2000 年在这些省内有两三个百万人口的大城市并不算多。我国历史上从来就是一个大城市多的国家，远的不说，唐代 10 万户的城市有十多个，而北宋时增加到 40 多个，整个中世纪我国城市规模远比欧洲城市大得多。百万人口城市出现也早，明代都城南京和北京都曾超过百万人口，历代地方行政中心或是手工业和商业贸易城市的规模都是较大的。所以随着人口自然增长继续发展出现数十个大城市是不足为惧的，关键问题不是尽量限制和缩小城市规模，而应着眼于使城市现代化。一个规划合理，基础设施齐备，市政经费充裕，市政管理得当的大城市，应该说是利大于害的。

（二）城市规模等级差距逐渐缩小

考察城市体系除分析不同规模大中小城市的网络结构以外，还须分析主要城市之间的规模差别的变化。反映城市规模等级变化的指标，通常使用城市首位度（Primacy，deqree of city）和四城市指数（Four – city primacy index）等。这些指数显示一个国家或一个地区内的最大的几个城市规模之间的比例关系。一个国家或一个地区内的首位城市和第二位城市人口规模之间的比例，称为城市首位度；首位城市和其次的三个城市人口规模之和的比例，称为四城市指数。各种指数较小，反映首位城市与其次城市（或其次三城市人口规模之和）人口规模接近，各种指数较大，反映首位城市与其次城市（或其次三城市人口规模之和）人口规模差别较大。

1953 年全国城市首位度是 224.14，反映第一大城市上海人口规模是第二大城市北京的两倍多。同年全国四城市指数是 79.93，反映上海人口规模相当于其次三大城市北京、天津、沈阳之和的 80%。1984 年这两项指数分别降低为 119.49 与 45.28。

30 年间全国第一、二、三、四大城市之间的人口规模差别均已明显缩小，说明首位城市以外的其次大城市均有较大发展（见表 2）。

表 2　　　　　城市首位度和四城市指数

地区	首位度		四城市指数	
	1953 年	1984 年	1953 年	1984 年
全国	224.14	119.49	79.93	45.28
华北区	102.76	108.56	67.39	67.68
北京市	—	—	—	—
天津市	—	—	—	—
河北省	185.65	121.13	86.69	50.78
山西省	315.41	187.37	143.08	99.71
内蒙古自治区	100.66	122.91	60.47	52.38
东北区	197.76	159.51	82.60	69.04
辽宁省	300.10	260.42	114.83	101.68
吉林省	196.43	162.39	123.69	83.20
黑龙江省	337.34	208.03	181.10	90.65
华东区	568.39	311.73	229.37	142.43
上海市	—	—	—	—
江苏省	187.73	267.56	76.41	94.68
浙江省	293.32	198.64	122.28	58.38
安徽省	113.42	124.60	42.28	54.74
福建省	246.53	218.68	133.81	93.01
江西省	403.79	116.68	155.93	62.70
山东省	134.81	113.43	90.49	68.62
中南区	112.02	103.60	59.82	56.59
河南省	198.84	151.55	92.81	71.51

续表

地区	首位度		四城市指数	
	1953 年	1984 年	1953 年	1984 年
湖北省	1291.76	766.93	501.20	270.88
湖南省	276.81	191.20	119.17	71.26
广东省	570.19	431.60	274.86	161.93
广西壮族自治区	122.61	146.12	46.94	68.33
西南区	206.89	107.64	95.97	50.85
四川省	206.89	107.64	123.35	68.89
贵州省	277.79	160.18	—	113.33
云南省	355.98	439.26	181.28	100.73
西藏自治区	—	—	—	—
西北区	198.11	156.44	117.83	75.35
陕西省	605.22	646.47	282.82	169.23
甘肃省	478.11	739.82	189.69	196.83
青海省	—	1030.70	—	—
宁夏回族自治区	—	126.49	—	—
新疆维吾尔自治区	130.01	178.53	61.51	102.38

注：（1）1953 年数据系根据普查数据计算。

（2）1984 年数据系根据户口登记数据计算，按非农人口确定城市名次。

（3）1984 年城市首位度和四城市指数按城市（不包括市辖县）总人口进行计算。

进一步考察以省为范围的城市首位度和四城市指数，也会得到同样结论。1953 年全国有半数以上省份的城市首位度在 200 以上（即第一大城市人口规模是第二大城市的两倍），其中甘肃省和江西省首位度在 400 以上，广东省在 500 以上，陕西省在 600 以上，湖北省高达 1200 以上。这反映旧中国遗留下来的经济发展较落后的省份除省会规模较大以外，其他市镇规模较小，与第一大城市的差距较大。如陕西、甘肃、云南、贵州、江西、山西等省皆是。另一种情况是在经济较发达省份，由于某些特殊条件使得第一大城市发展极快，规模很大，致使省内其他城市难与相比，如地处南北东西交通要道的武汉市和广州市，城市发展很大，致使湖北和广东两省城市首位度分别达到1291和570。以省为范围的四城市指数的状况也很相似。1953年四城市指数越过100的省份在半数以上，指数较高的省份仍然分布在陕西、甘肃、云南、贵州、湖北和广东等地，反映旧中国许多省区城市规模差别较大，城市体系的纵向分布不够匀称。1984年省区城市首位度和四城市指数，已发生明显变化。有15个省区的城市首位度较1953年下降不少。原来首位度在200以上的16个省降到11个省，其中首位度较高的湖北省和广东省较前也已大大下降。但是与此同时，也有相反的变化，即内蒙古、江苏、安徽、广西、云南、陕西、甘肃、新疆等省区的首位度反高于1953年。原因之一是原来经济发展后进省区如陕西、甘肃、云南、广西、新疆等，解放以后省会得到优先扩展机会，省内其他城市未能同步发展；原因之二是新兴大型工矿城市的迅速兴建扩大了原有城市之间的差距，如内蒙古新兴的钢铁城市包头，安徽省的煤炭城市淮南市即是；原因之三是有些经济发达的省会，过多地集中兴办工业和其他事业，加大了城市原有规模，进一步提高了城市首位度。如江苏省的南京市即是。上述三种原因中，第二种原因导致的首位度上升，是无可非议的，而第一和第三种原因造成的首位度增高，是由于生产力配置过分集中的结果，在社会主义计划经济体制下，本来是可以避免的，由于对于城市发展的体系结构缺乏宏观的总体安排，所以出现反常发展。这种现象，今后应该避免。

1984 年省区范围内的四城市指数除 3 个省份因城市建制不足 4 个，无法比较以外，其余省份指数超过 100 的已由 1953 年的 14 省降低为 8 省，四城市指数最高的湖北省，也由 1953 年的 501 降低到 270。说明 30 多年以来沿海和内地的许多省区的城市普遍获得发展。总起来说，全国范围的或是分省范围内的主要城市规模的差距多数已经缩小，然而要实现整个城市体系纵向分布的合理匀称，仍待今后若干年内有计划地进行调整。

（三）城镇分布密集东南的格局基本未变

30 多年以来市的总数已由 1953 年的 166 座增长到 1982 年的 244 座，地域分布也略有变化。华东区和东北区的特大城市及大、中城市的数目始终占据六大地区的首位和第二位，而中南区的小城市数目始终领先。城市绝对数字增长较多是中南、华东、东北三大区。中南和华东两区是我国工农业发达地区，东北是我国的重工业地区，城市增长较多是与经济发展相适应的。增长数较少的是西南和华北。然而若观察相对增长值即各大区城市增长率，则以西北区为最高，达到 73%，华东区为 30%，位列倒数第二。这是因为西北区原有基数较少，略有增加即呈现较高增长率。而华东区原有城市冠于全国，虽增长数也不少，然而反映在增长率上反而较低（见表 3）。

乡镇的发展从 1953 年到 1984 年呈现一个由高到低再到高的马鞍形的变化。其间镇的数量减少的直接原因是乡镇建制标准的改变。就其根本原因来看，则是忽视乡镇功能的发挥和忽视农村商品经济的结果。党的十一届三中全会以后，调整农村经济体制，重视乡镇作用，发展农村商品经济使乡镇又获得复生和发展。地处物产丰富和经济繁荣的华东和中南两区，旧中国遗留下来的乡镇密如蛛网，数量位居全国之首，可是一度冷落萧条，迄

表3　　　　　　　　　六大区城镇分布　　　单位：座

行政区	年份	特大城市	大城市	中等城市	小城市	城市总数	年份	镇
华北	1953	2	2	3	18	25	1953	600
	1964	3	5	8	9	25	1964	300
	1982	6	5	10	9	30	1982	221
							1984	1006
东北	1953	2	4	5	11	22	1953	290
	1964	4	7	14	2	27	1964	293
	1982	8	12	9	9	38	1982	295
							1984	694
华东	1953	2	5	13	26	46	1953	1567
	1964	4	12	20	10	46	1964	864
	1982	13	13	23	11	60	1982	752
							1984	1374
中南	1953	2	2	3	33	40	1953	1690
	1964	2	5	14	19	40	1964	816
	1982	4	10	25	26	65	1982	646
							1984	1364
西南	1953	1	2	3	12	18	1953	766
	1964	2	4	5	4	15	1964	675
	1982	5	4	10	6	25	1982	539
							1984	1202
西北	1953	0	1	1	13	15	1953	459
	1964	1	2	3	9	15	1964	200
	1982	2	3	10	11	26	1982	207
							1984	571

1984 年其有建制乡镇数量还未恢复到 1953 年的水平。近年来增长较快的地区是原有乡镇基础较差的东北；华北增长幅度持中；西南、西北增长略少，这反映出各地原有起点不同和各地商品经济发展程度不一。1985 年乡镇总数已经增长为 7511 个，发展势头正猛。中国乡镇分布也将更趋普遍。

从大行政区的城镇人口比重来看，其分布序列又呈现出另外一幅景象。东北和华北两区领先，西北和华东两区居中，中南和西南两区在后。说明城镇数量和城镇人口数量较多的区域，会因区内人口绝对数量很大，呈现出较低的城镇人口比重。反之地广人稀的地区，会因城镇和城镇人口稍有增长，从而提高了该区的城镇人口比重（见表 4）。

表4　　　　　　　1961 年和 1984 年六大区城镇人口比重　　　　单位:%

地区	1961	1984
全国	19.3	31.90
华北	25.2	42.22
东北	40.9	53.60
华东	17.2	31.55
中南	13.8	25.66
西南	13.3	21.76
西北	18.0	32.30

进一步从不同地区的"城市密度"（每 10 万平方公里以内拥有的城市数）来考察 30 年间城市分布的变化。虽然西南区、西北区，或是边疆九省的城市密度差不多都有成倍增长，但是城市地理分布的基本形态则不曾有变。从行政区划来看仍然是华东区和中南区领先；东北区和华北区居中；西南区和西北区在后

（见表5）。从自然区划来看，则依旧是沿海领先，内地居中，边
疆在后（见表6）。

表5	六大区城市密度	单位：个/10万平方公里
地区	1953 年	1984 年
华北	0.1597	0.2300
东北	0.2775	0.4666
华东	0.5824	0.9748
中南	0.3968	0.7540
西南	0.0764	0.1401
西北	0.0491	0.1081

表6	沿海、内地、边疆城市密度	单位：个/10万平方公里
	1953 年	1982 年
沿海11省市	0.5585	0.8067
内地9省	0.3298	0.5988
边疆9省	0.0460	0.1158

沿海九省市或华东和中南两区拥有城市占全国半数以上，拥
有镇数1982年是一半以上（1984年则接近半数）。这种明显的
优势既非短期形成的，也是合理的。原来我国秦汉时期城市分布
虽广，但天下各都如秦之咸阳、汉之长安、燕之涿蓟、赵之邯郸
都集中在当时的政治中心和经济中心的中原和北方。2世纪以后
由于北方民族频繁南下，致使中原居民大量南迁到江淮以南，于
是江南逐渐得到开发。隋唐以来形成的政治军事中心在北，而经
济文化中心在南的局面一直延续到宋、明、清。明初名列前茅的
商业和手工业城市全国有33个，其中32个位于东南沿海。当时

大运河成为联系南北中心的纽带，明清两代在北京建都，都曾依赖漕运，所以运河沿线又相继形成一些繁荣的商业城市。迄至解放以前，我国经济中心仍在江南。在那里经济文化基础上形成的城市体系和乡镇群落，少说也有千年的历史，建国以来，虽然略有发展，但这种格局不是一朝一夕所能轻易改变的。

二　中国城镇化的模式

建国以来，我国城镇建设进展相当快，城镇体系结构和城镇地域分布也有所变化，总结城镇化进程的特点，探讨发展中的社会主义大国的城镇化模式，是有理论意义和实践意义的。

（一）封闭式城镇计划发展模式

中国城镇化是在社会主义计划经济体制基础上进行的。城镇的发展是国民经济社会发展计划的一部分。这种体制在某些方面和苏联是很相近的。世界一些人口学者认为这种模式的战略思想是试图压缩或降低城市人口（相对于工业人口比重）及其消费需求的办法，从而节省投资以便用于发展物质生产。所以苏联工业发展水平虽然很高，但是城市化程度一直保持中等水平。这种模式要求严格按照工业发展的需要有计划地转移农业人口。在我国是依据工矿企业发展的需要，从农村有计划地抽调农村劳动力进入城镇充任从业人员。与此平行的是采用行政手段限制人口自由迁移，控制城镇人口的机械变动。而行之有效的有力工具是户口制度和城镇居民粮食供应制度。这种方式的优点，其一是把经济发展、非农职业劳动力需求、城镇人口消费供应、农业人口转变为非农业人口以及农村人口转变为城镇人口统统纳入国民经济发展计划，作为一个系统问题加以解决。其二是切断了农民自发迁入城市的渠道，杜绝了农民自我改变职业的可能，避免了西方现代大都会的畸形发展产生的弊害。这些优点是这种模式的主要方面。而其缺陷不足之处，则是限制过死，束缚城镇功能的发挥，使城市成为封闭式社区，障碍城镇之间和城乡之间的思想信息和科技文化交流，以及商品经济的发展。

（二）影响城镇结构和分布的工业扩散模式

这个模式特点是由第一个模式中引申出来的，因为社会主义计划经济要求生产力的合理分布，从而导致工业扩散影响城镇结构和城镇分布的变化。

旧中国工业的绝大部分即 70% 集中在沿海城市，西北和内蒙古土地面积占国土面积的 45%，工业产值仅占全国工业产值的 6%，云、贵、川、藏四省区土地面积占 23%，而工业产值仅为 6%。建国初期，为改变历史遗留下来的工业布局，适应当时的国际环境，对沿海工业做了战略性的转移，许多沿海工厂内迁，同时国家还在内地和边疆省区新建一批厂矿，从而使内地和边疆出现了一批新城市，扩建了一批老城市。这种工矿企业的新配置，不仅调整了生产力的布局，也影响了城市分布的发展。这是建国后第一次工业扩散对城市化的影响。

第二次工业扩散，是大城市工业向中小城市的转移，同时也包括国家在中小城市新建和扩建一批厂矿。大体上说这是继沿海工业向内地和边疆扩散之后的又一次工业扩散。当然这两次工业扩散互有交叉，不能截然分开。有些沿海大城市工业迁到内地和边疆的中小城市，则兼有两次扩散特点，而有些大城市工业如青岛迄至 20 世纪六七十年代还向内地（如山西、吉林）进行迁厂和建厂式的工业扩散。第二次或第二种形式的工业扩散，对于当时中小城市（如当时的洛阳、南昌、合肥、兰州）的发展，起着相当大的催化作用。1964 年大城市和中等城市较 1953 年都有成倍的增长，正说明这期间工业扩散对中小城市迅速发展的重大影响。

第三次扩散，是指中小城市工业向农村社队的转移，这是 20 世纪 70 年代末 80 年代初，首先在长江三角洲和山东半岛中小城市发展起来的。当时中小城市工业发展苦于缺少劳力和厂房，而农村剩余劳力急需寻找生产门路，由于城乡双方需求，城市工业先后把工业产品的一些"工序"、零部件，交由社队加工，然后由城市工厂装配总成。进而发展到城市工厂和农村社队在农村联合办厂，最后形成社队从城市招聘技师，购买设备，自筹资金，自行办厂。全国各地社队企业发展未必都经历过上述几种过程，但社队由多种经营进而形成蓬勃发展的乡镇企业，都离不开城市工厂在设备、技术、人员等方面的支援。从这种意义上说中国工业的发展突破了城市的局限，开始大规模地伸展扩散到乡镇。迄 1984 年乡镇企业已发展到 164.94 万个，从业人员为 3848.09 万人。正是由于这种工业扩散使得近 4000 万农业人口转变为非农业人口。迄今，我国的镇一级社区由 1953 年的 5402 处，发展为 1984 年的 6211 处，人口由 1953 年的 2578 万增长到 1984 年的 1.34 亿以上，这不能不说是中国城镇化的一次跳跃。

第四次工业扩散，是指沿海经济特区的建立，这次工业扩散的方向不是沿海向内地边疆，不是大城市向中小城市，也不是城市向农村，而是由国外或海外工业向我国沿海划定的口岸，即经济特区的扩散。这种与上述类型不同独具特点的工业扩散，对于我国城镇化的发展会有新的特殊影响，短短几年深圳已发展成为近 20 万人口的新城市，珠海、汕头、厦门等十多个城市的近郊也将开辟为引入国外或海外资金技术设备新建工厂企业的经济特区。那里人口机械变动大，增长迅速，平均年龄低，文化技术构成高，工业人口比重大，人均产值高。这些新建或扩散的城市将来有可能再次成为向内地进行工业扩散的新基地。

　　总之，四次工业扩散促进了我国城镇体系结构和城镇分布的变化。

（三）三位一体的乡镇群落发展模式

　　这个模式的特点是由第二个模式里引申出来的。在上述四次（或四种）工业扩散之中，城市工业向乡镇扩散对于中国城镇化发展的影响最大。可以把这个过程概括为兴办乡镇企业、建设乡镇、农业人口就地转变为非农人口三位一体的城镇化模式。所谓三位一体意指乡镇企业的发展是兴建扩建乡镇的基础，同时也是农业人口转变为非农业人口的条件。三者紧密相连，同步发展，不可分割。三位一体模式的特点还在于：（1）农村社队自筹资金兴办乡镇企业，不用国家财政投资；（2）社队企业自发聚集形成新镇或是扩建老镇，不用国家市政建设拨款；（3）农村社员自发转变为非农人口，无须占用国家计划招工指标。社员就地转变为非农人口，无须远离家乡迁入城市寻求职业。这种"三自"特点（即农民自办企业、自建乡镇、自我转变）的发挥，使得小城镇的发展异常迅速，例如1982年普查结果，全国总镇数为2664个，人口总数为6190.9万人。1984年总镇数发展为6211个，总人口为13447.4万人。为时仅有3年，镇辖人口数量增长一倍以上。1985年镇数又增为7511个，总人口为16633万人。这是一般城市化的进程所不可比拟的。乡镇不仅发展迅速，还具有分布普遍，规模较小的特点。3年来，全国乡镇增长一倍多，6大行政区同样各自增长一倍多。其人口规模多在2000到10万之间，有机地组成为全国城镇体系的最为庞大的网络基础。乡镇群落的发展，是容纳我国农业人口转变为非农业人口的最为广阔的天地。

前已述及乡镇企业就地吸收的劳动力，从职业转变上来说是变农业人口为非农业人口，而从居住地类型的转变来说则是变农村人口为城镇人口。这两种转变是同一事物不可分割的两个方面。当然在乡镇发展初期乡镇基础设施简陋，刚由农民转变而来的工人，未必都有条件进入镇内定居。这是容易理解的。但是从长远来看，乡镇企业工人应以迁入镇内聚居为上，众所周知人类定居形式的发展方向是由分散而趋向聚居。然而在私有制条件下，不仅造成城乡对立，也形成大都会的畸形发展与人和自然的分离。

马克思主义主张既要从社会阶级关系上消灭城乡对立，也要在人与自然生态关系上达到城乡融合，既非消灭现有城市，也非返到"城市乡村化"。城乡融合观点的正确理解应是：消除城市喧闹污染之害，保留城市聚居之利，吸收乡村接近自然之益，舍弃村落零散闭塞之弊，只有聚居才便于居民之间的思想文化、科学技术信息交流，便于使用现代化的生产手段和生活设施，所以，社会主义制度下农村居住类型的演变应是一个由零散村落发展为小镇群落的过程。中国小城镇群落的发展，应该既便于建设现代物质文明和精神文明，又有利于保护生态环境。居民接近现代文明又不远离大自然，还应视为城乡融合的雏形，当然乡镇现有基础设施距离理想境地相差甚远。二次大战以后发达国家大城市不少居民离开大都市中心，向城市郊区或小镇迁移。这种迹象表明发达国家居民沿着由分散而集中的轨道，逐渐发展到高度聚集的大都市，已经走到顶峰，开始自发地朝着逆方向发展，试图摆脱大城市的弊害，寻找接近自然的安身之处。中国乡镇群落的发展，从一开始就使转变为非农的人口进住未来理想的居住地，从城市发展的历史经验来看，既避免了农民辗转递进，饱受涌入城市之苦，也避免其后代回返迁移之劳。这是中国城镇化道路最有深远意义的，也是最富有中国特色的关键所在。

星罗棋布的乡镇群落的发展，并不否定大中小城市的存在，前者是城镇体系的基础，后者是城镇体系的骨骼，各自的功能不可互相替代，看来在若干世纪内二者都是相辅相成长期共存的。其次，乡镇群落的发展也不能囊括全部分散独居的居民，由于特殊地理环境的限制，特殊生产条件的要求和人们的个性特点，一些无法聚居的个体住户总是有的。中国乡镇群落的发展，只要求逐渐成为绝大多数农村人口由散居到聚居的最佳形式。

三 对城镇发展决策的建议

（一） 保持城镇的适度发展，加强城镇基础设施

在城镇化的研究中，人们关心较多的是发挥城镇功能，提高城镇增长速度，控制大城市规模，调整城镇分布等问题。许多议论是合理的，我以为还应该重视从我国城镇发展的沿革和现有国力出发，探讨城镇发展速度和城镇分布。建国以来城镇数量、城镇规模、城镇人口比重都有相当大的增长。城镇化程度相对于我国经济发展水平不能算慢，甚至可以说是有些快了。在 1984 年国民总产值人均 400 美元上下的经济发展水平，而城镇人口比重达到 33%，显得超过国力允许范围。1980 年到 1984 年城镇人口平均增长率竟高达 14.59%，更是违背常态。今后城镇发展速度极宜强调应与国力发展相适应。20 世纪末，在国民总产值人均达到 800 美元的经济水平，城镇人口比重以控制在 40% 以下为宜。不应离开国力去与世界城市发展水平高的国家攀比，注意避免城市化的早熟现象（或称为超城市化）在我国出现。急于求"城"是不切实际的。

　　建国以来城镇分布的发展变化表明，城镇地域分布的格局不是几十年所能改变的。城镇发展的基础是经济。经济发达地区城镇发展水平高，经济不发达地区城镇发展水平低，是符合规律的正常的现象，不能把这种现状称之为城镇分布不均衡，加以人为的调整。更何况依城镇数量分布，华东、中南居多，而依城镇人口比重则东北、西北居上。所谓调整城镇分布究竟以何为据？笔者认为，在发展区域经济基础上发展城镇比较符合实际。

　　当前应该以较大注意力集中在现有城镇的建设和管理之上。多年以来各级城市基本设施建设缓慢，欠账太多，大多处于超负荷运载状态。城市供水供电、交通道路、住房、看病、公共文化休息场所等都感不足。环境保护和污染治理更嫌缺乏。造成这种现状的原因除去人们主观上对城市在社会主义建设中所起的作用没有正确的认识以外，还由于市政投资有限，"巧妇难为无米之炊"，全国工业产值的75%、财政收入的80%来源于城市。然而建国以来城市基础设施年均投资仅占全国基本建设总投资的2%左右，若按占固定资产总投资的比重计算，所占比重更低。实在是杯水车薪，难以为继。世界许多国家市政建设投资比例约占固定资产投资的10%左右，对比之下，相差甚远。应广开财政来源，把现有的城市建设好、管理好，使之成为名实相符的精神文明和物质文明的中心，四化建设的基地。所以城镇发展规划的依据，不仅要根据城镇增长人口所需商品粮供应量和扩大再生产投资所能提供的非农就业岗位，还要根据城镇建设投资所能承担的城镇人口数量。30年来似乎只要解决了商品粮和城市就业岗位，就可以把大量农业人口转化为城市人口，因此城市成为一个具有弹性的盛载器物。城市人口不断增加，但城市设施增长有限，因此出现一系列城市超载现象。所以，今后城市建设发展决策重点应该立足于建好现有城市，管好现有城市。对于城镇化的进程应以极为谨慎的态度，保持适度的发展。

（二）控制城市人口迁移，放宽城镇人口流动

严格控制大城市发展规模主要是控制城市人口机械增长，限制大城市的人口迁入，这些行之有效的措施仍应继续贯彻执行。但是不应限制城镇之间或城乡之间的人口流动。进入城市的流动人口，无论是什么类型的流动（公务型如出差开会，社会型如探亲访友，经济型如商业贸易，文化型如旅游观光），都是活跃城乡经济的因素，传播城市文明、交流信息的媒介，发展城市第三产业的基础。特别是农村剩余劳动力在城乡商品流通渠道中成为从事经济活动的流动人口，只在城市作暂时盘旋流转仍然返回原地，既沟通城乡经济交流，也减缓了农业人口盲目流入城市的冲击，实为一举而多得。诚然，大量的流动人口会加重城市食、住、行等项负担，但是权衡得失仍是利大于弊，所以应该正确对待城市人口流动，应该为流动人口提供方便。

（三）规划乡镇企业发展方向，保护乡镇生态环境

乡镇企业既是乡镇建设的基础，也是农业人口转化的条件，所以三者联结的核心是乡镇企业的健康发展。当前国内市场特别是民用工业还处于供不应求的状态之中，即使有些乡镇企业产品质量较差，大多仍可找到销路。然而目前这种手工业或半机械化的乡镇企业，将来会不会遇到城市机器大工业的竞争？在竞争中会不会遭到失败？这是发展乡镇企业应该及早考虑的问题。从生产技术角度来看，显然乡镇企业是难以和城市机器大工业相抗衡的。所以乡镇企业的发展方向，应注意与城市工业产品有所分工，要为城市工业所不为，还应注意与城市工业产品衔接，与其协作配套，成为城市工业的组成部分。应避免与城市产品重复，

应发展独具地方特色的产品，还应注意设备更新和产品换代。使之逐渐过渡到乡镇企业的现代化，这是乡镇企业的发展方向，也是乡镇自身发展的关键。

其次，乡镇的建设从开始即应注意保护生态环境，不使污染成害。目前有些乡镇企业设备简陋落后，烟尘、废水、废气污染邻近水源土地，这种状况不仅背离城乡融合的理想，而且把城市集中污染扩散到乡镇，也非发展城市体系网络的初衷。因此乡镇应重视治理已存在的污染和防止产生新的污染。

此外，制定乡镇的发展规划，应以各地区的地理自然环境、资源条件、人口密度、原有集镇基础等因素为建镇依据，数量不宜过多，分布不宜过密，步骤不宜过急。应该重点建设，分期分批进行。不要一哄而起，到处建镇。与城市发展要依据国力一样，乡镇发展要依据当地的人力、物力、财力，量力而行，逐步建成。

（原载《社会学研究》1987 年第 4 期）

工业人口、国民总产值与城镇发展

　　1800 年，世界城市人口占全世界总人口的比重只有 1%，到 1875 年上升为 8.8%。当时较发达地区的城市人口比重占该地区总人口的 17.2%，而不发达地区城市人口比重占该地区总人口的 5%。19 世纪末叶，世界城市人口比重发展到 13.3%，发达地区城市人口比重发展到 26.1%，不发达地区城市人口比重发展到 6.5%。1980 年，全世界、发达地区和不发达地区的城市人口比重，已分别增长到 41.31%、70.15% 和 30.53%。预计到 20 世纪末还将分别增长到 51.29%、78.75% 和 43.46%。至于我国城镇人口发展的进程，建国之初的 1949 年，城镇人口比重为 10.6%，低于 1850 年世界发达地区城市人口比重（11.4%），只略高于 1925 年世界不发达地区城市人口比重（9.3%）。1982 年我国城镇人口比重达到 20.8%，33 年间城镇人口比重翻了将近一番。这样的城镇化发展速度是否与四化建设相适应？这是经济体制改革中人们关心的重大问题之一。本文仅就建国以来我国城镇发展进程与工业人口、国民总产值的关系，探讨我国城镇化的适宜速度。

一 中国人口城镇化的发展水平

城市化的含义从狭义方面来说，是指由于近代工业的发展，农村地区转变为城市地区的过程；从广义方面说，还包括城市因素在农村和其他地区的扩展过程。资本主义商品经济的发展，需要大量农民进入城市出卖劳动力，同时工厂区和住宅区不断吞食郊区土地，出现农村转变为城市、农村人口转变为城市人口的进程。农村人口向城市迁移，城市人口相对增加，称之为人口城市化。人口城市化是近代人口变动的特点之一。

中国在社会主义工业化过程中，人口城市化也是不可避免的。建国三十多年来，我国城镇人口的绝对数字已由 1949 年的 5765 万人增加到 1984 年的 33006 万人，增加了 400% 以上，然而市镇人口增加的相对数则不过 100%。1949 年城镇人口仅占全国总人口的 10.6%，以后逐年上升，1960 年曾达到 19% 以上。当时由于超过国家经济发展的承载能力，曾动员一部分职工回乡。所以 1962 年以后直到 1980 年将近 20 年间，城镇人口比重长期地稳定在 17%—19% 之间，只是在 1981 年以后才有明显增长（见表 1）。1984 年城镇总人口增长较快有一个特殊的原因，即该年建镇标准有所调整，新镇设置较多。城镇人口比重虽然较前增高，但是由于城市包含的郊区范围扩大，城市郊区包含的农业人口也逐渐增大，所以城镇中的非农业人口比重反而有所下降。1959 年城市中非农人口占城市总人口的 71%，1965 年上升到 76%，以后逐年下降，到 1982 年下降到 66%（见图 1）。

表1　　全国城镇总人口及其占全国总人口的比重（年底数）

年份	城镇人口（万人）	百分比	年份	城镇人口（万人）	百分比
1949	5765	10.6	1967	13548	17.7
1950	6169	11.2	1968	13838	17.6
1951	6632	11.8	1969	14117	17.5
1952	7163	12.5	1970	14424	17.4
1953	7826	13.3	1971	14711	17.3
1954	8249	13.7	1972	14935	17.1
1955	8285	13.5	1973	15345	17.2
1956	9185	14.6	1974	15595	17.2
1957	9949	15.4	1975	16030	17.3
1958	10721	16.2	1976	16341	17.4
1959	12371	18.4	1977	16669	17.6
1960	13073	19.7	1978	17245	17.9
1961	12707	19.3	1979	18495	19.0
1962	11659	17.3	1980	19140	19.4
1963	11646	16.8	1981	20171	20.2
1964	12950	18.4	1982	21154	20.8
1965	13045	18.0	1983	24126	23.5
1966	13313	17.9	1984	33006	31.9

资料来源：《中国统计年鉴》（1983）、（1985）。

所以全国城镇非农业人口占全国总人口的比重，长期处于停滞状态，特别是60年代以后的多数年份，停留在12%—14%的水平（见图2）。

图1　中国城市中非农人口占城市总人口比重（1959—1982年）（%）
注：笔者根据户口统计绘制。

图2　中国城镇总人口与城镇非农业人口各占全国总人口的比重（%）
注：城镇总人口根据1985年《中国统计年鉴》、城镇非农业人口系笔者根据户口统计资料绘制。

进一步考察还发现，整个农业人口向非农人口的转变，建国初经过经济恢复时期以后，全国非农人口比重逐年上升，1960年发展到建国后的顶峰20%，以后十多年间几乎是逐年下降，到1979年才再次回升，然而直到1982年仍未达到1960年的水平（见图3）。原因主要是农村人口基数大，增长快。同时，也反映中国城市化进展还处在较低水平。

图3　中国非农人口占总人口的比重（1949—1982年）（%）

注：笔者根据户口统计绘制的示意图。

影响城镇化发展的因素是多方面的。国家的历史演变、地理环境、资源条件、经济发展水平、国土面积大小、人口数量多少等因素，对城镇发展都有影响。对于像中国这样的大国来说，农业所能提供的商品粮数量是城镇人口增长的前提条件。然而农业所能提供的商品粮数量只制约着可能脱离农业劳动生产部门的人口数量，还不是直接转变为城镇人口的数量。因为农业人口向非农人口的转变，农村人口向城镇人口的转变，还取决于工业发展程度和国民总产值达到的水平。本文参照世界各大地区工业人口比重与城镇人口比重的关系，世界多数国家国民总产值与城镇化水平的关系，进行比较研究。虽然目前世界各国城市划分标准各异，各国计算国民总产值的口径也不尽相同，但是用来进行综合分析还是有其参考价值的。

二　城镇人口与工业人口

战后世界人口统计资料表明，城市人口比重与工业人口占劳动人口比重（以下简称工业人口比重）之间的比率关系是较为稳定的。在世界各大地区内，工业人口比重一般处于城市人口比重的40%—60%之间，尽管工业人口占劳动人口的比重时有变动，抑或城市人口占总人口比重逐年增长，但是工业人口比重与城市人口比重二者之间的比率则不致有太大的变化，例如1950年全世界二者比率是 55.24%，而 1970 年二者比率关系为57.77%，20 年间的变化是较为微弱的（见表2）。处在工业化过程中的中国，情况大体也是这样。在高度工业化发展后期，西欧、北美等发达地区则出现工业人口比重和城市人口比重二者之间比率下降趋势，也就是说，工业人口比重明显下降，城市人口比重明显上升，这是由于第三产业人口大幅度增长所致。不仅发达国家有此现象，就是少数发展中国家，如温带拉美国家也出现所谓"超城市化"现象。那里的城市人口膨胀的原因，除去前述服务性经济的大发展以外，还由于那里的非农职业人口绝大部分集中在都市。这既是城市化过分早熟的原因，也是温带拉美国家城市化发展的特点。

那么我国城市化发展的过程中，工业人口比重和城市人口比重之间的比率如何呢（见表3）？从 1952 年到 1970 年，工业人口比重在 6%—8.1% 之间，同期的城市人口比重在 12.5%—17.9% 之间，二者之间的比率大致在 35%—48% 之间，这种比率关系反映，这个时期，有些年份（如 1952 年和 1970 年），城市人口比重与工业人口比重是适应的；而有些年份（如 1957、1962、1965 年），城市人口的发展程度较之当时的工业人口比

表 2   世界主要地区 1950 年和 1970 年工业劳动人口比重
与城市人口比重及二者比率   单位:%

	1950			1970		
	工业劳动人口 (1)	城市人口 (2)	二者比率 (1)／(2)	工业劳动人口 (1)	城市人口 (2)	二者比率 (1)／(2)
世界	18.81	34.05	55.24	24.17	41.84	57.77
东非	3.66	5.50	66.54	6.32	10.69	59.12
温带拉美	31.06	64.77	47.95	31.12	77.87	39.96
北美	36.54	63.84	57.24	34.19	70.45	48.53
西欧	39.74	63.92	62.17	44.49	74.38	59.81
大洋洲	31.17	61.24	50.90	30.38	70.77	42.93
日本	23.62	50.20	47.05	34.48	71.30	48.36
苏联	21.62	39.30	55.01	37.65	56.70	66.40
中国	6.00	12.50	48.00	8.10	17.40	46.60

注：中国 1950 年数字系为 1952 年数字，其他有关中国数字系笔者根据《中国统计年鉴 (1985)》计算。

资料来源：联合国：《城市与农村人口增长模式》，纽约 1980 年版。

重稍嫌偏高。从 1970—1975 年，工业人口比重上升较多，由 8.1% 上升为 11.2%，但是同期的城镇人口比重反而降低。1975 年到 1982 年，工业人口比重提高到 13.3%，城市人口比重提高到 20.8%。在此期间，所有年份工业人口比重和城市人口比重之间的比率都超过 60%，说明城市化发展较慢，跟不上工业化发展的步伐。1983—1984 年工业人口比重保持原有规模而城镇人口比重则大幅度增长。这并非是由于适应工业化发展水平的需要，其部分原因是由于行政区划扩大，划入不少农业人口所致。

表3　　　中国工业人口比重和城镇人口比重以及二者的比率　　　单位:%

年份	工业人口比重（1）	城镇人口比重（2）	二者比率（1）／（2）
1952	6.0	12.5	48.0
1957	5.8	15.4	37.7
1962	6.5	17.3	37.6
1965	6.3	17.9	35.2
1970	8.1	17.4	46.6
1975	11.2	17.3	64.7
1976	12.0	17.4	68.9
1977	12.2	17.5	69.7
1978	12.5	17.9	69.8
1979	13.1	18.9	69.3
1980	13.3	19.4	68.5
1981	13.4	20.1	66.6
1982	13.3	20.8	63.9
1983	13.1	23.5	55.7
1984	13.3	31.9	41.7

注：笔者根据《中国统计年鉴》计算。

纵观建国以来我国工业人口比重和城镇人口比重的比率变化，多数年份处于不相适应的状态之中。一般说来，在20世纪60年代中期以前，城镇人口比重相对于工业人口比重略为偏高，而1975—1980年城镇人口比重又嫌不足。工业人口比重和城镇人口比重之间的比率升降跳动很大。1952—1978年，工业人口数由1246万增长到5009万，平均年增长率为5.5%，而同期城镇人口数由7163万增长到17245万，平均年增长率为3.44%；1978—1984年，工业人口数由5009万增长到6338万，平均年增长率为4%，而同期城镇人口由17245万增长到33006万，平均年增长率为 11.43%，二者高低变化无常，反映我国城镇化进程缺乏有计划的相对稳定的适度规划。

有关部门预计，1990 年和 2000 年我国工业人口比重将分别为 18.4% 和 22%。以工业人口比重与城镇人口比重之间的比率在 40% 到 60% 的范围来计算相应的城镇人口比重，则同期城镇人口比重应分别在 30.6%—46% 和 36.6%—55% 之间。考虑到城镇人口比重现已达到的水平和第三产业的发展需要，以及其他制约城镇发展的因素（如后面将要谈到的国民总产值因素），笔者以为选择 33.5% 和 40% 分别为 1990 年和 2000 年的城镇人口比重是适当的（见表 4）。

表 4　　　　　1990 年和 2000 年中国工业人口比重
与城镇人口比重以及二者的比率　　　　　单位：%

1990			2000		
工业人口比重（1）	城镇人口比重（2）	工业人口比重与城镇人口比重之间的比率（1）／（2）	工业人口比重（1）	城镇人口比重（2）	工业人口比重与城镇人口比重之间的比率（1）／（2）
18.4	46	40	22	55	40
18.4	36.8	50	22	44	50
18.4	33.5	55	22	40	55
18.4	30.6	60	22	36.6	60

三　城镇化与国民总产值

研究城镇发展的适度水平还应当从它与国民总产值的关系进行考察。一般来说，国民总产值和城镇化水平呈正相关线性关系，只有极少数国家例外。例如西亚的阿曼，1983 年人均国民总产值高达 5924 美元，但是其城镇人口比重却只有 8%。与此相反的国家是非洲的赤道几内亚，1983 年人均国民总产值仅有 115 美元，但其城镇人口却高达 54%。像这类极为特殊的例子，还可以找到一些。1983 年发达国家城市人口比重达到 70% 以上，其人均国民总产值已达到 9380 美元。发展中国家（不包括中国在内）城市人口比重为 33%，人均国民总产值为 880 美元。同期我国城镇人口比重已达到 23.5%，而人均国民总产值却只有 360 美元。1984 年我国城镇人口比重已发展到 33%，而人均国民总产值约为 400 美元。就目前我国的经济发展水平而论，城镇人口比重究竟发展到什么程度才算与国力相适应，这是需要认真考虑的问题（见表 5）。

表 5　　　　1983 年世界、发达国家、发展中国家城市人口
比重和人均国民总产值

地区	城市人口比重（%）	人均国民总产值（美元）
全世界	39	2760
发达国家	70	9380
发展中国家（不包括中国）	33	880
中国	23.5	360

资料来源：引自美国人口咨询局《1983 年世界人口统计表》中城市人口比重、《1985 年世界人口统计表》中人均总产值（为 1983 年数）；中国数字为笔者根据《中国统计年鉴（1983）》计算。

现在，欧洲低于发达国家平均城镇化水平的国家，只有葡萄牙（31%）、阿尔巴尼亚（34%）、南斯拉夫（39%），然而它们的人均国民总产值多在 1000—2500 美元之间。这些国家城镇化水平虽不算高，但人均总产值却在中等水平。这是多数

亚非国家所不能比拟的。亚洲和非洲一些国家城市化进程的经
验教训更值得我们借鉴。这里我们只对亚非部分国家的城镇化
程度和国民总产值水平作分层比较。首先观察城镇人口比重在
20%上下的9个国家（见表6），其人均总产值在260—790美
元之间。如按9国人口总数加权平均，其人均总产值约在357
美元左右。

表6　　　　亚非9国1983年城市人口比重和人均总产值

亚非国家	总人口（万人）	城市人口比重（%）	年人均总产值（美元）
马达加斯加	950	18	290
冈比亚	60	18	290
几内亚	540	19	300
科摩罗	40	19	313
津巴布韦	840	20	740
尼日利亚	8420	20	760
安哥拉	760	21	790
印尼	15560	21	560
印度	73000	22	260
九国总人口加权平均			357

资料来源：美国人口咨询局：《1983年世界人口统计表》、《1985年世界人口统
计表》。

　　城市人口比重在30%上下的扎伊尔等6个国家，其人均年
总产值大致在160—1870美元之间。按该6国总人口加权平均，
其人均总产值约636美元左右（见表7）。拉美国家中，城市人
口比重为30%的仅圭亚那一国，而其人均总产值却为520美元。
　　城市人口比重在40%上下的南也门等5个国家，其人均总

产值在 280—760 美元之间。如按该 5 国总人口加权平均，其人均总产值在 734 美元左右（见表 7）。拉美国家中，城市人口比重在 40% 上下的只有 4 个国家，即危地马拉（37%）、巴拉圭（40%）、萨尔瓦多（41%）和玻利维亚（42%），按其 4 国总人口加权平均的年人均总产值为 915 美元。

表 7　　　　　亚非国家 1983 年城市人口比重与人均总产值

亚非国家	总人口 （万人）	城市人口 比重（%）	按总人口加权平均 的人均总产值（美元）
扎伊尔　索马里　圣多美普林斯 马来西亚　塞内加尔　利比里亚	5990	30—33	636
南也门　象牙海岸　菲律宾 中非　摩洛哥	8920	38—41	734
塞浦路斯　叙利亚　伊朗　南非 突尼斯　利比亚　阿尔及利亚	11390	48—52	2397

　　资料来源：美国人口咨询局：《1983 年世界人口统计表》、《1985 年世界人口统计表》。

　　城市人口比重在 50% 上下的塞浦路斯等 7 个亚非国家，因其多系产油国，所以人均总产值在 1230—7500 美元之间，按其总人口加权平均，7 国人均总产值为 2397 美元（见表 7）。拉美国家中，城市人口比重在 50% 上下的 5 个国家是特立尼达多巴哥（49%）、牙买加（50%）、巴拿马（51%）、多米尼加（51%）和伯利兹（52%），按 5 国总人口加权平均的人均总产值是 2033 美元。欧洲仅有罗马尼亚一国城市人口比重在 50% 上下，其人均年总产值为 2546 美元。如果把城市人口比重 53% 的匈牙利和 54% 的奥地利算在一起，上述 3 国按总人口加权平均的人均总产值是 3668 美元。

四　中国城镇发展的适宜速度

　　根据前面对亚非部分国家人均总产值和城市人口比重的分层比较，可以明显看出二者之间的递增递高的相关关系。由此考察我国80年代初的人均总产值约为360—400美元，与前述城市人口比重在20%上下的亚非9国的人均总产值近似。在此经济水平下，我国城市人口比重以保持在略高于20%为宜。超越这个限度，也就是超越了城市化进程所依赖的经济发展水平。虽然当前农村蓄积了不少剩余劳动力需要寻找非农职业，而农业发展又可以提供较多的商品粮食，然而人均总产值不高，资金积累有限，不可能更多地扩大再生产投资，为非农人口开辟就业岗位，而且国家用于市政建设的投资有限。加以旧中国原有城市基础设施比较落后，虽经多年经营改进，但多年来许多城市特别是大城市住房紧张、供电供水紧张、交通道路拥挤、蔬菜副食供应紧张、就学就医困难、环境污染等问题仍显突出。产生这些问题的原因虽是多方面的，如市政管理不善，城建规划不当等，但是最为主要的原因应是财力有限，资金不足。亚非一些国家城市化进程中暴露出的类似问题更为严重，其重要原因之一也是国力不足，为城市建设的财政拨款难以应付急剧增长的城市人口。到20世纪末，我国人均总产值预计将要达到800美元左右，接近前述亚非5国经济发展水平。与此相适应的城镇人口比重也以不超过40%为宜。建国以来我国城镇数量、城镇规模、城镇人口比重都有相当大的增长。城镇化速度相对于我国经济发展水平来说，不能算慢，宁可说是有些快了。1984年国民总产值人均400美元上下，而城镇人口比重达到33%，显然超过了国力允许范围。1980—1984年城镇人口年平均增长率竟高达14.59%，更是违背常态。今后城镇发展速度应强调与国力发展相适应，不能离开国力去与世界城市化发展水平高的国家攀比。要注意避免城市化的早熟现象（或称为超城市化）在我国出现。急于求"城"是不切实际的。

基于上述看法，我认为从现在起到20世纪末的十多年中，我国城镇人口增长规模应该控制在届时总人口12.48亿的40%以下，即1984—2000年16年间的城镇人口年增长率以控制在2.62%为宜（见表8）。

表8　　　　世界、发达国家、发展中国家、中国城市
人口年平均增长率　　　　　　　单位:%

年份	1950—1960	1960—1970	1970—1980	1980—1990	1990—2000
全世界	3.35	2.91	2.84	2.93	2.81
发达国家	2.44	2.05	1.75	1.50	1.20
发展中国家	4.68	3.94	3.95	4.02	3.76
中国	7.79	0.99	2.13	2.62	—

资料来源：联合国：《城市与农村的人口增长模式》，纽约1980年版；中国数据为笔者根据《中国统计年鉴》数字计算。

当前应该以较大注意力集中在现有城镇的建设和现有城镇的管理之上。多年以来各级城市基本设施建设缓慢，欠账太多，大多处于超负荷运载状态。城市供水供电、交通道路、住房、看病、公共文化休息场所等都感不足，环境保护和污染治理更嫌缺乏。原因除去人们主观上对于城市在社会主义建设中所起的作用没有正确的认识以外，还由于市政投资有限，"巧妇难为无米之炊"。现在全国工业产值的75%、财政收入的80%来源于城市。然而建国以来城市基础设施年均投资仅占全国基本建设总投资的

2%左右，若按占固定资产总投资的比重计算，其比重更低。世界许多国家市政建设投资比例约占固定资产总投资的 10% 左右，对比之下，相差甚远。应广开财源，把现有的城市建设好、管理好，使之成为名副其实的精神文明和物质文明的中心，以及"四化"建设的基地。所以，城镇发展规划的依据，不仅要根据城镇增长人口所需商品粮供应量和扩大再生产投资所能提供的非农就业岗位，还要根据城镇建设投资所能承担的城镇人口数量。我国城镇化的进程，应以谨慎的态度，保持适度的发展为宜。

（原载《中国社会科学》1987 年第 5 期）

中国城乡划分标准与城镇发展水平

一 城乡标准划分的意义

城镇是社会发展一定阶段的产物,随着社会生产发生第二次大分工(即手工业和农业的分离)出现了人类聚居的城市,它的出现是人类社会发展史上的里程碑,恩格斯说过最初构筑的城堡虽然主要是出自防卫的需要,"然而它们的城楼已经耸入文明时代了"①。城市和社会进步,城市和文明是不可分割的,西方把城市和文明视为同义语是有道理的。城市的发生发展,在规模上有其由小到大的成长过程,在性质和功能上,有其由单一到综合和由低到高的演变。然而城市最为本质的要素则是人口聚居和从事非农产业活动。因此把握城市最为根本的质的规定性,参考世界各国某些约定成俗的城市划分法则,还应依据本国国情,融汇三者制定我国的科学的合理的城乡划分标准,是有现实意义的。它的实用价值还在于:

---

① 恩格斯:《家庭私有制和国家的起源》,《马克思恩格斯选集》第4卷,第159—160页。

第一，它应满足国情统计上的需要。城镇数量、城镇密度、（城镇座数/10万平方公里）、城市人口密度（人口数/每平方公里）、城镇分布、城镇等级构成、城乡人口分布构成等都是一个国家或地区最为基本的国情资料，是国家制定政策不可缺少的客观依据。城乡划分标准是否科学，会直接影响国情资料的准确程度，从而间接导致国家制定的政策有无偏误。

第二，它应满足行政管理的需要。国家各级政府（省、市、县、镇、乡等）行使行政管理权，需要有明确的管辖区界，城市建设需要有严格的规划范围。城乡划分标准是否符合实际，会影响市政管理的效率和城市建设的质量。

第三，城市划分标准是否科学合理，涉及能否反映国家或地区的社会经济发展的真实水平。众所周知，城市发展水平与整个社会的经济发展水平特别是工业化程度呈正向相关关系。世界上除极个别特例外，几乎找不到高度城市化增长和低经济发展水平并存于一国的现象，也很少见极低的城市化程度和高经济发展水平并存于一国的现象。因此城乡划分标准的过宽或过严，都难以如实反映一个国家的社会经济发展的真实情况。所以制定城乡划分标准是件科学而严肃的立法工作，切不可任凭主观意志和善良愿望，提高或降低城市划分标准。

二 世界各国城乡划分标准鸟瞰

迄今世界各国还没有形成一个城乡划分标准的统一规范。各国划分标准繁简不一，莫衷一是。但是其中有些普遍通行的原则是有重大参考价值的。联合国经济社会委员会和人口司编著的《城市和农村人口增长模式》将世界190多个国家和地区的城镇划分标准，概括为以下5个方面。

第一，聚居人口数量。大约有70多个国家对于城镇标准提出聚居人口数量的要求，然而聚居人口数量多少各国要求不一，由最低限100人起始，200人、400人、500人、1000人、1400人、1500人、2000人、2500人、3000人、5000人、9000人、10000人、20000人到30000人不等。其中以要求2000人和5000人者较多，约为20国，一般看来，中、印、美、日等人口众多国家，对于城镇人口聚居数量起点较高，多在2500—5000人之间。

第二，聚居人口中的非农人口比例。许多国家在聚居人口数量的起点要求之外，还规定城镇必须保持一定非农人口比例，例如荷兰规定2000人聚居人口中，须有80%以上的男性劳动力从事非农职业，印度规定在5000人聚居人口中，须有3/4的成年男性从事非农职业的聚居地方可定为城镇。这条标准是从城市性质、特点功能与农村的根本分野上加以区分，以免把纯粹农业人口聚居的大村落与城镇混为一谈。

第三，聚居地的人口密度。有些国家在聚居人口数量要求之外，还提出聚居地人口密度的要求。例如，菲律宾规定在2000人以上的居民区内，每平方公里超过1000人的聚居地，或在1000人以上的居民区内，每平方公里超过500人的聚居地方可定为城镇。印度规定城镇人口的密度每平方公里须在1000人以上。英国把3000人以上和人口密度为每英亩0.6人以上的地区定为城镇，以及城市接连地区人口在750人以上和人口密度为每英亩0.6人以上的地区定为城镇。人口密度的规定可以说是对于人口数量聚集加以空间上的限制。

第四，城市特征。有些国家如尼泊尔、孟加拉等国在规定城市人口最低数量以外，还规定必须拥有构成城市因素的一系列市政设施。如街道、市场、供电系统、交通运输设施、工厂、商店、医生、药房、旅馆、车站及中等以上学校等。罗马尼亚只笼统要求城市须有城市社会经济特征。这类要求强调城市须具备起码的市政设施，并具突出城市的物质和精神生活基本标准，这对于防止滥竽充数，空具城市之名，而无文明之实，也是有积极意义的。

第五，城市行政功能。此外，世界上还有许多国家对于城镇划分标准既没有聚居人口数量的规定，也没有非农人口比例的限制，仅以各级政府所在地为条件，如首都或地方行政中心等皆列为城市，这类国家有些属人口和土地较少，城市也不算很多的国家，如欧洲的小国列支敦士登，也有人口众多土地辽阔的国家，如埃及和巴西等。

以上这些城市划分标准，有些国家采用其中一项，有些国家兼采其中一项以上，然而比较普遍采用的是其中两三项，即聚居人口最低数量和聚居人口中非农人口占有比例，以及城市的行政功能。

三　中国城乡标准划分的沿革

新中国的城乡划分标准最初是参照前苏联城乡划分标准，并参考其他国家经验而结合中国国情制定的，其后又经过多次修改变动，一般说来划分标准是适当可行的，然而其中若干项目则有修改的必要。因此回顾中国城乡划分标准变动的经过是必要的。

1955 年 9 月和 11 月国务院先后两次公布城乡划分标准，特点是：（1）采用聚居人口规模和常住人口中的非农人口比例两项作为划分城镇的主要标准。（2）同时兼顾城市功能特点，特别是行政等功能，如对于行政中心、工矿基地和商业中心在聚居人口限额上略有降低。（3）还仿照苏联设置"城镇型居民区"。（4）还规定了郊区的范围等。其中规定的城市聚居人口规模的基限为 2 万人，这与联合国制定的城市标准一致，镇的人口规模基限为 2000 人，也与相当多国家的规定相近。其他对于城市功能以及特殊情况（如少数民族地区和边远地区）的例外规定，在实践中证明是可行的（见表1、表2）。

表1　　　　　1955 年 9 月国务院发布的关于市镇建制标准

	市			镇		郊区
聚居人口	10万人以上	不足10万人	—	2000人以上	不足2000人	—
行政功能	—	*省政府所在地	县级和以上国家机关所在地	—	—	—
其他规定	—	*重要工矿基地 *规模较大的物资集散地 *边远地区的重要城镇	—	*有相当数量工商业居民 *确有必要设镇	*少数民族地区 *有相当数量工商业居民 *确有必要设镇	*不宜过大

表2　1955 年 11 月国务院发布的市镇建制标准和城乡划分标准

	市		镇	城镇型居民区	郊区
聚居人口	—	2万以上	2000人以上	1000—1999人	—
非农人口比例	—	—	50%以上	75%以上	—
行政功能	中央直辖市省辖市		—	—	—
其他规定		*工商业地区	—	*工矿企业、铁路站、交通要口、中等以上学校、科技研究机关所在地、职工住宅处 *每年疗养休息人数超过当地常住居民50%以上的疗养区	*在经济上、文化上与城市有密切联系毗邻的近邻居民区 *郊区范围由市规定

注：凡有"—"符号处，皆代表无任何规定。下同。

1963 年国家有关部门考虑到市镇人口占全国总人口比例应受农业发展水平的制约，而当时城镇人口增长过猛，市镇建制增加过多，超过农业生产负荷能力，为社会主义建设带来不少困难，因此调整市镇建制和缩小城市郊区。把建制镇的规模由原来的 2000 人提高到 3000 人。还把镇人口中的非农人口比例由 50% 提高到 70%—85% 以上。对于郊区的划分条件和郊区农业人口比例都作了具体规定（见表 3）。由于城镇划分标准提高，加之 1966 年"十年动乱"开始，从此中国城镇进入平缓发展时期。

表 3　　　　　　　　　1963 年国务院调整市镇标准

	市		镇			郊区	市辖县
聚居人口	10 万	不足 10 万	3000 人以上	2500—2999 人	不满 3000 人	—	—
非农人口比例	—	—	70% 以上	85% 以上	不足 70%	80%	—
行政功能	—	省级国家机关所在地	—	—	—	—	—
其他规定	—	*主要工矿基地 *较大规模的物资集散地 *边疆重要城镇 *确有必要由省领导	*工商业相当集中 *确有必要由省领导		*确有必要由县领导	*城市建设必需的地区 *紧靠市区的职工聚居区 *市区附近蔬菜等主要副食生产基地 *无法从市区划出的插花性质农业区 *受地形限制划归市有利的地区 *群众生活与城市关系密切的地区	不得划为远郊区

1984 年国务院为适应城乡经济发展需要，适当放宽建镇标

准，实行以镇管村体制，加速小城镇的建设和发展，逐步缩小城乡差别和促进两种文明的建设。对于建镇标准重新进行调整，调整的主要之点是：（1）突出行政功能，把县级机关所在地一律列为镇，拥有限定数量非农人口皆划为镇。全乡人口在两万上下的乡政府所在地，拥有限定数量非农人口皆划为镇。（2）不强调镇内聚居总人口规模但强调镇内非农人口限额，较之1963年建镇标准略有放松（见表4）。

表4　　　　　　　　　1984年国务院调整建制镇标准

总人口	—	—	—	—
非农人口	—	2000人以上	占乡总人口10%以上	不足2000人
行政功能	县级国家机关所在地	乡政府所在地	乡政府所在地	—
其他规定		总人口2万以下的乡	总人口2万以上的乡	*少数民族地区　*风景旅游区 *小港口 *人口稀少的边远地区　*边境口岸 *确有必要设 *山区和小型工矿区

1986年国务院为推广以市领导县的行政体制，再次对于设市标准进行调整，同时还规定了市领导县的若干条件。这次调整的主要三点是：（1）突出非农人口须在6万以上，未提聚居人口规模。（2）突出行政功能，把拥有附加条件的县属政府所在地都列入市建制。（3）强调经济条件，第一次把产值列为建制市标准。此外还规定市领导县的条件是，非农人口在25万人以上，产值10亿元以上的行政中心，经济科学文化中心以及中等城市（见表5）。

表5　　　　　　　　1986年国务院调整建制市标准

	市					市领导县
市总人口	—	—	—	—	—	—
非农人口	60000人以上	60000人以下	非农100000人口以上，农业人口40%以下	120000人以上	100000人以下	250000人以上
行政功能	—	—	县府所在地	县府所在地	地州（盟）政府所在地	行政中心
国民总产值	2亿元以上	2亿元以下	3亿元以上	4亿元	3亿元以下	10亿元以上
其他规定	地区经济中心	（1）少数民族地区（2）边远重要城镇（3）重要工矿科研基地（4）重要风景名胜地（5）交通枢纽（6）边境口岸	全县总人口在50万人以上	全县总人口在50万人以上	确有必要设市	（1）中等城市（2）经济科学文化中心

综上所述自1955年国务院公布城乡划分标准以后，30年间先后进行过4次调整，根据国内经济社会发展情况做出必要的修订和补充，自然有其合理的地方应该肯定。同时也有若干失当之处应该改正。

（一）城乡划分标准调整过于频繁

城乡划分标准属于基本行政立法，具有相对稳定性质，不可经常变动，要知每次调整变动都会涉及行政机构的增设或裁撤，管辖区域的重新组合，工作人员的调动以及统计口径的前后衔接等等，这些麻烦应极力避免。我国的多次调整的后果之一是城乡界线不清和统计口径混乱，况且频繁修订城乡标准在世界上也是不多见的。

（二）调整的方向愈趋复杂和繁琐

世界不少国家城乡划分标准简明易行，划分指标仅二三个左右，城市和镇的分类状况以及"但书"（Exception）也不复杂。1955年和1963年我国公布的两个划分城镇标准基本上是以人口规模和非农人口比例两项指标为主，以行政功能指标为辅。然而1984年公布的划分镇的标准不提总人口规模，改非农人口比例为非农人口绝对数，并突出行政功能作用。1986年公布的划分城市的标准同样是不提总人口规模，改非农人口比例为非农人口绝对数，并突出国民产值指标和地、县行政中心的行政功能。此外，1955年和1963年公布的标准中，市的划分类别只有两种，1986年公布的标准则列出5种；1955年和1963年公布的标准中划分镇的类别只有3种，1984年公布的标准将其扩大到4种。如此繁琐的标准条件，在我国人民文化水平不高和统计手段不完备的情况下，在实践执行中不仅会造成统计上的混乱，而且也会造成谎报和错报现象。

（三）非农人口比例大幅度下降，削弱城镇特性

按现行城乡划分城镇的结果，是城镇非农比重下降，并在许多城市出现非农人口与农业人口比例倒挂的反常现象。1986年全国347个城市之中非农人口在70%以上的城市只有104座，还不到城市总数的1/3。非农人口占各该市总人口一半以上的城市，只占347座城市的52%，另一小半即48%的城市其非农人口比例都在50%以下。还有不少城市非农人口在10%以下，然而这些城市都是50万—100万人以上的大城市或特大城市（见表6、表7）。

还有一些号称百万人口的特大城市，实际上大都是非农人口只有10万上下的小城市，例如山东莱芜市（非农人口14万）、新太市（非农人口16万）、临沂市（非农人口17万）、菏泽市

（非农人口 14 万）、河南濮阳市（非农人口 15 万）、湖北随州市
（非农人口 17 万）、孝感市（非农人口 13 万）。甚至还有像山东
淄博市和贵州六盘水市总人口分别为 232 万和 224 万，然而其中
非农人口却分别为 32 万和 35 万。

表6　　　　　　　1986 年全国 347 城市的非农人口比例分布

每个城市的非农人口比例（%）	90	80	70	60	50	40	30	20	10	9	8	7	6	5
城市座数	9	40	55	50	28	22	32	49	50	5	1	4	1	1

表7　　　　　　　1986 年非农人口只占 10% 以下的城市　　　单位：万人,%

省市	总人口	非农人口比例	省市	总人口	非农人口比例	省市	总人口	非农人口比例
广西玉林市	125	9.80	河北辛集市	53	9.10	云南保山市	69	7.93
山东青州市	79	9.76	安徽亳州市	111	8.38	湖北麻城市	100	7.03
山东日照市	98	9.41	江苏张家港市	79	7.98	河北定州市	93	6.36
山东曲阜市	54	9.20	浙江临海市	101	7.91	湖北利川市	71	5.27

　　把大量农业地区连同农业人口划入城市，使城市非农人口比
重下降已经不是少数城市发生的现象，而是普遍存在的事实。由
此已使全国城市中的非农人口比例，从 20 世纪 60 年代的 70%
以上迅速下降到 1986 年的 42% 以上。如果继续允许农业地区和
农业人口划入城市，这种比例还将下降（见表8）。
　　这种大批城市非农人口与农业人口比例倒挂的事实，必将导
致城市特性的减弱或消失，虽然名义上是大城市或特大城市，但
它们已经起不到应有的经济文化、科技中心的辐射作用，这种划
分标准没有促进农村人口城市化，却相反促使城市农村化，背离

了城市本质特点和城市发展的道路。结果必将影响我们的城镇发展和建设质量。

表8   全国市镇人口及其非农人口数

年份	全国市镇人口（万人）	其中：非农业人口（万人）	非农业人口占市镇人口比重（%）
1965	13045	10170	77.96
1970	14424	10525	72.97
1975	16055	11621	72.38
1980	19140	13863	72.43
1985	38244	17971	46.99
1986	43757	18515	42.31
1987	51101	19441	38.04

资料来源：《中国人口统计年鉴（1988）》，第214—215页。

（四）反映国情失真

1982年中国第三次人口普查结果表明城镇人口占总人口比重为20%，1986年却猛增长到41%，也就是说4年时间城镇人口比重翻了一番，这种增长速度世界上是少见的，也是令人难以置信的。这种虚假的社会国情信息将会导致决策上的失误（见表9）。

表9   人口数及城乡构成

(年底数)

年份	总人口（万人）	按城乡分			
		市镇总人口		乡村总人口	
		人口数（万人）	比重（%）	人口数（万人）	比重（%）
1949	54167	5765	10.6	48402	89.4

续表

年份	总人口（万人）	按城乡分			
		市镇总人口		乡村总人口	
		人口数（万人）	比重（%）	人口数（万人）	比重（%）
1950	55196	6169	11.2	49027	88.8
1951	56300	6632	11.8	49668	88.2
1952	57482	7163	12.5	50319	87.5
1953	58796	7826	13.3	50970	86.7
1954	60266	8249	13.7	52017	86.3
1955	61465	8285	13.5	53180	86.5
1956	62828	9185	14.6	53643	85.4
1957	64653	9949	15.4	54704	84.6
1958	65994	10721	16.2	55273	83.8
1959	67207	12371	18.4	54836	81.6
1960	66207	13073	19.7	53134	80.3
1961	65859	12707	19.3	53152	80.7
1962	67295	11659	17.3	55636	82.7
1963	69172	11646	16.8	57526	83.2
1964	70499	12950	18.4	57549	81.6
1965	72538	13045	18.0	59493	82.0
1966	74542	13313	17.9	61229	82.1
1967	76368	13548	17.7	62820	82.3
1968	78534	13838	17.6	64696	82.4
1969	80671	14117	17.5	66554	82.5
1970	82992	14424	17.4	68568	82.6
1971	85229	14711	17.3	70518	82.7
1972	87177	14935	17.1	72242	82.9
1973	89211	15345	17.2	73866	82.8

续表

年份	总人口（万人）	按城乡分			
		市镇总人口		乡村总人口	
		人口数（万人）	比重（%）	人口数（万人）	比重（%）
1974	90859	15595	17.2	75264	82.8
1975	92420	16030	17.3	76390	82.7
1976	93717	16341	17.4	77376	82.6
1977	94974	16669	17.6	78305	82.4
1978	96259	17245	17.9	79014	82.1
1979	97542	18495	19.0	79047	81.0
1980	98705	19140	19.4	79565	80.6
1981	100072	20171	20.2	79901	79.8
1982	101541	21154	20.8	80387	79.2
1983	102495	24126	23.5	78369	76.5
1984	103475	33006	31.9	70469	68.1
1985	104532	38244	36.6	66288	63.4
1986	106529	44103	41.4	62426	58.6

注：1. 本表各年人口包括大陆29个省、自治区、直辖市和现役军人数字。

2. 市镇总人口是指辖区内全部人口；乡村总人口是指县人口，但不包括镇人口。1984年，建镇标准有调整，新建镇较多，因此1984年以来市镇总人口增加较多。

资料来源：《中国统计年鉴（1986）》。

从历史上看来1949年我国城镇人口比重约为10%，经过11年迄1960年逐步上升为19%。以后年份因为种种原因城镇发展停滞，"十年动乱"结束以后，1978年到1981年，城镇人口比重在3年中由17%增长到20%，不可想象1982年到1986年城镇人口比重增长到41%。

其次，众所周知城镇人口增长与工业人口和国民总产值之间呈正向相关关系。如无特殊原因，城镇人口增长不可能离这两个因素独自任意增减。以我国目前工业人口占社会总劳动人口的比重（1986年约为44.96%）以及国民总产值（1986年约为略高于400美元）的情况下，按世界各主要国家和地区统计经验判断，我国城市化实际达到水平大致略高于20%以上[①]。

如果我们使用1961年我国城市中（不包括镇）的非农人口与农业人口比重（即75%和25%）这一尺度，来计算1986年我国城镇化达到的真实水平，结果同样是23%左右[②]，而不是现在统计公布的42%以上。这种天地悬殊，不能不是划分标准带来的差误。

四 关于城镇划分标准的建议

鉴于我国城乡划分标准某些规定放松了城市特性的要求，城镇圈大了农业人口居住地的范围，从而使城镇出现虚假膨胀。主观上设想加速城镇自身建设和带动农村发展，客观上却降低城镇质量对农村发展亦未必有利。所以有必要加以调整修订。仅提出几点不成熟意见如下。

（一）城乡划分标准的原则

应该重视的原则有：（1）可比性和近似性原则。我国的城

---

① 马侠：《工业人口、总产值和城镇发展》，载《中国社会科学》1987年第5期。

② 1986年城镇人口实际水平的计算是：

城镇非农人口总数 × $(1 + \frac{25\%}{75\%})$ ÷ 全国总人口 = 18191（万）× $(1\frac{25}{75})$ ÷ 105398（万）= 23%

乡划分标准应与世界多数国家或主要国家的城乡划分标准可比，或者近似，以便有所对照比较。（2）根据我国国情应有因国制宜的权便处置。但不应与世界多数国家相差太远，从而失去借鉴可能。（3）划分标准应该突出城镇性质特点，不可以"城乡结合"概念混淆城乡界线，"城乡结合"说的是城乡的关系，这种关系越密切越好，而城乡界线是勾画两个不同质事物的轮廓，这种轮廓越清楚越好。（4）划分标准应有利于城乡繁荣、经济发展和有利生产方便生活为原则，不可徒具城镇之名，而无城镇之实。（5）条文简明易行不可繁琐庞杂，难以掌握遵循。

（二）划分城乡的主要指标

主要应以聚居人口规模和非农人口比例两项指标为主，以行政功能指标为辅，以便照顾基础行政中心发展。产值指标不宜列入，以免过分复杂。市总人口规模仍以两万人为起点，镇总人口规模仍以两千人为基点，非农人口比例市镇皆定为70%—75%为宜。当然中国版图辽阔情况多样，正式规定以外，允许设立"但书"，然而也不可例外过多偏离城镇性质原则，特别是非农人口比例，不论何种情况皆应划一，不可五花八门造成人为混乱。

（三）城市郊区

考虑到市民蔬菜副食供应的需要，以及农户住房和土地与城市街道毗连插花难以分开的实际情况，城市应设郊区，郊区范围应控制在农业人口占城市总人口的25%以下，建成区和郊区并称为市区，25%的农业人口也应列入城市人口。镇可不必设立郊区。

（四）城镇型居民区

20世纪50年代实行过的城镇型居民区仍有存在必要，即总人口在 1000 人以上，2000 人以下，非农人口占 75% 以上，不够建镇条件的工矿企业、铁路站、交通要道、中等以上学校、科技研究机关等所在地以及职工住宅集中地和疗养地皆可设立此类城镇型居民区。

（五）市辖县和镇辖乡

市辖县和镇辖乡纯系行政管理体制，其所辖管理范围也是行政区，建议叫做市辖地区，镇辖地区，以示与城市和郊区组成的市区或镇区有所区别。市和镇属于城镇，县（县城和县属镇不计在内）和乡属于乡村，城、乡人口应分别统计，不要因为市管县、镇管乡，就把县境人口和乡境人口统统计入市镇人口，二者应该严格区别开来。

（六）矿井、油田、林场特别区

矿井、油田、林场等类地区多是产品单一、生产场地分散，范围辽阔的地区，不宜将区内分布的若干小城市和建制镇（如现在的淄博市辖区内的淄水、博山、张店等若干小城市）联合建成一个大市。因为分散的小城市并未形成真正的都市聚集，区内众多农民还不具备城市特性。为了整个矿区生产的统一管理的实际需要，可以建立工矿特别区。特区政府可设在矿区的中心城镇。区内按实际情况设市、设县、设镇、设乡，同样可以实行市管县和镇管乡行政体制，统由特别区政府管辖，但不可将整个矿区称为市区。以免背离城镇特性原则，造成统计上城乡不分的混乱。

其他类似情况，如名胜古迹，风景旅游区，自然保护地等也可参照上述精神建立特别行政区，以示与城镇和农村有所区别。

（七）建议制定"城镇建设和发展法"

"城市建设和发展法"当然不是城乡划分标准的直接内容，但它与划分标准是关联的。标准只能为有基本条件的地方确定城镇地区，而城镇要能真正成为全国或地区的政治、经济、文化中心使其辐射功能作用于四邻，还须建立法规使城市发展有所遵循和约束。

"城镇建设和发展法"的内容应包括：（1）确定城市的性质、地位和作用。要求每个城市制定各自的发展方向和建设规划。（2）制定各种等级的城镇市政设施标准和服务设施标准。住宅、街道、水电、煤气、交通、邮电、工厂、商店、市场、旅馆、医院、学校等设施是维持城市的基础，是发挥城市功能的条件。考虑到我国目前经济发展状况，如把上述市政设施列为划分城镇标准的条件是不适宜的。当前多数城镇市政设施短缺，如果以市政设施为划分城镇先决条件，则大量非农人口聚居地将被划出城镇界线之外，这种处理对于城镇发展并不有利。两全之计是为各级城镇制定一个市政设施标准方案和限期实施方案，有市政设施最低限的建设项目和建成的具体年限，使市政管理有所遵循。（3）市政建设的财政保证。多年以来我国大中城市市政设施短缺，小城镇市政设施更显不足，关键在于市政投资有限，无力建好城市。世界上许多国家市政建设投资比重约占全部固定资产投资的10%左右，而我国城市基础设施投资仅占全国基本建设投资的2%，如以固定资产投资计算，所占比重更低。与国外相比，距离更大。为此应该通过立法程序，明文规定市政设施投资占该城市年总产值的提留份额，使市政建设有所保证，不致落空。

（原载《人口与经济》1988 年第 6 期）

乡镇企业、农村劳力转移与小城镇发展

一　城市工业发展模式的局限

中国手工业发展有悠久的历史，学术界一般认为明清两代资本主义商品经济关系已在手工业中萌发。虽然当时的家庭手工业和工场手工业已经十分发达，遗憾的是由于种种原因，中国的手工业没有像西方国家经过工场手工业阶段发展到机器大工业阶段。中国还没有来得及发展自己的机器大工业，就已遭到帝国主义者的入侵，尾随坚船利炮舶来的是以"商品输出"和"资本输出"形式出现的机器大工业。在资本寻求市场和利润的驱使下，机器大工业最先由海外扩散到沿海通商大埠，继而缓慢地向内地城市扩散，由此促使中国民族机器大工业的诞生和发展。直到解放前夕，中国一直是家庭手工业、工场手工业和机器大工业三者并存的格局，并且正经历着机器大工业不断侵融、排挤和消灭手工业的过程。

新中国为了维护主权的完整和经济独立，切断了资本主义国家向我国的"资本输出"，这是完全必要的，从而在相当长时期内终止了海外向沿海的工业扩散。同时，出于当时国际环境险恶的考虑和改变生产力布局的需要，于是有计划地进行了规模空前的沿海工业向内地和西部边疆的大搬迁，随后又进行过大城市工业向中小城市的搬迁。这两次工业扩散在一定程度上改善了工业布局，充实了中部和西部地区的工业实力。

中国是土地辽阔、人口众多的大国，现代化的工业基础薄弱，城市大工业产品远不能满足社会生产和人民生活的需要，国家还未形成统一的市场。在这种情况下，极宜在发展城市大工业的同时，大力发展由中国遗留下来的分散的家庭手工业和工场手工业，从两个渠道积累资金，以促进工业化的发展无疑是最为有利的。

然而中国却仿效苏联那种高度集中的产品经济模式，从而强化了城乡分工，使城市专司工业生产而乡村则限于农业经营。并且在相当长的时期主要依赖农业积累发展城市工业，并逐步吸收农村剩余劳动力和逐渐提高城市化水平。而乡村人口的转化，须在城市工业首先吸净城市劳动适龄人口就业以后，不足差额才由农村征调。然而每增加一名工人不独需要一份人均固定资产投资和生活设施投资相对应，还须同时满足必不可少的一份，甚或一家几份人均商品粮食。所以工业扩大再生产既受资金积累数量的限制，又受商品粮增产幅度的制约。而且当资金积累与商品粮二者增长幅度不相适应时，工业化和城市化的增长幅度还须依二者中的低者进行。

这种模式的特点把工业化的扩展完全局限于城市全民所有制和集体所有制企业，把农业人口的非农业化转变，农村人口向城市人口转变重任完全寄托于城市工业的发展，期望仅以此一途逐渐吸净农村的庞大剩余劳动力。几十年的实践结果证明这一模式既妨碍了城乡广大群众兴办多种所有制和多种经营方式的工商企业的积极性，也延缓了工业化和城市化的进程。

二　经济体制改革与乡镇企业发展

我国城乡的手工业者约有 1000 万人在合作化运动中相继加入手工业合作社，使其获得了较快的发展，而个体手工业者和家庭手工业者则绝少存在了。公社化时期提出"公社必须大办工业"，"十年动乱"期间又曾号召农村发展"五小工业"，但是在实施过程中或因条件不足而急于上马，或因招致"走资本主义道路"的指责而被迫停顿，几起几落大大阻碍和挫伤了农村广大群众兴办工业的积极性。改革开放以后乡镇企业才得到快速的发展，除去政策号召以外，还由于：（1）工农业经济体制改革突破了旧有的高度集中统一的产品经济模式，开始摸索建立计划指导为主，市场调节为辅的社会主义商品经济模式，改变了工业生产只由城市包办的局面。（2）企业所有制由过去单一的全民和集体所有制转变为以公有制为主体的多元经济关系，形成了有公营、私营、合营、自营等多种所有制和经营方式的格局。（3）就业机制改变了全部由行政征调的统招统配的用工制度，出现了企业招聘、考试遴选、本人自荐，以及自家摆摊设店个体经营等多种就业形式。（4）联产承包责任制的推行，促进了农业的迅速发展，进而也带动了农副产品加工业、食品加工业和饲料加工业的发展。而在经济体制改革推动下，城市工业大发展还带动了农村建筑业、建材业、运输业的发展，进而带动乡镇商业、饮食和服务业的发展。

乡镇企业的发展一方面是国家采取多种政策调动农民生产积极性的结果，另一方面也是农民通过多种经营，以便维护因工农业产品价格剪刀差所失去的利益的具体行动。

乡镇企业的技术构成由低向高的发展，产业构成由单一向多方面的发展，一部分是依靠农村原有社队企业的基础，而沿海地区和大中城市周围的社队企业则很大部分是依靠海外工业扩散和城市工业扩散发展起来的。

（一）大中城市工业向周围农村乡镇的扩散

这是继建国以来两次工业扩散之后的第三次工业扩散，这是被束缚的城市生产力突破封闭式经济框架的一种发展形式。这种突破首先是在用工制度上开始的。20世纪70年代初许多大城市工业部门在资金、设备、原料和市场等方面虽有扩大生产规模的潜力，只因缺少计划招工指标限制了生产力的发展。于是试用所谓"亦工亦农用工制"，即从农村招收劳力自带口粮进厂劳动，只供住宿，不转户口。最初这种用工形式深得农民工的欢迎，即便口粮和户口不能解决，但10倍于农业生产的工资收入具有极大吸引力。然而，只经数年，这些进厂工人就地男婚女嫁，生儿育女，而口粮户口仍然无着，这种用工形式陷于困境。于是，工厂把产品的中间工序或零、部、配件散发到周围农村社队加工制造，然后运回工厂组装成品。这种协作使工厂不增加职工，城市不增加人口，而在厂外市外扩大生产规模。工业扩散的进一步发展是城市工厂和农村公社联合办厂，工厂提供资金设备和管理人员，公社提供地皮、厂房和劳力，抑或工厂帮助社队自行办厂。由此，原有社队企业发展成为后来的乡镇企业。

（二）海外工业扩散

第二次世界大战以后发达国家争相发展资本密集型企业和技术密集型企业，而把劳动密集型产业转移到发展中国家。我国在开放政策实施以后，外商、侨商和港澳台商蜂拥而至，主要是在沿海口岸和内地的大城市投资兴办多种经营形式的"三来一补"

创汇企业。这些企业多数并无复杂技术，因此兴建在乡镇较之建在大中城市更为有利。还由于侨胞多有造福桑梓的传统思想，所以他们乐意在侨乡投资。这种由海外工业扩散发展起来的乡镇企业，绝大多数分布在沿海口岸城市和侨乡，它不是乡镇企业的普遍类型。这种工业扩散是终止了30多年的海外工业扩散的继续。撇开侨商回国投资不论，仅就外商来华投资而言，它在本质上仍然是"商品输出"和"资本输出"的继续。所不同的是在旧中国它是在不平等条约的政治经济压迫下的不等价交换，而现在的经济交往则是在平等原则上的互惠互利。

1978年以来乡镇企业逐年壮大（见表1），其中工业企业数，工业企业的职工人数和产值一直在乡镇企业总额中占多数，特别是1988年，分别占59.7%和69.7%（见表2），并且乡镇企业80%的产品系为大城市企业的产品加工。这足以说明乡镇企业的主体部分是城市大工业的外延和补充，是城市工业扩散的结果。乡镇企业的一些工厂可以看做是城市大工业设在乡镇的车间，或城市工业为寻求生产空间向外拓展的"飞地"，也是城市生产力突破原来生产模式的束缚与农村剩余劳动力结合的产物。所以乡镇企业的工业企业实际上属于城市工业体系。就其技术构成来说，目前它仍然是由手工业、半机械和机器工业组成的混合体，但它将逐渐由低级向高级发展，最终除少数手工艺制造以外，都将演变为机器大工业。尽管它的所有制归属于乡镇村社或个体农民，但是乡镇企业仍不是一种独立的经济体系，而是一种过渡性的经济形态。如果对照资本主义国家手工业经过工场手工业阶段发展为机器大工业，最后机器大工业反过来侵融和消灭手工业的史实，显然中国的城市大工业不仅不会扫荡和消灭乡镇工业，而且会扶助它们发展为现代化大工业，这将成为中国乡镇企业发展的特点。

表1　　　　　　　　　乡镇企业基本情况

年份	1978	1979	1980	1981	1982	1983	1984	1985	1986	1987	1988
企业数（万个）	152.42	148.04	142.46	133.75	136.17	134.64	606.52	1222.45	1515.31	1744.64	1888.16
职工人数（万人）	2826.56	2909.34	2999.67	2969.56	3112.91	3234.64	5208.11	6979.03	7937.14	8776.40	9545.46
产值数（亿元）	493.07	548.41	656.90	745.30	853.08	1016.83	1709.89	2728.39	3540.87	4743.10	6495.66

注：1978—1983 年为乡村两级数，1984 年以后为乡镇企业全部数。

资料来源：《中国统计年鉴（1989）》，第 245—247 页。

表2　　　　　　　1988 年乡镇企业构成

	合计	农业	工业	建筑业	运输业	商饮服务业
乡镇企业绝对数（万个）	1888.16	23.28	773.52	95.58	372.55	623.23
百分比	100	1.2	41.0	5.1	19.7	33.0
职工人数绝对数（万人）	9545.46	249.99	5703.39	1484.81	684.16	1423.10
百分比	100	2.6	59.7	15.6	7.2	14.9
产值绝对数（亿元）	6495.66	115.27	4529.38	827.70	473.46	694.95
百分比	100	1.8	69.7	12.7	7.3	10.7

资料来源：《中国统计年鉴（1989）》，第 245—247 页。

三　乡镇企业、农村人口转移、小城镇发展

发达国家由前工业社会转变到工业社会的最初阶段，人口学者称之为"早期社会转变阶段"，其一般特点是随着人口高死亡率的大幅度下降和人口迅速的自然增长，将有大量农村人口迁入城市，同时也有部分移民在国内垦殖抑或殖民于海外。从这个阶

段开始，社会进行三种转变：（1）在产业类型上大量农业人口转变为非农业人口，（2）在居住地类型上大量农村人口转变为城镇人口，（3）在城乡两大社区之间变封闭性社区为开放性社区。社会生产发展的趋势是绝大多数人逐渐脱离农业生产转向非农业生产，人类定居的趋势是乡野散居进展为城镇聚居，这是因为非农业生产聚集效益要求生产集中，而集中的社区又便于使用公共生活设施和满足文化精神需求。农村人口转变为城镇人口又有两种途径：一是由农村迁入现有城镇，因而转变为城镇人口；二是在村里兴办的非农企业不断发展壮大和加速聚居，最终使村落形成城镇，其中居民是在未经迁移情况下由农村人口演变为城镇人口的。发达国家大致经历了 200 多年时间基本完成上述转变。我国在新中国成立后才开始进入上述"早期社会转变阶段"，所不同的是国内既没有充裕的生荒土地提供移民垦殖，更没有把大量人口移往海外的条件。在我国工业化的过程中尽管多年采取高额资金积累的政策，用于扩大再生产，不少年份积累率大都占国民收入总额的 25%—29% 之间，最高年份竟高达 43%，然而在实际上城市全民和集体所有制企业所能吸收的新就业人口依然有限，既不能吸净城市历年增长的适龄劳动人口，更无法吸净农村庞大的剩余劳动力。如 1978—1988 年，城镇安排就业人口平均每年 766.5 万人左右（见表3），但是全国每年新增劳动适龄人口却由 1949 年的 1000 万人，逐年上升到 1988 年的 2000 万人左右。农村积存剩余劳动力多达 1 亿以上。实践证明仅仅依靠城市工业企业发展，难以完成前述的几种转变和加速工业化和城市化的进展。

　　乡镇企业的发展不仅是城市大工业的延续和补充，促进中国工业化发展的重要一翼，并且它也是农村剩余劳动力转移的附着体和小城镇建设的经济支柱，促进城市化发展的物质基础。当然农村劳动力也非全然消极被动地被吸收使用，他们大都是年富力强的比较有文化、有一般生产技术和创新精神的劳动者。其中部分人还自带创业资金独资或合伙兴办企业。

表3　　　　　　　　　城镇就业及待业人数　　　　　　单位：万人

年份	1978	1979	1980	1981	1982	1983	1984	1985	1986	1987	1988
城镇就业人数	544.4	902.8	900.0	820.0	665.0	628.3	721.5	813.6	793.1	799.1	844.3
就业人员来源											
城镇劳力	274.9	688.5	622.5	534.3	408.1	406.5	449.7	502.3	481.6	411.7	422.6
农村劳力	148.4	70.8	127.4	92.0	66.0	68.2	123.0	150.2	166.5	166.8	159.9
大学中专技校毕业生	37.7	33.4	80.0	107.9	117.4	93.4	81.7	88.5	99.3	117.1	130.8
其他	83.4	109.9	70.1	85.8	73.5	60.2	67.1	72.6	95.7	103.5	131.0
城镇待业人数	530.0	—	541.5	439.5	379.4	271.4	235.7	238.5	264.4	276.6	296.2

资料来源：《中国统计年鉴》，1980—1989年。

中国经济改革的实践表明，乡镇企业的兴起，农村人口的转移，小城镇的发展这三个因素是三位一体、紧密结合，互为因果、同步发展的。乡镇企业为城镇自身建设提供资金，成为兴建小城镇的物质基础，并且吸收农村剩余劳动力将其转变为非农人口。农业人口在产业上的转变，既满足了乡镇企业对于人力资源的需求，也为城镇注入新血液（资金），而农村人口在居住地上的变动又提高了城市化水平。小城镇为乡镇企业提供聚集经济效益条件和商品流通的初级市场，并把进入的农村人口转变为城镇人口。三者有机地结合在一起，而以乡镇企业的发展为核心。这里提出的三位一体模式，绝不是迈向中国现代化的惟一道路，它只是加速中国工业化和城市化的一个补充途径。因此，乡镇企业和小城镇的发展，不仅不能替代现代机器大工业和大中城市，相反前者需要后者的扶持和支援。

四　乡镇企业的历史使命

乡镇企业逐步发展壮大，已成为农村经济的重要组成部分。根据统计，1980—1988 年历年乡镇企业总收入相当于同年全部农村经济收入的 26%—38%，同时也相当于同年社会总产值的7%—14%（见表 4）。

表 4　　　社会总产值、农村经济总收入、乡镇企业总收入

年份	1980	1981	1982	1983	1984	1985	1986	1987	1988
社会总产值（亿元）	8534	9075	9966	11131	13171	16602	19085	23081	29847
农村经济总收入（亿元）	2223	2369	2632	2884	4891	5990	6881	8408	11005
乡镇企业总收入（亿元）	596	670	771	928	1268	1827	2223	2934	4232
乡镇企业总收入占社会总产值的比重（%）	7.0	7.4	7.7	8.3	9.6	11.0	11.6	12.7	14.2
乡镇企业总收入占农村经济总收入的比重（%）	26.8	28.3	29.3	32.2	25.9	30.5	32.3	34.9	38.5

资料来源：《中国统计年鉴》，1981—1989 年。

尽管乡镇企业在国民经济中占有重要地位，然而学术界对于乡镇企业的得失成败看法依然分歧。乡镇企业原材料和能源消耗大，产品质量差，经济效益低，污染环境严重等弊端在许多地方显然是存在的，因此持反对意见的人自有其合理根据。可是如果从总体上看，笔者认为乡镇企业的发展应是有得有失，利大于

弊。乡镇企业的经济效益较低是客观存在的，乡镇企业全员劳动生产率一般只达到全民所有制工业的1/3或1/2左右（见表5），确实是有待不断提高。

表5　　全民所有制工业和乡镇企业全员劳动生产率　　单位：元/人、年

年份	1980	1981	1982	1983	1984	1985	1986	1987	1988
全民制工业全员劳动生产率　（1）	12031	11815	12133	13049	14070	15198	15451	16671	18056
乡镇企业全员劳动生产率　（2）	1987	2258	2479	2871	3296	4401	5063	6240	8647
二者之比　（2）/（1）	0.17	0.19	0.20	0.22	0.23	0.29	0.33	0.37	0.48

资料来源：《中国统计年鉴》，1981—1989年。

至于乡镇企业占用土地较多，污染环境严重，也是相当普遍的。然而这类问题就是在城市大工业中也同样不同程度地存在，有些甚至更为严重。这类问题应该与争能源、争原料等问题一并纳入经济环境治理和生态环境治理范畴，通过立法程序（如市场管理法，土地使用法，资源保护法，环境保护法等），运用经济手段和行政措施等多种社会机制通盘解决。当然，也不排除关闭那些污染严重和效益极为低下，而又与大工业争能源、争原料的乡镇企业。尽管如此，仍然不可因噎废食，一概否定乡镇企业的存在和发展。

人们往往眼盯着乡镇企业生产效益低下，却无视农村潜在庞大剩余劳动力的闲置。迄今一般认为中国农村剩余劳动力约有1.5亿左右。这样大量人力资源的闲置或不能充分发挥作用都是极大的浪费。乡镇企业尽管经济效益不高，1988年乡镇企业每个劳动力平均产值为6805元，每个劳动力平均净产值仅为1086元，但都高于同年的农业劳动力的年均产值和年均净产值。1988

年乡镇企业已经吸收了农村剩余劳动力9545.46万人。同年创造新价值（即净产值）为1037亿元，相当于同年全国国民收入的8.9%，由此可见乡镇企业每年创造的新价值是不容低估的。因此应把重视剩余劳动力的闲置和重视资源能源的浪费置于同等重要地位来考虑。反对资源的浪费无疑是极为必要的，然而闲置劳动力的空耗也不应忽视。正确的态度应是在积极安排利用剩余劳动力的前提下，努力克服和制止资源的浪费和降低资源能源的消耗。

中国在漫长的封建社会里没有形成较为强大的"商人资本"，并使之转为工业资本。因此中国工业化的最初资金，不得不从农业和城市工业中自行积累。技术构成低下的乡镇企业也是资金积累不可缺少的重要途径，以促进国家工业现代化、城市化和农村人口两种转化的加速发展。这便是乡镇企业的历史使命。

五　结束语

20世纪80年代末由于国民经济发展在决策上一再追求高速度的失误，在实行紧缩调整时，经济形势顿现疲软。不仅城市部分工业滞销停产，影响所及，部分乡镇企业同样陷入低谷。

前已述及乡镇工业企业80%是为城市工业加工零、部、配件，而乡镇企业中的建筑业、建材业、运输业的兴衰在很大程度上也决定于城市工业的起落。在国民经济的大调整中，数以万计的大型基建项目下马，造成数以百万计的民工在城乡之间大流动。同时，乡镇企业在发展方向和速度规模等方面也都有很大的盲目性，为此乡镇企业极宜加以大力整顿。就大端而论，当前整顿的主要环节应是降低发展速度，调整产业结构，加强生产管理和市场管理三方面。乡镇企业既然多为城市工业加工零、部、配件，其发展速度自然应与城市工业发展速度相适应。这部分产品所需原料和能源应纳入国家或地方计划予以保证，其他没有原料和能源保证的产品应该停产或转产。产业结构的调整，沿海口岸和侨乡应发展"三来一补"创汇企业，大中城市周围地区发展配套加工产业和建筑、建材、运输业。其他地区则视当地资源和其他生产条件从事农产品加工，或建筑、建材、运输和手工艺业。加强乡镇企业生产管理和市场管理，防治环境污染和查处伪劣商品，使乡镇企业能够健康成长，真正成为中国工业化和城市化发展中的重要支柱。

（原载《科技导报》1990年第5期）

中国城镇人口增长数据分析

      众所周知，城市化过程中的人口增长，一般由城市人口的自然增长、来自农村的人口迁入、农村迁入人口的自然增长以及新建市镇和原有市镇扩大辖区范围所增加的人口等四部分组成。城市化程度是国家经济社会发展水平的重要标志，城镇人口增长来源分布更是制定社会发展计划的重要国情资料，中国虽有完整的户口登记制度，逐日登记城乡人口出生、死亡、迁移等人口变动，定期汇总逐级上报，惟因登记簿册浩瀚，又限于手工汇总，所以只能提供人口变动大端资料。至于较为细致数据如上述城镇人口增长来源分布则付阙如。加之中国城乡划分标准偏离国际通则，城镇建制标准变动频繁，国家正式发布的城市化数据越高于实际水平，从而其他细致资料也无从推计。

      第四次人口普查资料所提供的城镇人口数字，反映中国城市化的实际水平，本文拟以此为基准，结合作者的调查资料，使用间接推计方法，计算出城镇人口增长的来源分布。所得结果尽管是匡算数据，然而所依基准科学合理，所以在很大程度上近似实际。

一　城镇发展水平

第四次人口普查所规定的城镇人口统计方法是：市人口包括设区的市所辖的区人口和不设区的市所辖的街道人口。镇人口指不设区的市所辖镇的居委会人口和县辖镇的居委会人口。调查结果市镇总人口为 296512111 人，占全国总人口的 26.23%。其中市人口为 211230050 人，占全国总人口的 18.69%；镇人口为 85282061 人，占全国总人口的 7.54%。这个市镇人口总数比较符合中国目前的实际城市化水平。

1984 年调整建镇标准和 1986 年调整设市标准以后，由于划入农村人口过多，造成市镇人口总数骤然跳涨。1949—1983 年中国城镇人口的比重，除极少数年份较上年增加 1—2 个百分点以外，其余年份半数增长不到 1 个百分点，另半数为负增长。34 年平均每年增加 0.3 个百分点，1984 年开始一反常态突然猛增 8.4 个百分点，由 1983 年的 23.5% 上跳到 31.9%，以后多年每年都以 3—5 个百分点增长，1989 年竟已高达 51.7%。短短 6 年城镇人口增加 1 倍以上。这种违反常理的虚假统计，造成城市发展状况的异常性失真。

第四次人口普查的城镇人口统计口径纠正了上述名不符实的统计误差。它公布 1990 年城镇人口比重为 26.23%，不仅符合多年以来中国城镇渐进增长的趋势，统计方法也接近国际通行的城镇基本上以聚居非农人口计算的原则。

1988 年笔者根据国际通行的城乡划分标准，按城镇聚居非农人口比重为 75%，和城镇合理郊区农业人口比重为 25%，提出一个计算中国城市化实际水平的公式如下：

$$P_U = \frac{P_L \cdot (1 + \frac{25}{75})}{P_T}$$

其中，P_U 指全国城镇人口占全国总人口比重；P_L 指城镇的非农人口总数；P_T 指全国总人口。

使用上述公式对 1986 年中国城镇发展水平（即城市化水平）计算结果是 22.8%[1]。现在我们再使用上述公式分别计算 1983—1989 年的各年城市化水平，结果分别为 19.8%、21.4%、22.8%、22.8%、23.6%、24.4%、25%，7 年年均增长为 0.9 个百分点。由于 1990 年的市镇非农人口数据官方尚未公布，我们无法计算出 1990 年的城市化水平。然而如果按照 1990 年前 7 年的城市化年均增长速度推计，则 1990 年的城市化水平也恰好是 26% 左右，与第四次人口普查结果相吻合，这个数据应是可信的。（见表 1）

表1   **全国实际市镇人口**

年份	全国总人口（万人）(1) P_T	市镇人口（万人）(2)	比重(%)(2)/(1)	市镇非农人口（万人）(3) P_L	市镇实际人口（万人）$P_L \cdot (1 + \frac{25}{75})$	实际比重（%）$\dfrac{P_L \cdot (1+\frac{25}{75})}{P_T}$
1970	82992	14424	17.4	10525	14033	16.9
1975	92420	16030	17.3	11609	15479	16.7
1980	98705	19140	19.4	13863	18484	18.7
1981	100072	20171	20.2	14320	19093	19.1
1982	101590	21131	20.8	14715	19620	19.3

---

[1] 马侠：《中国城乡划分标准与城镇发展水平》，《人口与经济》1988 年第 6 期。

续表

年份	全国总人口（万人）(1) P_T	市镇人口（万人）(2)	比重（%）(2)/(1)	市镇非农人口（万人）(3) P_L	市镇实际人口（万人）$P_L \cdot (1+\frac{25}{75})$	实际比重（%）$\dfrac{P_L \cdot (1+\frac{25}{75})}{P_T}$
1983	102764	24150	23.5	15234	20312	19.8
1984	103876	33136	31.9	16689	22252	21.4
1985	105044	38446	36.6	17971	23961	22.8
1986	106529	44103	41.4	18191	24255	22.8
1987	108073	50362	46.6	19117	25489	23.6
1988	109614	54369	49.6	20084	26776	24.4
1989	111191	57494	51.7	20850	27800	25.0
1990[④]	116001	—	—	—	29651	26.2

注：(1)(2)全国总人口市镇人口及比重引自《中国统计年鉴（1990）》第89页。

(3) 1970—1987年市镇非农人口数引自《中国人口统计年鉴（1988）》，第206页；1988—1989年市镇非农人口数引自公安部编1988年度和1989年度《全国分县市人口统计资料》。

(4) 1990年各项数据为1990年全国第四次人口普查公布数据。

　　学术界对于中国城市化水平应该保持的发展速度以及20世纪末期望达到的目标等看法不尽一致。一般都认为中国城市化现有水平低于发展中国家的平均水平，因此应该加速城镇发展。笔者以为中国城市化水平虽然低于发展中国家的平均水平，但是中国城镇发展相对于中国经济发展的相对速度大体上是适当的。经济发展与城镇发展二者虽不是比例关系，但被公认为相关关系。当今世界上年人均产值为310—390美元的13个国家，其中除少数国家以外，多数国家的城市化水平都在

25%上下；而城市化水平为21%—28%的23个国家，除少数国家以外，多数国家的年人均产值都在330美元以上。特别是拥有8亿多人口的印度，其年人均产值为300美元和城市化水平为26%与中国极其近似，绝非偶然。可见当今中国城市化水平与经济发展进程大体上是协调的。按照近10年城镇发展每年增长不超过1个百分点的平均速度推计，20世纪末中国城镇水平可望达到略高于35%。那些认为可以达到50%的预测，看来是过高了。

二　城镇人口自然增长量

1949年中国市镇人口规模为5765万人。1990年第四次人口普查结果市镇人口总额为29651万人，亦即40年间增加了4倍以上。这样巨大的增长量自然不是完全依靠原有市镇人口的自然增长所形成的，其中相当大的增长量是由农村迁入的人口，以及新建市镇和原有市镇扩展区划范围而增加的人口。因此在查清中国市镇人口的实际水平基础之上，进一步理清40年来市镇人口增长量中，所包含的人口自然增长量、由农村迁入市镇的人口数量，以及新建市镇和扩展原有市镇辖区而增加的市镇人口数量，都是极有必要的。

根据1949年年底全国市镇人口总量5765（万）为基数，使用历年城市人口自然增长率（因无镇的人口自然增长率，故市镇统以市的人口自然增长率计算）求出只在人口自然增长情况下的全国市和镇的逐年人口总额。

公式为：

$$P_T = P(1 + r_1)(1 + r_2)(1 + r_3) \cdots (1 + r_i)$$

其中，P_T 指1949年到1990年城镇人口因自然增长所达到预期数；p 指 1949 年城镇人口数；r 指城镇人口自然增率。

计算结果是，全国市镇总人口在不考虑其他因素影响下由于自然增长的影响由 1949 年的 5765 万人只能增长到 1990 年的 11696 万人。40 年间自然增长 5931 万人，略高于 1949 年原有市镇人口规模。也可以说中国市镇人口的自然增长的"倍增年数"是 40 年（见表 2）。

表 2　　　1949—1990 年中国城镇人口因自然增长的预期数

年份	(1) 年初市镇人口 （万人） P	(2) 自然增长率 （‰） r	(3) 年末市镇人口 （万人） P（1+r）	年份	(1) 年初市镇人口 （万人） P	(2) 自然增长率 （‰） r	(3) 年末市镇人口 （万人） P（1+r）
1949	—	—	5765	1970	9365	15.50	9510
1950	5765	30.00	5938	1971	9510	15.95	9662
1951	5938	30.00	6116	1972	9662	14.01	9797
1952	6116	30.00	6299	1973	9797	12.39	9918
1953	6299	30.00	6488	1974	9918	9.26	10010
1954	6488	34.38	6711	1975	10010	9.32	10103
1955	6711	31.37	6922	1976	10103	6.52	10169
1956	6922	30.44	7133	1977	10169	7.87	10249
1957	7133	36.01	7390	1978	10249	8.44	10336
1958	7390	24.33	7570	1979	10336	8.60	10425
1959	7570	18.51	7710	1980	10425	8.69	10516
1960	7710	14.26	7820	1981	10516	11.31	10635
1961	7820	10.24	7900	1982	10635	12.96	10773
1962	7900	27.18	8115	1983	10773	10.07	10881
1963	8115	37.37	8418	1984	10881	9.14	10980
1964	8418	24.90	8628	1985	10980	8.06	11069

续表

年份	(1) 年初市 镇人口 （万人） P	(2) 自然增 长率 （‰） r	(3) 年末市 镇人口 （万人） P（1+r）	年份	(1) 年初市 镇人口 （万人） P	(2) 自然增 长率 （‰） r	(3) 年末市 镇人口 （万人） P（1+r）
1965	8628	20.90	8808	1986	11069	11.64	11198
1966	8808	15.26	8942	1987	11198	11.64	11328
1967	8942	15.50	9081	1988	11328	11.64	11460
1968	9081	15.50	9222	1989	11460	10.24	11577
1969	9222	15.50	9365	1990	11577	10.24	11696

注：（1）1949 年市镇人口数引自《中国统计年鉴（1990）》，第 90 页。

（2）自然增长率引自《中国统计年鉴（1990）》，第 90 页，因无镇人口自然增长率数据，故市镇皆用市人口自然增长率计算。

（3）1950—1953 年、1967—1970 年、1987—1988 年，皆无市人口自然增长率数据，故由笔者瞻前顾后确定。

三　农村人口迁入市镇总量

前面虽已计算出迄今的市镇人口总量和 40 年来市镇人口自然增长量，但还须计算 40 年间农村人口迁入市镇的总量。国外学者虽有涉及此一领域的研究，但成果不尽理想。英国学者苛克比在其所著《中国城市化》[1]一书中，使用"自然增长剃减法"。

---

[1]　R. S. R. Kirkby (1985), *Urbanization in CHINA*, Great Britain Billing & Sons Limited.

表3   苛克比计算的 1950—1982 年中国市镇净迁入人口数

年份	(1) 市镇人口 （万人） P_n	(2) 自然增长率 （‰） r	(3) 市镇期望人口数 （万人） P_{n-1} $(1+r)$	(4) 净迁入人口数 （万人） (1) – (3)	年份	(1) 市镇人口 （万人） P_n	(2) 自然增长率 （‰） r	(3) 市镇期望人口数 （万人） P_{n-1} $(1+r)$	(4) 净迁入人口数 （万人） (1) – (3)
1949	5765	—	—	—	1966	10266	16	10332	– 66
1950	6169	19	5875	294	1967	10349	16	10430	– 81
1951	6632	23	6312	321	1968	10451	18	10535	– 84
1952	7163	28	6817	346	1969	10584	15	10608	– 60
1953	7826	31	7385	441	1970	10654	16	10717	– 63
1954	8249	34	8095	154	1971	10751	16	10829	– 78
1955	8285	31	8508	– 223	172	10827	14	10902	– 75
1956	9185	30	8537	648	1973	10963	13	10962	1
1957	9949	36	9516	433	1974	11045	10	11073	– 28
1958	10721	24	10191	530	1975	11171	10	11151	20
1959	12371	19	10919	1452	1976	11243	9	11276	– 33
1960	13073	14	12547	526	1977	11617	9	11346	271
1961	12707	10	13207	– 500	1978	12278	9	11722	556
1962	11659	27	13052	– 1393	1979	13357	9	12386	971
1963	11646	37	12095	– 449	1980	14028	10	13484	544
1964	9917	26	11944	– 2027	1981	14655	11	14187	468
1965	10170	22	10132	– 38	1982	15291	13	14846	445

资料来源：R. S. R. Kirkby（1985），*Urbanization in china* Billing & Sons Limited. p. 107，p. 114，p. 121.

公式为：$m = P_n - P_{n-1} - (b_n + d_n)$

分别计算出 1949—1982 年历年市镇人口净迁入量，以及 34 年间的净迁入总量为 3200 万人（见表 3）。由于苛克比引用市镇历年人口总数与中国官方正式数据多处不符（1965—1982 年其中有 6 年低于官方数字 3000 万以上，有 4 年低于官方数据 4000 万以上，有 8 年低于官方数据 5000 万以上），且引用历年市镇人口自然增长率亦有若干年份偏高或偏低，由此所得的市镇人口净迁入量亦不足信。其次就方法而论，苛克比把历年市镇人口数减去自然增长的余额，尽皆算做净迁入人口也不正确，因为历年市镇人口数剔减自然增长数的余额之中，除包含净迁入人口以外，还包含因新建市镇和扩建原有市镇范围而增加的人口数量。因此苛克比忽略了市镇行政区划变动因素对市镇人口数量变动的影响，从而使计算的数据可信程度大大降低。

笔者曾在 1987 年根据中国 74 城镇人口迁移调查结果的每一城镇迁入人口占该城镇人口比重，使用下列公式分别求得 74 城镇中的特大城市、大城市、中等城市、小城市、镇等五类城镇迁入人口的加权平均比重，以及求得 74 城镇迁入总人口的加权平均比重作为一组系数。表 4A 公式如下；

$$MR = \frac{\sum_{i=1}^{n} (mr_i \cdot Pi)}{\sum_{i=1}^{n} Pi}$$

其中，MR 指若干城镇迁入人口占常住人口总数的加权平均比重；mr_i 指抽样调查所得某个城镇迁入人口占常住人口总数的比重；Pi 指一个城镇常住人口总数。

并且进而使用该项调查数据计算出由农村向特大城市、大城市、中等城市、小城市、镇的迁入人口占迁入各类城镇人口总量的比重，作为另一系数（见表 4B）。

表4　　　　　迁入人口的加权平均比重与农村迁入人口比重　　　单位:%

	15个特大城市(1)	6个大城市(2)	12个中等城市(3)	10个小城市(4)	28个镇(5)	71个市和镇(6)
A 迁入人口占各类城镇总人口的加权平均比重	32.66	46.50	34.01	38.95	44.71	34.39
B 由农村迁入人口占迁入人口总量的比重	44.50	38.68	39.38	40.93	56.90	45.23

　　笔者当时只使用上述71城镇迁入人口占71城镇总人口的加权平均比重和由农村迁入人口占74城镇迁入人口总量的比重,作为两个系数对建国以来由农村迁入城镇的人口数量进行估算。所得结果是:自1949—1985年37年中,由农村迁入各类城镇人口总数将近6000万[①]。(原调查31个镇,因3个镇的背景资料不全,故只计算28个镇,因此此间城镇总数为71城镇。)

　　38244(万)(1985年底城镇人口总量)×34.39%×45.23%
=5948(万)

　　此项数据因为只以71城镇总迁入人口比重和由农村迁入71城镇人口占迁入人口比重以及当时只有的1985年城镇总人口计算,未能按类分别计算,故总数稍嫌偏低。

　　如果使用表4中的两组系数A(1)—(5)和B(1)—(5)分别与1986年五类城镇人口数相乘,所得1949—1986年由农村迁入城镇人口总数更为准确。其计算公式及结果如下:

$$M = \sum_{i=1}^{5} Pi\ Ai\ Bi$$

---

　　① 马侠:《当代中国农村人口面向城镇的大迁移》,《中国人口科学》1987年第3期。

表5		1949—1986 年农村迁入城镇人口数			单位：人
	五类城镇	人口（Pi）	迁入人口系数（Ai）	其中由农村迁入人口系数（Bi）	由农村迁入各类城镇人口数（M）
i = 1	特大城市	108383188	0.3266	0.4450	15752087
i = 2	大城市	69946066	0.4650	0.3868	12580639
i = 3	中等城市	46025327	0.3401	0.3938	6164235
i = 4	小城市	6241781	0.3895	0.4093	995079
i = 5	镇	203689502	0.4471	0.5690	51818590
(M)	全国城镇共计迁入人口				87310630
	其中：随迁户口迁入人口				74475967
	未迁户口常住城镇一年以上人口				12834663

注：《中国统计年鉴》的城镇市人口分组没有 20 万—50 万档次，因此改用公安部编辑的《1986 年全国分县、市人口统计资料》中的城市人口分组数和县辖镇人口数进行计算。

计算结果表明 1949—1986 年 38 年中由农村迁入城镇人口总数为 873106309 人，在 74 城镇人口迁移调查的设计中，迁入人口包含两部分。一部分是随带户口迁入城镇的人口 74475967 人，占由农村迁入人口总数的 85.3%。另一部分是未迁户口常住城镇一年以上的实际迁入人口 12834663 人，占由农村迁入人口总数的 14.7%。

使用《1986 年 74 城镇人口迁移抽样调查资料》匡算建国以来由农村随带户口迁入城镇的人数 7448 万人，与使用 1987 年公安部提供的 1951—1986 年城市人口年均迁移率所推算的 1950—1986 年 37 年的累计人口净迁入量 7149 万人只相差 200 多万人。如果进一步计算 1949 年的净迁入量，则 1949—1986 年累计净迁入量当在 7200 万人以上。因此 38 年间城镇的累计净迁入人口应在 7200 万—7400 万之间，我们不妨将此二者的折中数即 7300

万人作为由农村迁入城镇人口数应该是可信的（见表6、表7）。

表6		1951—1986年城市人口迁移率	单位:‰
年均迁入率	年均迁出率	年均总迁移率	年均净迁移率
67.9	55.5	123.4	12.4

资料来源：（公安部）任素华：《关于我国人口迁移情况的浅析》，1987年。

表7		1950—1986年城镇人口迁移量	单位：万人
共计迁入量	共计迁出量	共计总迁移量	共计净迁入量
39147	31998	71145	7149

四 市镇间接迁移人口

迁移人口在迁入地所生育的子女，人口学称之为"间接迁移人口"。中国城镇在38年中由农村陆续迁入的7300万人所生育的间接迁移人口是城镇增长人口的组成部分。笔者使用《中国74城镇人口迁移调查资料》中的历年由农村迁入城镇的人口占1949—1986年全部迁入人口的比重，求得历年由农村迁入城镇人口量和历年的累计迁入量，进而以历年累计迁入城镇人口量与城镇人口自然增长率相乘，从而得出历年迁入人口所生育的人口存活量，根据《中国74城镇人口迁移调查资料》计算的迁移入城镇妇女的平均生育子女数与城镇非迁移妇女的平均生育子女数大致相等，因此在计算中采用《中国统计年鉴》刊载的城市历年人口自然增长率与历年迁入人口累计量相乘，即可得出历年累计迁入人口的自然增长量，也就是"间接迁入人口"数量。计算结果是：1949—1986年间接迁移人口的总量共为747.8万人（见表8）。

表 8　　　　1949—1986 年由农村迁入城镇人口的自然增长量

年份		由农村迁入市镇人口占1949—1986年迁入人口比重（%）	由农村迁入市镇人口量（万人）	自1949年由农村迁入市镇的人口累计量（万人）m_i	市镇人口自然增长率（‰）r_i	由农村迁入市镇人口的自然增长量（万人）$m_i \times r_i$
1949—1950	i = 1	2.8	204.4	—	30.00	6.1
1951—1952	i = 2	3.0	219.0	423.4	30.00	12.7
1953—1954	i = 3	3.2	233.6	657.0	32.19	21.1
1955—1956	i = 4	4.2	306.6	963.6	30.91	29.8
1957—1958	i = 5	5.6	408.8	1372.4	30.17	41.4
1959—1960	i = 6	3.8	277.4	1649.8	16.39	27.0
1961—1962	i = 7	1.7	124.1	1773.9	18.71	33.2
1963—1964	i = 8	2.0	146.0	1919.9	31.14	59.8
1965—1966	i = 9	3.0	219.0	2138.9	18.08	38.7
1967—1968	i = 10	2.1	153.3	2292.2	15.50	35.5
1969—1970	i = 11	4.8	350.4	2642.6	15.50	41.0
1971—1972	i = 12	5.8	423.4	3066.0	14.98	45.9
1973—1974	i = 13	4.2	306.6	3372.6	10.83	36.5
1975—1976	i = 14	6.2	452.6	3825.2	7.92	30.3
1977—1978	i = 15	7.2	525.6	4350.8	8.16	35.5
1979—1980	i = 16	13.6	992.8	5343.6	8.65	46.2
1981—1982	i = 17	8.0	584.0	5927.6	12.14	72.0
1983—1984	i = 18	8.8	642.4	6570.0	9.61	63.1
1985—1986	i = 19	10.0	730.0	7300.0	9.85	72.0
1949—1986		100.0				747.8

计算公式为：

$$M = \sum_{i=1}^{19} m_i \cdot r_i$$

其中，M 指 1949—1986 年间接迁移人口总量；m_i 指历年由农村迁入市镇的人口累积量；r_i 指市镇人口年自然增长率。

五　新建扩建城镇划入的人口总量

在 1949—1986 年的 38 年中，中国城市化过程除由人口自然增长和人口机械变动迁入使得城市化水平有长足增长以外，城镇人口增长还由于新建扩建城镇，即由于城镇建制变动和行政区划变动，也使得城镇人口增长。1986 年中国城市已由建国初期的 166 座增长为 347 座，镇已由 5402 座发展为 8464 座（见表 9）。30 多年中新建城市 181 座，新建镇 3062 座。由此因新增和扩建城镇而增加的人口约共 5008 万人。此项数据，笔者只能从市镇新增人口总量中，减除市镇人口自然增长数，净迁入数和间接迁移人口增长量以后的余数计算出（见表 10、表 11）。

表 9　　　　　　　　　　　全国市镇座数

年份	市					镇
	特大城市	大城市	中等城市	小城市	市总数	
1953	9	16	28	113	166	5402
1964	16	35	64	53	168	3148
1982	38	47	87	73	245	2660
1984	50	75	117	53	294	6211
1986	62	99	138	48	347	8464

表 10　　　　　　　　1986 年中国市镇人口　　　　　　单位：万人

	人数	百分比
1986 年全国市镇实际人口数	24255	100
其中：1949 年市镇人口基数	5765	23.8
1949—1986 年市镇净增人数	18490	76.2

表 11　　　　　　　1949—1986 年中国市镇人口增长构成　　　　单位：万人

	人数	百分比
1949—1986 年市镇净增人口数	18490	100
其中：由农村迁入市镇人口数	7300	39.5
间接迁移人口数	749	4.1
1949 年市镇原有人口为基数		
1986 年所自然增长的人口数	5433	29.4
新建扩建市镇增加人数	5008	27.0

概括地说，从建国到 1986 年市镇人口由 5765（万）增长到 24255（万），市镇净增人口 18490（万）。在净增人口中占比重最大的是由农村迁入人口及其迁入后所生育的间接迁入人口，二者共占 43.6%，其次为建国时市镇原有人口所自然增长的人口，占 29.4%，第三是因新建和扩建市镇增长的人口，占 27.0%。

六　中国城市化发展的前景和思考

根据以上分析显示出，中国城市化进程中的城镇人口增长，是人口自然增长率、迁移率，以及新建扩建城镇所引起的行政区划变动等因素综合影响的结果。在不同时期内这些因素对于城市化影响的强弱程度也不尽相同。人口学者凯菲茨（Keyfitz）认为（1）在城市化发展水平较低时期，城镇净迁入人口大于城镇自然增长人口，从而净迁入人口成为城镇人口增长的主要来源。（2）在城市化水平发展到中等水平时，城镇人口自然增长率大于城镇人口净迁入率，因此自然增长率成为城镇人口增长的主要来源。（3）在城市化水平高度发展时，城镇净迁入人口再次成为城镇人口增长的主要来源。这种阶段性变化已为许多发展中国家和发达国家的城市化进程所证实①。

对照当代中国城镇人口增长来源，净迁入人口占 43.6%（包括间接迁移人口 4.1%），而自然增长人口仅占 29.4%。可见仍处于较低阶段的中国城市化进程同样符合凯菲茨所概括的阶段性的规律变化。

同时还应看到建国以来省际之间农村迁往农村的人口数量一般估计不过 2500 万左右，与此同时农村人口迁入城镇的数量已逾 8000 万以上。这种事实也显示当代中国正处于扎林斯基（Zlinsky）撰写的《人口移动转变论》所提出的人口迁移历史阶段划分的第二阶段，即"工业革命早期社会转变阶段"。在这个阶段中"伴随着死亡率下降，人口迅速增长，出现大规模的人口由农村面向城市的迁移；同时在国内移民垦殖或殖民海外"②，中国在客观上移民海外的条件已不复存在，而国内可供垦殖的生荒土地剩余不多，我们同样面临着第二次大战后世界性的农村人口面向城镇的大迁移。认识当代中国人口所处历史阶段和时代背景，了解中国城市化水平，发展速度，以及城镇人口增长来源，对于产业结构配置和投资取向的决策有重要意义。中国城市化速度在 80 年代中期开始每年以 0.9 个百分点持续增长，预计到世纪末中国城市化水平将会达到 35% 以上，这样的发展速度是否适合中国的经济社会发展水平是应该探索的。即使认为眼下的速度是合适的，而每年城镇新增的人口约在 1000 万以上，其中 43.6%，即约 500 万左右来自农村，这样大的城镇人口增长量，其生活需要的供应和劳动就业的安排都是极为现实的问题。著名

① 联合国秘书处：《发展中国家的都市人口迁移和人口增长》。

② Zlinsky（1971），*Hypothesis Of The Mobility Transition*，*American Geography Magazine* No. 2.

二元经济学家刘易斯·W. Arthur Lewis 提出的两部门结构发展模式，指望发展中国家城市现代工业发展逐渐吸净农村的隐蔽性失业的过剩劳动力的假说，看来在中国短期是难以奏效的，其吸收过程将是一个相当漫长的历史阶段。托达罗（Todaro M. P.）提出的三部门结构发展模式，指望农业过剩劳动力进入城市以后先在城市传统部门（指个体商贩、非熟练服务人员、非熟练手工业者、非熟练建筑工人等）就业，经过一定阶段以后再转入城市现代工业部门就业的理论模式，也是可以参考的设想。我们还应该进一步根据中国的实际，探讨符合中国国情的城市化路道，以便促进中国农村人口的转变：即变农业人口为非农业人口，变乡居人口为城镇人口，以及变封闭式的城乡社区为开放式的城乡社区。

（原载《人口学刊》1992 年第 1 期）

人口迁移

商品流通与人口流动

——关于城乡暂时性人口流动的探索

　　人口迁移、人口出生、人口死亡三者同是人口学研究的最基本的内容。人口迁移的运动变化规律和人口出生以及人口死亡的运动变化规律一样，都要受社会、经济、政治、文化、地理等许多因素的影响和制约。

　　解放前，在闭塞的农村中，除了天灾、战乱引起人口的大量迁移和丧失土地迫使人们漂洋过海谋生以及人口稠密、土地缺乏逼着人们远迁垦荒外，农民是老死也不会轻易离开故土的。在沿海口岸和内地大中城市等工商业较发达的地区，常常有破产的农民离开家乡到港口或城市去做工。而辗转于农村与农村、城市与城市和农村与城市之间的人口流动通常为：上市赶集、当夫支差、异地联姻、朝山进香、探亲访友、观光旅游以及商贾经商、艺术卖艺、匠人做工和小贩串巷等等。

　　解放后，人口流动的方式与解放前相比发生了很大变化。人口流动的主要方式是国家根据经济建设的需要有计划地组织人口迁移。如城市、工矿、林区招工，将沿海工厂连同干部、职工内迁，动员城市部分人员支边，组织部分省、县农民到边疆垦荒种地，动员城市闲散人口下乡务农以及调遣转业部队屯垦戍边等等。"文化大革命"期间，还出现过知识青年上山下乡运动。此外，30年来非计划性的自发人口迁移也从未终止过。自发迁移人口，绝大多数是由于自然灾害或人口激增、土地不敷使用而离家远走的农民。这种自发迁移的人口总数，30年的累计数字比国家有计划进行的移民的数量要大得多。

近年来，我国又出现了大量的暂时性人口流动，这自然也有其产生的历史背景、原因、条件、特点以及随之带来的社会影响。本文试图就暂时性人口流动的问题作一初步探索。

一

党的十一届三中全会以后，在"八字方针"的指导下，与工业、农业进行体制改革的同时，商业也进行了疏通商品渠道的改革，特别是由于恢复、发展了城市的农贸市场和农村集镇的集市贸易，开放了某些商品的长短途贩运，准许个体经营手工业、饮食业、商业和农副产品加工业等经济活动，从而导致大量的暂时性人口流动。

暂时性人口流动，首先与集市贸易相联系。集市是自然条件下农民互换有无的场所，是所谓"人弃我取，人取我与"的小生产者商品交换的渠道。解放以前，我国各地都有集市贸易，在全世界其他国度里也是一样。只要有众多的小生产者进行交换的地方，那里就需要集市。只是在资本主义商品经济高度发展以后，农村自给自足的自然经济瓦解，资本主义大农场兼并了生产小商品的自耕农，集市贸易才失去了存在的经济基础。

解放以后，我国广大农村仍然保留了大量的集市贸易，它是为了适合我国生产力的发展水平和农民的实际需要，作为社会主义国营商业的一条补充渠道而存在的。但是在公社化时期就有相当数量的集市贸易被取消了，到"文化大革命"期间不少地方更以"割资本主义尾巴"为名把集市关闭了。以山东省为例，1955年全省开放集市4567处，而到1976年只剩下3076处。只是在近年来才又得到恢复，1982年已达到将近原来的数量。

集市贸易活动是由人和物交织而成的，那里汇聚着由四面八方运来的物质财富，同时也云集了东南西北各路拥来的人群。成千上万笔商品交易是由买主和卖主双方承担的。他们之中的许多人，既是生产者、贩运者，又都是消费者；在一种商品交换场合他们是卖主，在另一种商品交换场合他们又是买主。因此，在集市贸易中与商品交换、物质财富流通同时展现出来的则是人口流动，是乡村之间、城乡之间以及城镇之间的人口流动。

目前，在山东全省的4073处集市中，每次上市人数在万人以上的有600处，它们大都处在县城和水陆交通要道的集镇。

山东省的省会济南市（包括郊区以及所属三县共计人口1324369人）的192处集市，每次上市人数约94万人。其中，每次上市人数在1万人以上的有27处，5000人以上的36处，3000人以上的32处，1000人以上的97处。全年除去阴雨天和节假日外，估计总共上市人数为9216万人次。济南市城区常年开放的农贸市场18处，平日每天最少上市6万人，最高每天可达8万人。在这18处农贸市场出售货物的人，属于城区的占10%，属于市属区县、邻县和外省的占90%。

山东省的中等城市潍坊市区内（人口377952人）设有常年开放的农贸市场6处，每天上市人数约在5万人以上，遇逢五逢十大集，上市人数估计在10万以上。

山东省小城市济宁市（市区人口141518人，市郊人口69714人），市区里设有常年开放农贸市场14处，平均每天上市人数估计在 6 万人以上，旺季在 7 万—8 万人左右。

目前，在我国广大农村集市中的流动人口绝大多数是出售自己产品的社员和专事贩运的农民。而在各类城市农贸市场里的流动人口，除去上述农村集市中的那些流动人口以外，还有不少从外省远道专程前往各地城市采购土特产和物资的人。例如，黑龙江、陕西、甘肃等省不少人到济南市采购花生、大米和面粉；河南、河北等省有人到潍坊采购水产和骡马等等。1982 年，仅到济南市一地的各路采购人员达 110 万人次以上。

在我国大中小城市里的流动人口中，还有不少从农村招来的从事工程施工和建筑材料运输的农民，这类名为临时工或合同工的流动人口，济南市常年约有 3000—5000 人左右；济宁市每年约有 2000—3000 人左右。

另外，在这些城市流动人口里，还夹杂着许多从事服务性工作的人员，他们多数是手工匠人，以一技之长换取报酬。如弹棉、裁剪、缝鞋、补锅、爆米花、做家具等等。他们的足迹遍及各类城市，仅济南市一地就有来自浙江省的弹棉手工艺人 60 人左右和来自江苏省的修理工人 200 人左右。

以上列举济南、潍坊、济宁大、中、小三座城市里出现的流动人口的数量之大，是这些城市的永久性人口迁移数量所不能比拟的。上述三城市 1982 年的永久性人口迁入数分别为：36136、14667、10642 人；人口迁出数分别为：20188、5990、5759 人；净人口迁入数分别为：15948、8677、4883 人[①]。无论是人口迁入、迁出数或是人口净迁入数，均不及该三座城市一天的流动人口数量。全年的流动人口数量和全年的永久性人口迁移数量相

---

　　① 潍坊市迁出人口和迁入人口数均为 1978—1982 年的平均数；济宁市人口总数不包括郊区。

比，相差得就更悬殊了。

城市农贸市场和农村集镇的集市贸易中所进行的商品流通依托于人口流动，庞大的人口流动的动因和目的是进行物资的交换。人口流动是被经济活动所驱使起来的，一句话，商品流通策动着人口流动。所以，与商品流通相孪生的人口流动，就不仅是经济发展研究的对象，而且也应该是人口现象研究的问题。然而，人们往往"见物不见人"。对于集市贸易中的商品种类、议定价格、税收金额、成交数量、市场管理以及打击违章等方面，市场管理部门给予很大注意这是完全必要的。但是对市场里流动着的庞大人群的类型构成、流向及人口流动的经济、社会影响，特别是对文化和精神等方面的积极影响，还缺乏应有的重视。

二

近年来，随着调整方针的实施，我国的商业部门改变了过去那种地区分割、互相封锁、层层设卡、画地为牢的错误作法。在商业管理体制上也改变了过去那种统得过死，渠道过少，机构重叠和官商作风，逐步建立起一个多种经济成分、多种渠道、减少周转环节、多种经营方式的流通体制。在发展国营商业的同时，积极发展集体商业，并且恢复和发展个体商业和零售商业。这一系列改革措施使得流通领域较之过去是活跃多了。但是，农民携带着大量的农副产品潮水般地涌入城镇，市场里呈现的熙熙攘攘的生动景象，绝不是"开放集市"的一声令下，就会从地底下幻术般地被召唤出来的。商品流通渠道一经疏通，农贸市场的繁荣还有待于两个条件：一是农民手里要有较多的可供交换的多余产品，二是农民自身除去进行生产以外，还要有可供进行交换活动的空闲时间，或者需要从农业过剩的劳动力中分化出一小部分专门从事商业活动的人员。

农村家庭承包生产责任制的推行，调动了农民的生产积极性，产量激增，使农民经过必需的扣除外，如完成交纳公粮和交售任务，留下口粮、种子和饲料以后，有了相当的剩余部分得以出售。农业专业户和重点户的出现，使一些农民从"全能户"（每户要种粮、种菜，喂猪、养鸡和从事其他副业）的生产中分离出来，进行单一性的农副生产，如饲养家禽、家畜，养蜂割蜜，腌鸭，熏肉，搞农副产品加工等。过去由家庭闲半劳力从事的副业，现在变为家庭男女老幼、整半劳力全体出动，分工合作进行的集约化经营的"家庭饲养场"或"家庭手工制作场"，一户饲养几百只或几千只鸡、鸭，一户养几十头或几百头肥猪，也有几户联营的食品加工厂。专业户和重点户上市的商品量是普通农户的几倍或十几倍。换句话说，农业体制的改革提高了劳动生产率，从而提高了农产品的商品率，使流通领域里出现较多的交换商品。可见，农业生产中商品量的增加，是流动人口的物质基础，而实现商品交换则是人口流动的动因，如果没有较多的农产品作为商品可供交换，也就失去了集市贸易中人口流动的前提和动因。

实行家庭承包责任制后，农民的劳动时间基本上由自己支配，他们可以随时将手里的多余农产品自行运往集市出售。但是，有些农副鲜货需要及时脱手，而一些产量有限又不值得亲自上市的产品，就需要有人专司收集运出，数量较大的土特产品、滞销的大宗货物，也不是每个人都能远销到外地去的，也需要专人收购、运出，寻找销路。于是在自产自销、亦农亦商户之中，出现了少数从事运销的专业户或几户社员联合从事长短途运销的专业商贩。例如安徽省嘉山县柳向公社五户社员联合收购社员生产的数万张苇席运销东北，从而避免了"宝埋深山，物死地头"

的现象。这些商贩凭自身劳动，从事小本生意，自购、自运、自销，赚取些微城乡差价、地区差价、季节差价。这种收入应该是经销商品的劳动报酬，这种经济活动对于促进生产，沟通物资交流和满足人民消费需要都是大有裨益的。据济南市 1982 年农贸市场调查，农副产品出售者中，自产自销的社员占 45%，个体商贩占 50%，社队集体占 5%。

近年来暂时性流动人口的大量增加，是农村商品经济比过去有较大发展的结果。但是，另一方面我们还应看到，从现阶段我国整个经济发展水平来说，这种暂时性流动人口的大量增加，又是我国社会主义商品经济发展程度还不太高的反映。

目前农村推行的多种形式的生产责任制，从性质上来说是社会主义的，从生产单位的规模来说是比较小的。一家一户承包责任田之外，还有自留地、自留畜等。他们的生产多数是"小而全"的，带有很大的自给性，虽然农副产品的商品率比过去有相当的增加，但总的看来提供的商品数量仍然是有限的。他们运销多余农副产品的方式是肩挑、背驮、手提、人拉、自行车带等，运转商品量少，而人口流动的数量大。只有到社会主义商品经济高度发展，和社会主义农业专业化、社会化生产极大地发展以后，社员一家一户兼顾不了大量农副商品的运销，而国营商业、集体商业足以收购或代售社员的农副产品时，目前这种往返城乡之间的频繁的人口流动，才会逐渐减少。但这需要经过一个相当长的发展过程。没有社会主义商品经济的高度发展，以运销农副产品为目的的人口流动是不会终止的。

三

在城市农贸市场和村镇集市贸易中的流动人口，他们由农村流入城镇，又由城镇返回农村，从流出地到流入地的间距远近不一，留住在城镇里的时间长短不等。这类流动人口的类型叫做暂时性流动人口。来自近郊的农民早出晚归，一般不在城镇过夜，来自远郊、外县、外省的农民和商贩，当天不能折返原地，逗留城镇时间长短要以购销商品数量的多少为转移（例如山西省前往济南市销售土豆的农民，一来就住三五个月）。

来自农村和外县、外省的手工工匠，流入城镇摆摊设点，抑或走街串巷、登门修造。他们行迹飘忽不定，一般春来冬返，如果生意清淡，就又由此城流转彼城，但是年关将近，总要返回原籍。这种流动人口的类型也属于暂时性的流动人口。

从农村流入城市、在建筑工地做临时工或合同工的农民，留在城市的时间比较长，一般以工程竣工为限。但同样是年节时返回流出地和家人团聚。这种类型也是暂时性的流动人口。

除此而外，不少城镇定期举办的交易会，也吸引了大量的流动人口。例如潍坊市每年两度的骡马交易会，每次流入的本省和外省农民都在 10 万人以上，其特点是流动人口密集，流动间距较大，交易时间集中，成交数额大，交易会闭会后各自返回原地。这种暂时性流动人口，更具有周期性人口流动的特点。

那么上述这些暂时性人口流动，对于流入地和流出地带来什么社会影响和后果呢？

首先，这种流动人口的经济行为（具体地说主要是商业活动）促进和沟通了城乡工农业产品的交流，繁荣了市场，满足了城乡人民的部分需要，补充了国营商业的不足。集市贸易既然是社会主义商业渠道的补充，那么在其中进行正常经营的流动人口就应该是国营商业的助手。

他们从远近郊区、外县、外省运来农副产品、土特产品和日用手工制品，菜肉禽蛋、粮油薯豆、柴草竹木、花草鱼鸟、陶瓷草编、家具农具、针织服装，种类繁多，应有尽有。1955 年山东全省 4567 处集市全年销售额仅为 7.7 亿元，相当于社会零售总额的 6.5%，而 1982 年全省 4073 处集市全年销售额达 27.7 亿元，相当于社会零售总额的 11%。济宁市内 14 个农贸市场 1982 年全年成交总额为 1311.1 万元，相当于国营商业零售总额的 10%。济南市城区农贸市场 1982 年全年成交额为 1.074 亿元，相当于全市社会日用消费品流通额的 8.6%。此外，我们还可以从济南市区农贸市场 1982 年全年销售的 8 种商品销售额占国营商业同类商品销售额的比重（见下表），看出所述流动人口的经济活动对于城市居民生活所起的作用。

济南市 18 处农贸市场 8 种商品销售额　　　　单位：%

商品	销售额占国营	商品	销售额占国营
蛋类	17.8	水产	5.0
家禽	7.0	蔬菜	7.3
牛羊肉	8.8	粮食	0.9
猪肉	6.3	食油	0.003

　　其次，往返的流动人口在向城镇运销农副土特产品的经济活动中，既得到了物质利益的实惠，又受到城镇文明的影响，成为城乡文化传播的媒介。他们不论是出售农副产品得到的报酬，或是在城市当临时工和从事劳动、服务所得的劳动收入，一般都高于农村社员收入。山东省菏泽地区社队集体组织社员外出从事建筑、运输、伐木、烧窑等项生产劳动，每个劳力除去吃住开销，每年净收入都在 800—1000 元左右。这对于帮助公社发展农副业生产和社员建设家园是一笔不小的资金来源。同时，长年累月往返于城乡之间的农民，在旅途中，在城市中，开阔了眼界，增长

了见识，熟悉了城市社会生活方式，了解到市民的需要和爱好，还见到了前所未见的新产品、新式样、新材料，学到许多商品的制作技术和特殊工艺，他们回去以后逐渐模仿，以期做出适应城市居民口味的商品再销往城市。现在，许多农民运销到城市里来的农副产品已不仅是禽、蛋、鱼、肉，而且有扒鸡、烤肉、板鸭等佳肴了；不只是草鞋、草帽、蓑衣、斗笠，还有大量的新式服装和针织衣裤；不只是条筐、扫帚，更有大量的沙发、衣柜等新式家具。至于那些流入城镇当合同工的农民，也在修建工程中学到多方面的技术。此外，流动人口在思想上、精神上不能不受到城市文化的感染。最明显的例子是城市居民一般文化水平较高而生育率较低，妇女家务拖累少便于学习和就业，这些优越性对于农村流入城市的青年男女不会不产生深刻的影响。一些发展中国家大批往返于城乡的农民的生育率有明显下降便是明证。

再次，暂时性往返式人口流动起着减缓农村人口冲击城市的作用。战后有许多发展中国家的大量农村人口涌入城市，尤其是农村青年更为向往都市生活，希望在那里找到出路。他们是资本主义产业后备军，其中部分人有时被雇用，有时被解雇。多数人找不到固定的职业，只能作些零活、短工勉强糊口。即使如此，农村人口的洪流仍然不断冲击着城市，使城市无限制地膨胀。这种病症是为世人所熟知的。我国由于实行有计划的征集和调配城市、工矿、林场、水利、铁道、公路等各方面建设所需要的劳动力的政策，以及实行严格控制城市人口的政策，所以农村人口流入城市寻找固定职业一般是不可能的。然而，农村人口流向城市的潜在势能始终是存在的，并且能量在逐年积累上升。近年以来农村剩余劳动力日益增加，一般估计全国农村剩余劳动力约有 1 亿左右。这对于农村和城市都不能不是一种现实的压力。蓬勃发展的社队企业和公社进行了多种经营，吸收了大约 3000 万左右农村剩余劳动力。同时城市农贸市场的开放，集镇集市贸易的扩大，一方面为农副土特产品提供了流通和交换的渠道，另一方面在流通领域里开辟了生产劳动岗位，为相当一部分农村剩余劳动力提供了谋生的机会。城市的常年农贸市场和集镇的定期集市，成为临时容纳部分农村剩余劳动力的星罗棋布的大小"蓄水库"，使在其中流动的人口经过盘旋流转以后，仍然流返原地，从而减缓和抵消了自流人口对城市的冲击。

四

当前，我国的暂时性往返式人口流动的数量是很大的。之所以称之为"暂时性人口流动"，是因为他们流动的时间既短，而且也不改变原来的居住地点，以此来与"永久性人口迁移"相区别。

如前所述，这种类型的流动人口，多数是以出售自家生产的农副产品为业的农民，或是兼营收购代销的亦农亦商户，抑或是从农村剩余劳动力中分离出来的专业商贩，以及农村里的手工匠人。他们川流不息地往来于城乡之间，在经济方面他们沟通城乡之间工农业之间的物资交流，在思想方面他们传播城市里的文明。这种流动人口本人多数是劳动者，他们进行流动的实质是一种经济活动，是生产性劳动，多数场合是运输性劳动和商业性劳动。应该高度重视这种数量极大的流动人口的积极作用。虽然必不可免地有些投机倒把和为非作歹的坏人混迹其中，但是绝大多数流动人口终归是自食其力的劳动者。所以不要把这种流动人口看成是城市的包袱，应该积极地为他们提供各种服务，以便换取他们为城镇的服务，并且进而促使其发挥传播文化的作用。

为此，城市应为他们的经济活动提供服务，为其出售商品创造必要条件。公路、铁路、水运应该承接农副产品的零整货物的快件运输，城市应设置好摊位、货栈，提供商情，介绍顾客，代售或收购数量较大的商品，使农民增加收入，减少货物损失，还要安排好他们的食宿、卫生、医疗等事项，使他们货物尽早脱手，人员早日返回原地。

此外，城市应为他们提供技术和文化服务。在分行开市的地方，分门别类地为他们提供消费商品知识、制作方法、设计图样、式样花色、优良品种、饲养栽培方法等方面的实物和技术资料，使其提高生产技术和扩大生产领域，增加花色品种，提高商品质量和数量，从而使其收入不断增加，生活日渐富裕，安于长期生活在农村，生产在农村，并继续为城乡服务。

还可以通过减价或免费让他们参观各种博物馆和展览会的方式，扩大他们的视野，丰富他们的知识，使他们成为文化技术知识和社会主义精神文明的传播者。

（原载《社会学通讯》1984 年第 1 期）

黑龙江省自发性人口迁移调查

1983年7月下旬到8月下旬，笔者随著名人类学家、社会学家、全国政协副主席费孝通教授前往黑龙江省调查了解该省30多年来的人口迁移问题。在哈尔滨曾和省社会科学院、市社会科学研究所、省民政厅、省公安厅、省计生委等部门的同志进行了座谈，还访问了当年主管过移民的负责同志。查阅了过去移民局的档案和省统计局有关人口迁移的统计资料。并和中国社会科学院社会学研究所的同志到大兴安岭腹地的加格达奇市白桦公社了解自发迁入人口的定居情况。经过一个月的访问，对黑龙江省人口迁移问题有一个轮廓的了解。

在此以前，费孝通教授对于解决我国不断增长的人口问题曾经提出来一个生动的比喻，他说："用围棋作喻，人口这块棋到现在还不能说已经做活，险象未除，30年来翻一番，已过10亿大关，……到本世纪末新增的2亿人口怎么安排还是不能不及早考虑的问题……用围棋的语言，必须为这块棋作两个眼，即为新增的人口找出两条出路，这两年我在农村及少数民族地区进行调查访问中，看到两个可以做眼的地方，一是发展小城镇，一是开发少数民族地区……"这番话是富有启发性的。

特别是去年中央领导同志先后视察西北和西南地区以后，曾经提出 21 世纪初，将要开发西南和西北广大地区使之成为我国新的重要的经济基地。届时势必要有计划地向那里输送大批科技队伍和劳动大军，以及他们的家属。在新开发地区新景的吸引下，不可避免地引起自发性人口的迁移和流动。所以人口迁移和人口流动问题的研究应该提到议事日程上来。现在即应着手调查研究建国以来国内人口迁移的类型、流量、流向、构成、迁移的原因和社会影响等项，总结人口迁移中的问题和经验教训。以便为国家制定长远的地区开发和计划移民作准备。

在黑龙江省的调查了解过程中，我们观察到在垦荒地区除去有计划地移入农民以外，还安置了大量的自发性迁移人口。这种非计划性移民比计划迁移人口要多得多。现在根据搜集到的资料，对自发性人口迁移活动做一初步探索，这对于研究社会主义社会人口迁移运动的规律性将是有益的。

一　建国以来移入人口数量

黑龙江省的同志谈论该省人口的增长时，习惯说解放 30 多年来一个黑龙江变成了三个黑龙江，即原有一个、新生一个和流入一个。这种形象化结论的可信程度如何？需要有事实说明。这种粗略的估计也需要科学的计算。

1982 年人口普查该省总人数为 3266 万人。和该省 1953 年人口普查的总人数相比，30 年间增长了 1.75 倍（如果再与该省 1949 年的总人数相比，34 年间人口增长了 2.2 倍）。增长倍数相似的省区还有内蒙古、新疆、宁夏等，其他多数省区 30 年间人口增长了约 1 倍左右（见表 1）。为什么上述几省区的人口增长倍数比其他省区高？是不是由于这些省区有较高的人口自然增长率所造成的？黑龙江省 1949 年总人口为 1014 万人，用 1949—1982 年该省的平均人口自然增长率为 22.3‰（根据表 2 历年人口自然增长率计算）计算，得出的 1982 年总人口数为：

$$P_{82} = P_{49}　(1 + 22.3‰)^{33} = 2099.54 \text{ 万人}$$

这个数只相当于 1949 年人口的 2 倍。但实际上 1982 年该省人口总数为 1949 年人口的 3.2 倍。这说明该省的人口自然增长率并不能使该省人口总数达到现有的数额。在排除了该省的行政区划变动对人口总数的影响以外，剩下惟一的解释只能是人口迁移变动造成的。也就是说净迁入人口数量较大是黑龙江省人口在1949—1982 年间增长到 3 倍以上的主要原因。

表 1　　　各省、自治区、直辖市 1982 年人口数相当
　　　　　　于 1953 年人口数的倍数

倍数	省、自治区、直辖市
1.5 以下	河北、甘肃、江苏、福建、西藏
1.51—2.00	上海、辽宁、吉林、陕西、山东、安徽、浙江、河南、湖北、湖南、江西、广东、广西、四川、贵州、云南
2.10—2.50	青海
2.51—2.99	黑龙江、新疆、宁夏、天津
3.00 以上	内蒙古、北京

从黑龙江省 1982 年人口普查总人口数（3266 万）减去使用该省平均自然增长率计算出的 1982 年全省总人口数（2099.54万），其差额 1166 万人。这个数字和黑龙江同志所说的流入1000 多万人的数字是相近的，但我认为这 1166 万人并非都是移入人口。而移入人口的较为准确数字应该低于上述数字，这是因为 1166 万人中既应包括移入人口，还应包括移民在移入地所生

的子女数。现在对该省历年户口登记资料进行分析计算，以便证实以上判断。

1. 1954—1982 年 29 年中净移入人口总数。

根据该省历年生命登记统计（见表 2），使用"自然增长剃减法"计算，公式是：

$$M = \sum_{n=i}^{j} [P_n - P_{n-1} - (b_n + d_n)]$$

式中 M——净移入人口总数；i——移入人口开始年份；j——移入人口结束年份；P_n——第 n 年份的人口数；P_{n-1}——第 n 年份前一年的人口数；b_n——第 n 年份的出生人口数；d_n——第 n 年份的死亡人口数。

将表 2 中数据代入上式，可得出 1954—1982 年的净移入人口总数为 683.3 万人。

2. 1949—1953 年 5 年净移入人口的估算数。

表 2 中因缺少 1949—1953 年每年人口自然增长数据，所以无法用《生命登记法》计算出这 5 年的净移入人口数。只得以 1949 年该省总人口数 1014 万为基数，用 1954—1982 年的平均自然增长率 22.3‰，先求出 1953 年所应增长到的人口总数为 1132.2 万人。公式是：

$$P = P (1 + NR)^4 = 1014 (1 + 23.3‰)^4 = 1107.5 （万人）$$

而实际该省 1953 年的人口登记总数为 1190 万人，则 1953 年人口登记数和 1953 年推算的人口增长到达数之差 82.5 万人（1190 - 1107.5），即为 1949—1953 年 5 年中的迁移增长人口数。

3. 1949—1982 年 34 年净移入人口的总数。34 年净移入人口总数约为 82.5 + 683.3 = 765.8 （万人）。

4. 765.8 万移入人口在移入地 34 年间的自然增长人数约为 1166.46 - 765.8 = 400.66 （万人）。

表 2　　　　黑龙江省历年生命登记

单位：万人

年份 Y	人口数 P	出生数 b	死亡数 d	自然增长人数 NI	自然增长率‰ NR	净移人人数 M
1949	1014					
1950	1042					
1951	1077					
1952	1112					
1953	1190					
1954	1250	52.9	13.6	39.3	32.3	20.7
1955	1321	52.0	14.6	37.4	29.0	33.6
1956	1418	45.4	13.8	31.6	23.0	65.4
1957	1479	53.0	15.1	37.9	26.2	23.1
1958	1564	50.2	13.9	36.3	23.9	48.7
1959	1682	49.3	20.7	28.6	17.6	89.4
1960	1807	56.8	18.4	38.4	22.0	86.6
1961	1897	50.5	20.6	29.9	16.2	60.1
1962	1893	67.2	16.4	50.8	26.8	-54.8
1963	1972	87.1	16.5	70.6	36.6	8.4
1964	2053	85.8	23.2	62.6	31.1	18.4
1965	2134	84.5	16.7	67.8	32.4	13.2
1966	2198	74.2	15.8	58.4	27.0	5.6
1967	2268	79.4	14.7	64.7	29.0	5.3
1968	2343	83.8	14.3	69.1	30.1	5.9
1969	2441	79.4	18.8	60.6	25.3	37.4
1970	2526	85.6	14.4	71.2	28.7	13.8
1971	2631	84.1	15.0	69.1	26.8	35.9
1972	2728	88.0	15.8	72.2	26.9	24.8
1973	2823	83.8	15.5	68.3	24.6	26.7
1974	2900	73.4	16.0	57.4	20.0	19.6
1975	2966	63.7	15.9	47.8	16.3	18.2
1976	3017	54.8	14.8	40.0	13.4	11.0
1977	3073	51.7	15.3	36.4	12.0	19.6
1978	3130	51.6	14.5	37.1	11.9	19.9
1979	3169	50.4	14.2	36.2	10.1	2.8
1980	3204	43.0	15.5	27.5	8.6	7.5
1981	3239	42.1	15.6	26.5	8.2	8.5
1982	3281	50.6	15.9	34.7	10.6	7.3

净移人人数是作者根据黑龙江省统计局数字计算得出的

通过对于该省历年的生命登记统计数据的计算，我们得出的结论是：建国以来该省净移入的人口约在760万左右（包括有计划移民和自发流入两部分）。由他们繁殖的自然增长人口数约在400万左右。在全国范围内黑龙江省是移入人口最多的省份。

二　自发迁移人口的移入量

黑龙江省从建国初期特别是第一和第二个五年计划时期，兴建了若干重型工业；大庆油田的开发，兴安岭林区的开发，军垦农场、国营农场和国营林场的建立，国家都曾由关内和省外有计划地移入大量工人和科技人员、复员军人，分配在上述生产部门之中。还从山东、河北、河南等省有计划地移来大量农民进行垦荒。

在有计划移入人口的同时，黑龙江省从20世纪50年代初起还安置了大量的自发性移入的人口。当地居民和移民自行串联亲友前来定居，这是由来已久的农民自发迁移形式。特别是新移入的人口亲身感受到垦区生产和生活的优越条件以后，写信给家乡亲友叫他们移来落户。这种自发的迁移人口绝大多数是自愿来的，容易得到亲友的帮助。当地移民机构认为，只要土地条件许可，安置这种移入人口和安置自发流入的带家灾民都是简便易行，稳妥可靠，而且是容易巩固的。

在自发移入人口之中，多数流入农村开荒耕种，打算长期安家落户，而少数则滞留城镇工矿林区，企望就业机会。据不完全资料统计，20世纪50年代初到70年代初每年平均约流入25万人左右，数量是相当大的。黑龙江省政府对于自发流入人口的处理，采取安置和遣返相结合的方针。对于流入农村的采取就地安置的办法，流入城镇和林区的采取就近安置在不吃商品粮的农村地区。不接受安置的则遣送原籍，潜逃流窜的人皆要押送原籍处理。根据这个方针把来自山东、河北、河南、安徽、江苏的自发流入的农民和灾民主要安置在大兴安岭、黑河、合江、牡丹江、松花江、呼伦贝尔盟等地多人少的地区。具体的安置原则是：（1）流入农村社队的自流人口就地安置，也可视荒原情况有依托的组织远征队，先开荒生产打下基础，再带家属前去。（2）流入浅山区或有荒地可开地区的自流人口，由就近的公社负责组织他们开荒生产。（3）流入深山区的自流人口，应坚决把他们动员出来到浅山区有荒可开的地方，建立新村或者插入老队。（4）流入国营农场的自流人口由国营农场安置。（5）凡吃国家商品粮的林、牧、渔场都不能安置自流人口。

此外，政府对于接受安置自流人口的当年口粮、生活费用、购置生产工具和修建住房等项费用给以适当的补助。

从建国初期到现在，自发迁移人口移入黑龙江省的总数究竟是多少？我们没有看到这方面的完整的统计资料。只看到不同年代统计的，相互重叠的不太完整的累计数据。因此，只是把这些散见在各处的资料汇编在一起（见表3）。

1. 首先根据表3中不同年份、不同资料来源的重叠累计的自发移入人口数字，采用加权平均法，计算出1953—1983年的每年平均自发流入人口数。

设：$y_1 y_2 y_3 \cdots y_n$为不同资料统计的自发流入人口年数；$\overline{p}_1 \overline{p}_2 \overline{p}_3 \cdots \overline{p}_n$为不同资料统计的每年平均自发流入人口数；$\overline{p}$为1953—1983年每年自发流入人口的加权平均数。

将表3有关数据代入公式：

$$\overline{p} = \frac{y_1 \overline{p}_1 + y_2 \overline{p}_2 + y_3 \overline{p}_3 + \cdots + y_n \overline{p}_n}{y_1 + y_2 + y_3 + \cdots + y_n} = 19.81 \text{（万人）}$$

1953—1982年每年平均自发流入人口为19.81万人。

单位：万人

表3　不同年代自发流入移民统计

序号	年代	年数	流入人口	平均每年流入人口	自行或动员返籍	安置在农村	留散在农村	滞留城镇工矿林区	资料来源
1	1953—1966	14	337	26	30				黑龙江省人民委员会关于加强制止人口自由流动的指示 1966.3.9
2	1955—1964	10	296	25.7					黑龙江省关于自由流入人口的情况和处理意见的汇报提纲 1964.8
3	1960—1962	3	94.5	31.5					黑龙江省关于自由流入人口的情况和处理意见的汇报提纲 1964.8
4	1963—1964	2	40	20.0					黑龙江省关于自由流入人口的情况和处理意见的汇报提纲 1964.8
5	1970—1974	5	146.0	29.2					侯捷在全省控制自流人员工作会议上的报告 1980.8.31
6	1970—1978	9	178.0	19.8	49	92.0	38	38	省民政厅关于收容处理盲目流入人口暂行办法的说明 1980.6.5
7	1970—1979	10	172	17.2	43	92.0	38	38	省民政厅关于安置自流入人口新建社队生产生活方面问题的调查 1979.4.13
8	1970—1979	10	193.3	19.3	61	92.0	40	40	侯捷在全省控制自流人口工作会议上的报告 1980.8.31
9	1971—1973	3	100.0	33.3	22	16.5	38	23.5	全省自流人口工作会议纪要 1973.12.11
10	1971—1973	3	108.9	36.3	22	58.8	14.9	13.1	关于认真贯彻国务院指示进一步做好自流人员的安置处理工作的意见 1974.11.11

续表

序号	年代	年数	流入人口	平均每年流入人口	自行或动员返籍	安置在农村	留散在农村	滞留城镇工矿林区	资料来源
11	1971—1975	5	147.0	29.4	36	75.0		36	关于增拨自流人员收容遣送经费的请示报告 1975.9.30
12	1971—1976	6	160.0	26.6	50	80.0	30	30	关于收容处理自流人口工作的请示 1977.8.9
13	1974.1—1974.6	0.5	23.7	40.6				8.2	关于认真贯彻国务院指示进一步做好自流人员的安置处理工作的意见 1974.11.11
14	1974—1983	10	50.9	5.9	16.6	7.0			民政厅关于今后控制自流人口工作的意见 1983.7.13
15	1975—1979	5	47.3	9.5					侯捷在全省控制自流人口工作会议上的报告 1980.8.31
16	1977.1—1977.7	0.5	20.0	34.3					关于收容处理自流人口工作的请示 1977.8.9
17	1980.1—1980.2	1	4.8	4.8					全省一年来清理自流人口返籍情况的报告 1981.12.24

由此即可算出 1949—1982 年间共计自发流入人口总数为：$19.81 \times 34 = 673.54$（万人）

2. 根据表 3 中自行或动员遣返数据，使用同样的加权平均法，计算出自发流入人口平均每年自行或遣返的人口数为 5.35 万人。由此，可以算出 1949—1982 年 34 年间回返的自发流入人口总数为：$5.35 \times 34 = 181.9$（万人）。

3. 根据 1、2 可进而得出 34 年来平均每年自发迁移人口的净移入量，和 34 年来自发迁移人口的净移入总量。分别为：

$19.41 - 5.35 = 14.46$（万人）

（平均每年自发迁移人口净移入量）

$673.54 - 181.9 = 491.64$（万人）

（1949—1982 年自发迁移人口净移入总量）

4. 最后根据平均每年净移入的自发迁移人口数计算出他们在 34 年中的净移入人口数及其自然增长数之和。

设 $p_1 p_2 p_3 \cdots p_{34}$ 分别为 1949—1982 年平均每年净移入自发迁移人口数。

$p_1 = p_2 = p_3 = \cdots p_{34} = 14.46$（万人）

NR 为平均人口自然增长率 22.3‰。

P 为 1949—1982 年净移入自发人口总量及其自然增长总数之和。

$$P = p_1 (1 + NR)^{34} + (p_2 1 + NR)^{33} + p_3 (1 + NR)^{32} + \cdots + p_{34} (1 + NR)^1$$

$$P = \sum_{n=1}^{34} p (1 + NR)^{34} = 740.26 \text{ 万人}。$$

通过上述一系列统计计算的结果，可以看出：（1）1949—1982 年的自发净移入人口 491.64 万人，占该省净移民总数 765.8 万人的 64%。（2）1949—1982 年的自发净移入人口及其自然增长数 740.26 万人，占该省总净移入人口及其自然增长数，1166 万人的 63.5%。

三　自发流入人口的构成和迁移原因

在社会主义制度下这样大规模的持续自发人口迁移活动的原因是什么呢？

根据黑龙江省民政厅 1973—1982 年 10 年中陆续对 391499 个自流人口的调查资料看来：

（1）自流人口的性别构成，绝大多数是男性，占 90%，女性只占 10%。（2）自然人口的年龄构成，绝大多数是青壮年，占 83%。少年儿童占 11%。老年人占 5%。（3）单身和带家户的比例，绝大多数是单身，约占 90%，带家户的只有 10%。（4）自发流入人口的流出地域构成，来自本省的占 39%。来自外省的占 61%，从外省流入人口中约有一半来自山东省（见表4）。

表4　　　　　　　　自发流入人口构成及流出地域构成

时间（年）	收容总数	性别		年龄			带家户	
		男	女	青壮年	少年儿童	老年	户数	人数
1973—1982	391499	352320	39179	326844	42198	21417	10015	40290
百分比	100	90	10	83	11	5	—	10

		流出省份								
		其中								
本省	外省	辽宁	吉林	山东	河北	江苏	安徽	河南	内蒙古	关内其他省
152259	299240	46432	31085	104953	22868	9502	8141	6170	544	9545
39	61	11.9	7.9	26.8	5.8	2.4	2	1.6	0.1	2.4

可见迁入黑龙江省的自发性迁移人口，绝大部分是来自关内的传统向东北移民省份的农村青壮年男子。仅此特点也可看出他们迁入的原因是农村剩余劳动力外出寻找生计。

另据黑龙江省民政厅和公安厅 1978 年对于哈尔滨、齐齐哈尔、佳木斯、双城、七台河、集贤、龙江、桦南和铁力等地农业公社、工矿林区以及齐齐哈尔铁路分局收留的 29449 名自流人员进行调查的资料来看：（1）自发流入人口的迁移原因和动机是，由于原籍收入很低，生活困难或因受灾，而迁入当地。希望继续在农村从事农业的人，占被调查总人数的 74%。（2）自发流入人口流入后的谋生手段，依靠农业生产劳动的人，占被调查总人数的 62%。（3）自发流入人口流入后的生活状况属于自食其力，收入稳定而且思想情绪稳定的占 70% 左右。

从上述调查材料看来，自发流入人口中的绝大部分是贫下中农和其他劳动人民，移出地促使他们外移的主要推力是土地不足。因此，他们外移的主要动机和原因是寻求更多更好的土地。流出以后仍然希望在农村安家落户，继续从事农业生产，依靠劳动自食其力。因此他们的思想情绪是稳定的。自流人口中也确实夹杂着一些坏人，不过比重不大。

除去前已述及的移出地区对于人口迁移具有某种离心的推力以外，黑龙江省作为解放后我国最大的自发人口的移入地区，客观上必然具有某种吸引力，吸引着大量的自流人口移入。

首先是那里有相当多的未开垦的肥沃土地，解放后 30 多年来，原有居民和外来移民已开垦荒地约 4500 万—5000 万亩。现在还有 2182 万亩宜农耕地可供垦殖。这对于关内传统的人口移出省份如鲁、冀、豫的农民是极富有吸引力的。

其次是局部地区的工矿企事业单位缺少技术劳力。30 年来黑龙江省的局部地区一些企、事业单位需要从事基建、采煤或烧窑等技术劳力的状况一直是存在的。这种需要不仅在国家有计划地开发伊春林区或是开采大庆油田时，在计划招工之外吸收过自流人口，就是迟至 20 世纪 70—80 年代，政策明确规定严格控制和遣送自流人口，不准省内单位招用自流人口的时候，这种客观需要仍然是存在的。甚至个别农业社队也招用自流人口下井采煤或是在大田种菜。这些客观临时就业机会，特别是对于那些有一技之长的、吃得苦、下得力的青壮年农民是极有吸引力的。

在移出地有种种因素把剩余劳力推出，而移入地有待开发的土地和某些就业机会的吸引，再加上在移入地有亲友传递信息、鼓励资助他们前去投奔落脚，这种搭桥铺路的人事关系为自发迁移人口提供了在移入区落脚谋生的方便条件。所以虽然 20 世纪 70 年代以来当地政府一再劝阻和遣送自流人口，但他们仍然不断蜂拥而去，势不可阻。

四 自发性人口迁移的本质和作用

马克思称赞过小资产阶级经济学家威廉·配第说过的一句话"劳动是财富之父，土地是财富之母"。这句至理名言是颠扑不破的真理。劳动和土地在任何社会都是人类创造财富不可缺少的条件。世界史上发生过多少起农民为获得土地而进行的绵延不绝的农民战争。在资本主义自由竞争阶段，也发生过农民为获得土地由欧洲到北美的洲际大迁移。

在资本主义经济对小农经济的瓦解过程中，部分破产的农民流入城市，这种农业人口的迁移是为了出售他们的自身，即劳动力商品。他们到处寻求购买劳动力的市场，因此，哪里的劳动力市场价格高他们就流向哪里。这是商品经济的基本规律所决定的。也有许多穷苦农民或受灾农民，长途跋涉到边远省份谋求生计。他们迁移的目的同样是寻求土地。哪里的土地肥沃，便于开垦，他们就流向哪里。这在旧中国也是屡见不鲜的。

那么，新中国建立以后，经过土地改革，农民分得了土地，为什么部分农民还要离家远走，迁移边疆呢？其主要原因和主要目的又是什么呢？如前所述，或是由于家乡受灾，或是土地较少，或是土地较差，人口较多，生活条件不好。因此为了寻找更多更好的土地，进行远程跋涉。此外，还有部分农民是被社会主义工业化的前景所吸引，离开农村进入城市或工矿林区，企望谋求到非农业的工作岗位。

如果说有商品流通就有人口流动，那么也可以说，有宜耕的土地就自然诱发着人口迁移。因此，在私有制下，农民作为小私有者，为寻求土地进行国内或国际迁移是必然的。而在社会主义公有制条件下，农民虽然是社会主义公有制的集体社员，但在生产条件和生活条件较差的情况下，为了寻求更多更好的土地进行远距离的迁移，同样是不可避免的。二者共同之处是他们的迁移都是为了追求劳动力自身和生产资料更好的结合，以便提高他们自身的生活水平。二者不同之处是前者把开垦的土地作为私有财产加以占有，而后者仅仅是把垦殖的土地作为使用的生产资料。

自发性移民活动从本质上来说，是社会多余劳动力和空闲生产资料（主要指土地）结合的方式。一般来说，社会主义社会的劳动者和生产资料都是相结合的。特别是土改以后，分得土地的农民和生产资料相分离的情况是不存在的。而自发性移民垦荒则是人口稠密地区剩余劳动力和人口稀疏地区未开发的土地的结合。

自发性移民活动的作用是：（1）在局部地区的生产领域中起着调节劳动力需求的作用。在一定范围内弥补社会计划调配劳动力的不足；（2）在局部地区起着调整人口分布的作用，使人口从稠密地区向人口稀疏地区移动，从而促使局部地区人口分布趋于平衡。

从自发性移民垦荒的社会效益来说，它是一种在国家扶持下的生产自救，或是群众互济的生产活动。特别是灾民，他们并不坐待社会救济，而是移往边疆垦荒自救。这在建国初期，国家的财力物力还不很富裕的情况下，对于减轻国家负担和减少社会后备资金的消耗是有积极意义的。从长远来看，屯垦戍边对于巩固国防也是必要的。

因此，在社会主义条件下，自发性人口迁移和垦荒生产活动是不可避免的，其性质也是有益于国家和社会的。其中难免有这样那样的弊端。但是，移民的那种披荆斩棘的精神和向处女地索取财富所付出的艰辛劳动，是值得称赞的，他们的处境是值得同情的，他们的垦荒事业应该获得社会的重视和支持。

社会主义计划经济要求在各个生产部门之间有计划按比例地安排整个社会的物质生产资料和总劳动力的调配。从社会主义计划经济的角度来观察自发性人口迁移，其本质是非计划性的劳动力分配。那么，它是否冲击社会主义的计划经济呢？从黑龙江省30年来人口迁移的过程看来，自发性人口迁移对于国民经济计划的作用有两个方面：一方面它对国民经济计划起着一定的补充和调剂作用，特别是在建国初期，国家有计划地从农村中招收若干农民进入城镇企业事业单位和工矿、林区充当工人以外，不少企事业单位还从流入城镇工矿、林区的自流人口中吸收相当部分劳动力从事各种生产劳动。对于弥补计划用工不足起着调剂作用。边远农村在有计划地接收移民开荒垦殖以外，还以较低的费用安置了为数众多的自发移入人口插社落户，国家提供的安置费用要比计划移民低得多。而且自发迁移人口比计划性移民在移入区的巩固工作也容易得多。

但是另一方面，自发性人口迁移，既然是非计划性的自发活动，当然有其盲目的、无政府的和冲击计划经济的性质和特点。如前所述，自发性人口迁移，他们离开迁出地的原因往往是无可非议的。然而迁入地的选择，一是循迹历史传统迁移路线，二是依靠亲友信息，但这些信息往往并不是确切有据的。因此，大量人口涌到以后，超出了当地吸收的能力，形成滞留人口，使当地社会经济的各个方面呈现某种比例失调。黑龙江省由于迁移人口激增（还有人口自然增加的原因），除去耕地、粮食人均数和商品粮率下降以外，在非生产性建设方面也有同样问题出现。

此外，文教事业、卫生保健以及生活服务行业等方面也都出现供应不足和需求紧张的状况。

自发性人口迁移在国民经济有计划发展过程中所起的调剂作用和冲击作用，或积极作用和消极作用，这种二重性是始终存在的。这对矛盾在一定条件下才会发展到尖锐的程度。如果一个地区的移民数量超过当地经济社会发展水平所能容纳的限度时，人口迁移对当地经济社会发展的冲击作用就日益显著。这种矛盾冲突应该加以妥善解决，但是解决这个矛盾时，应该看到自发性人口迁移的性质、作用和它的二重性。应该看到自发移民在当地起过的历史作用和对未来的长远影响。

19世纪出关开拓东北的大量迁移人口中，其中不乏幻想淘金致富的毁坏自然资源的恶棍，有些人进入原始森林，在掠夺性狩猎中，杀害了不少珍禽异兽，毁坏了不少森林。但是历史对于19世纪移民活动的总评价，仍然是认为他们对于开拓边疆、屯垦戍边起着不可磨灭的历史作用。如今我们对于对社会主义国民经济社会发展起着调剂和冲击二重作用的自发性人口迁移也应给以恰如其分的评价，即他们在开拓社会主义祖国的边疆，在发展社会主义经济建设事业中，在巩固国防等方面是有贡献的。问题是应该在国家社会发展计划的指导下对他们进行引导，防止和克服前述的那些消极影响和无政府倾向。

五　封闭型人口向开放型人口的转变

引起人口迁移和人口流动的原因是多方面的。例如，自然灾害，战争，种族迫害，异族入侵和宗教迫害等。这些不可抗拒的自然原因和非正常的社会原因都会引起人口迁移。资本主义国家在平时经常引起人口迁移和人口流动主要是经济原因。例如，人们由工资较低地区流入工资较高的地区；由就业困难地区流入谋生机会较多或工作条件更好的地区。在发展中国家，更为明显的是由农村流入物质文化生活水平较高的城市，或是流入资源丰富和宜耕荒地较多的地区。这一切都说明人口流出地和流入地之间存在着某种差别，就像有位差的水向下流动一样，人口由一方流向另一方也有其客观必然性。

在社会主义制度下，由于社会主义公有制的优越性，城乡劳动者大都就业在职，地区之间的工资差别不很悬殊，不需要经常寻找新的职业。与资本主义国家相比，人口相对稳定，这是人口迁移和人口流动较少的根本原因。

其次，在社会主义制度下，由于计划经济统一调配社会劳动力，劳动者自行就业的机会比较少。加之社会主义的商品生产和商品交换现在还不够发达，这是人口迁移和人口流动较少的客观原因。

再次，城乡差别悬殊，一般说来是诱发农村人口流入城市的主要原因。但是，由于我国实行严格控制城市人口政策和严格的户口登记制度以及商品粮供应制度，留给人口迁移和人口流动的机会是有限的，人口迁离出生地的可能性较少。因此，我国人口具有相当程度的封闭型的特点，这是相对于发达国家开放型人口特点而论的。这些国家，允许人口在各地区之间，城乡之间进行迁移和流动。

30年来，我国历年人口迁移率较之发达国家是比较低的。例如美国每年约有1/5至1/4的人口在国内迁移住地。这种频繁的人口迁移是在高度资本主义商品经济条件下进行的，也是在无政府状态中进行的，显然会给社会带来一定的混乱和不必要的浪费。然而从另一方面来说，人口的自由迁移也有其积极的方面。因为人口迁移首先是劳动力的迁移，是有一定生产技术的熟练工人和各种具有技术和科技文化知识的人的迁移（当然也有不少非熟练劳动者）。这种人口迁移是广义的人才交流，对于促进后进地区的发展，增进人民之间的文化技术和思想的交流，甚至促进人口的远缘联姻从而增强民族的肌体素质等方面都是有深远影响的。

我国对于人口迁移和流动采取的是严格控制的政策，从整个社会来说，人口的机械变动带有呆滞和封闭的特点。这一方面对于保证社会主义经济和社会有计划地发展，是有好处的，但是控制过严将会明显地束缚人才的交流，劳动力的交流，以及文化技术和思想的交流，从长远来看，对于我国整个社会的经济、文化甚至人口素质本身的发展都是不利的。马克思在论述历史上人们的物质交往和精神交往与生产力发展的关系时曾说过："某一个地方创造出来的生产力，特别是发明，在往后的发展中是否会失传，取决于交往扩展的情况。当交往只限于毗邻地区的时候，每一种发明在每一个地方都必须重新开始；……"① 在社会主义社会条件下，国家极为重视精神文明和物质文明的传播，从中央到

---

① 《德意志意识形态》，《马克思恩格斯选集》第1卷，第60页。

地方有科学技术文化教育体系和各种宣传推广的信息网络。和过去相比，建立在现代化大工业体系上的创造发明失传的可能性是极小的。但是物质文明和精神文明的传播，除去社会机构的传播推广和宣传教育以外，人口交往和商品流通的作用也是不小的。因此，逐步缩小封闭的限制，适当放宽人口迁移的尺度，逐步改变目前人口呆滞和封闭的状况，向较大范围内的人口迁移和人口流动进行转变。这当然不是意味着国家不需要有计划地调配社会总劳动力，也不是意味着国家不需要严格控制大中城市的人口规模，更不是说人口可以完全不受任何限制地自由迁移和流动。而是说在整个社会主义国民经济发展计划的指导之下，有计划地扩大人口迁移和流动的范围。经济体制的改革也会影响到户籍和人事体制的改革。在这方面的若干改革对社会主义四化是积极的、有益的。例如，允许农业人口从事商品贩运活动，并在城乡的流通渠道（农贸市场和集市）中进行流动；允许农业人口进入小城镇开店经商或经营手工业和服务行业；允许手工工匠在省内外进行劳务服务；城市企业事业单位，鼓励人才交流，跨省招聘等等。总之经济搞活的政策和经济开放的政策也要求呆滞和封闭型的人口现状，逐步向开放型人口类型转变。这是需要逐步解决的问题，也是值得重视和研究的问题。

（原载 1985 年《中国人口年鉴》）

三十多年来我国国内人口
迁移及其展望

　　人口迁移是指"人们为了定居的目的越过一定地界的移动"[1]，人口迁移分国内迁移和国际迁移两类。按照我国户口管理制度，国内人口迁移还需随迁户口。人口流动是指人们越过一定地界的移动行为，但不改变定居地和不动户口。人口迁移和人口流动对于迁出地、迁入地和流出地、流入地的经济社会变化以及人口自身的发展都有广泛影响。

　　人口迁移既是指人们为了定居的目的越过一定边界的移动，那么迁出地和迁入地的距离有远有近，迁移界限的确定因国而异，没有统一标准。根据我国社会习惯和户口管理条例的规定，一般把居民迁出原居住的城、镇、乡、社，迁入其他城、镇、乡、社，并且随迁户口，称为人口迁移。本文着重概述建国以来我国国内人口迁移的过程和特点以及未来人口迁移的前景。

---

　　[1]　美国人口咨询局：《人口手册》，国际版，第48页。

一　三十多年来国内人口迁移概况

建国以来，在排除人口的国际迁移因素以外，国内平均每年从城、镇、乡、社迁出的人口总量为 1900 万人以上，同样迁入城、镇、乡、社的人口总量也是 1900 万人以上[①]。

历年人口迁移的变化，随着国内政治、经济形势的发展而有所不同，大致可以分为四个阶段。

第一阶段（1954—1960 年）是人口迁移数量最高、也是人口迁移持续增长的阶段。1954 年人口迁入量和迁出量各 2200 万人，1955 年各 2500 万人，1956 年各 3000 万人，1960 年更升高为各 3300 万人，成为建国以后人口迁移量最高的年份。这是因为三年恢复时期以后，发展国民经济的第一个五年计划开始，国家为改变旧中国不合理的工业布局有计划地把沿海城市的工厂企业迁往内地和边疆，使得大批职工和家属随同迁移。国家新建扩建为数众多的工厂和矿山，从农村征调大量农民进入城镇、矿山充当工人。例如，1952 年全国全民所有制工业部门职工为 510 万人，到 1958 年猛增到 2316 万人。当时工业部门的新增职工，绝大部分是农村招来的，因而成为农村迁入城镇矿山的迁移人口。国家还有计划地从东部人口稠密地区（如山东、上海、浙江等）向黑龙江、宁夏、新疆等省、区组织集体移民开荒垦殖。此外，当时国家对于城市人口的规划，尚未严格控制，城市百废待兴，缺少劳动力，不少农民进入城市谋求职业。这是促使 1954 年以后人口迁移量持续上升的原因。

第二阶段（1961—1965 年）是人口迁移大幅度下降阶段。

---

① 我国国际人口迁移量较少可忽略不计；国内人口迁移量中台湾省数暂缺。

从 1961 年开始，迁移人口陡然下降，迁入、迁出人口由 1960 年的 3300 万人，降为 1961 年的各 1900 万人，1963 年降为各 1300 万人，迄 1965 年各有 1500 万人。这是由于三年自然灾害以后整个国家经济发展进入调整阶段，工矿企业吸收职工速度较前减慢，加之城镇劳动适龄人口逐年增多，厂矿企业增添劳动力可以就地解决，城镇工业吸收农村劳动力的数量较前大为减少。其次，国家鉴于城市人口大都早已饱和，粮食、副食、住房、交通、就学、就医等项都已出现供不应求的现象，继续允许人口随意迁入城镇势必加剧上述种种矛盾，于是采取严格控制城市人口规模的政策，控制人口随意迁入城市。

此外，这还由于在第二个五年计划以后，国家基本上停止了从人口稠密省份向边疆农业地区的集体移民。

第三阶段（1966—1976 年）是人口迁移的低谷阶段。1966 年迁入、迁出人口再降为各 1400 万人，而 1967 年到 1969 年则降到 500—600 万人左右，成为建国以来的最低点。1970—1976 年一直维持在各 1100—1600 万人之间，这是由于"十年动乱"破坏了社会的正常秩序，许多生产部门陷于瘫痪，影响了正常的人口迁移。1970 年前后，大批知青上山下乡和干部下放劳动，又使人口迁移数量有所回升，迄 1976 年"十年动乱"结束，其间迁移规模的起伏不是很大。

第四阶段（1977—1984 年）是人口迁移的平稳发展阶段，从 1977 年到现在，人口迁入和迁出量一直保持在各 1400 万人到 2300 万人之间。"十年动乱"结束以后，大批下放干部返回原地，部分插队知识青年返回城市，使 1978 年和 1979 年的人口迁移量有所回升。此后由于政府对城市人口规模进一步严格控制，除建筑业和采矿业等继续吸收农村劳动力以外，城镇工业企业所需劳动力大多就地解决，所以虽然工业企业稳步发展，而人口迁移并未因此而有大幅度增长，人口迁移进入平稳发展的新时期。此时之所以称之为平稳发展阶段，是因为1977年到1984年这八年每年平均人口迁入迁出量各为1700万以上，大体相当于30多年来的每年平均人口迁入量或迁出量各为1800万的水平。

综上所述，从1954年迄1984年的31年中，国内每年人口迁入量或迁出量各为3000万—3300万人的有4年；每年迁入量或迁出量各为2000万—2900万人的有6年；每年迁入量或迁出量各为1000万—1900万人的有18年；每年迁入量或迁出量各为500万—600万人的仅有3年。其最高年份为1960年，人口迁入量和迁出量各为3300万人。最低年份为1967年和1968年，人口迁入量和迁出量仅为500万人。人口迁移量的变化是先持续升高，然后陡然降低，最后趋向平稳发展。从1961年人口迁移量陡然下降以后，迄今一直未能恢复到1960年的水平。如以历年迁移人口量和逐年增长的人口总量相比，则历年迁移人口的相对量更呈现出萎缩的状态。

根据估计，建国30多年来人口净迁入数量较大的省区，如黑龙江省净迁入人口约为800万左右，内蒙古约为500万左右，其他宁夏、青海和新疆三省区，都在100万—200万左右。加上其他省份的净人口迁入量，估计总数约在2500万左右（净迁入量中包括自发迁入人口迁入以后办理户口移动的数字）。从1950年到1982年由农村迁入城镇的人口累计总量估计约在7800万人以上（包括因城镇区划变动而增加的人数）。省际迁移数量和农村向城镇的人口迁移数量比起省内人口迁移数量是较少的。迁移人口中绝大部分是在省内的县际、乡际之间进行的。

解放以后，国内的自发的人口迁移基本上仍然因袭历史上的传统迁移路线。30多年来自发迁移人口累计约在1000万以上。自发性人口迁入最多的省份是黑龙江、内蒙古、新疆、青海和宁夏。根据黑龙江省移民档案估算 30 多年以来自发迁入该省的人口应在 500 万左右。根据内蒙古自治区估计 30 多年来沿着"走西口"老路进入内蒙古的约占全区迁移增长总额的半数，即 200 万左右。迁入新疆的自发迁移人口约为 100 万以上，其余迁入青海省和宁夏回族自治区的自发迁移人口估计共约 100 万人以上。

二　国内人口迁移的特点

我国社会主义制度下的人口迁移和流动与发达国家及其他发展中国家有不同之处，其特点如下。

（一）我国人口迁移受国民经济社会计划的制约

社会主义计划经济体制要求对于整个社会的财力、物力、人力进行有计划（包括间接计划）的安排和调配。国家每年招收职工，召集兵员和士兵复员，大专院校招生和分配等。该数额是根据经济和社会发展的需要，以及物质保证的可能制定的，所以国民经济社会计划对于人口迁移的流量流向有很大的制约作用。至于由私人原因引起的民间人口迁移（如投靠父母、投靠子女、投靠配偶等）虽然与国民经济社会发展计划无直接关系；但是每个地方接纳人口迁入时，都考虑到本城镇人口发展的控制规模、劳动适龄人口就业机会、粮食副食供应、住房、交通、医疗保健、子女入学等项条件有可靠保证时，方可分期分批统筹解决。从这个角度来看，这类人口迁移的落实安排也是受地方的经济社会发展计划制约的。

（二）我国人口迁移受城市发展政策的制约

从 20 世纪 50 年代末 60 年代初开始，我国实行严格控制大城市、合理发展中等城市、积极发展小城市的政策。除去国家计划调动和户口管理条例允许的某些情况以外，农村人口不经许可不能随意迁入城镇，而城镇人口不经允许也不能随意迁入其他城镇。这和西方发达国家以及发展中国家允许农民随意流入城市，允许城市居民随意迁入其他城市谋求职业的情况绝然不同。我国当前正处在"四化"进程中，同样具有资本主义国家工业化过程中，农民涌入城市谋求职业的潜在趋势，同样存在着农业人口向工业人口的转变，以及农村人口向城市人口的转变趋势。但是为了避免大城市的无限膨胀，我国采取控制城市人口规模并引导农民进入县以下小城镇或就地转化等政策措施，从而可以避免资本主义国家经历过的由于人口无限制的任意流入导致的大都会畸形发展的恶果。

（三）我国人口迁移是在户口登记制度严格管理下进行的

在我国，变动永久定居地点须经户口管理部门批准，并且得办理户口迁移手续。国家由农村调集劳动力进入城镇或工矿充任职工，不仅改变了定居地和变更了户口，同时在居住地类型上实现了农村人口向城市人口的转变，并且在职业构成上实现了农村人口向非农村人口的转变。国家还从农村调集一部分劳动力进行移民垦殖，或国营农场招收外地职工，或修建大型工程（如水库）时对被征用土地的农民进行迁移。他们的迁移方向仍然是由农村到农村，虽然改变了定居地点，更动了户口，但是他们既未改变农村人口的户口类别，也未改变农业人口的职业类别。自发性人口迁移事先未必得到有关部门的许可就已自行移动，他们移出时不曾批迁户口，但是在迁入地定居一定时期不拟返回原籍的，也须补办户口迁出迁入手续。与户口管理制度相联系的是城镇居民的粮食定量供应制度。只有正式办理户口迁移手续的城镇居民，方可办理粮食供应关系的转移证明，才能在迁入地凭证取得粮食供应。这种双重的管理制度，对于限制人口随意流入城镇和维持城镇居民的粮食和其他方面的供应，起了重要的保证作用。

（四）我国人口迁移受政治运动的影响

过去一个时期我国政治运动频繁，也曾引起城乡人口不正常的迁移。"十年动乱"期间，1000多万青年学生上山下乡插队落户或分配到建设兵团、国营农场，数百万机关干部和知识分子下放农村参加劳动。动乱结束以后绝大多数又先后回归原地。10年之间1000多万人口形成一个城乡之间的迁移大往返，这种人为的政治运动造成的人口迁移大变动，破坏了经济的持续发展和社会的安定团结，这是应该吸取的教训。

三　国内人口迁移的展望

（一）封闭型人口向开放型人口的转变（内容从略①）

（二）安置型移民向开发型移民的转变

30多年来，迁入边疆各省的人口连同其繁殖人口约计2000万左右。许多迁入地区已感到人满为患，宜耕荒地也已大为减少。有些地区当地居民对于迁入人口已不大欢迎，甚至时有纠纷。然而这并不是真正达到了可容人口数量的极限，而是由于目前我们的财力，物力和技术条件的限制，国土资源的潜力还未充分发挥。加上经营方式和经济结构不尽合理，生产的经济效益较

---

① 详见上文"黑龙江省自发性人口迁移调查"之五。——编者注

低，迁移人口的容纳量受到很大的限制。例如，黑龙江目前平原土地绝大部分皆已开发，宜耕荒地所余有限。依靠开荒种粮的粗放经营方式容纳迁移人口是有限的，加之毁林开荒，滥垦草原，这种违反生态平衡的灾害性的开拓，不是扩大了迁移的区域，而是缩小了人类生存的范围。要改变这种状况，必须改变经营方式，充分挖掘各方面资源的潜力。必须改变过去那种林区只伐木，平原只开荒的近似原始的垦殖方式。应根据自然地理条件宜农则农，宜牧则牧，宜林则林，合理开发自然资源。还有农、牧、林业结合，建立农产品加工，乳、肉、皮毛等畜产品加工业。对于山地的开发，在林区应注意改变重伐轻育的方式，采伐成林、营造幼林、伐育并重。发展林产品的综合利用，发展木材加工、纸浆造纸等森林工业，对于山林产品，改变单纯采集的方式，结合培育、加工综合利用，这方面的潜力极大。黑龙江省山区自然生长的工业原料多达100多种，蕴藏量在32万吨以上，而现在一年采集仅为5000吨（只占1.6%）。可食用的山区产品有1000种以上，蕴藏量为13万吨，已开发的不到100种，如木耳、蘑菇、山菜等珍贵山产，野生果实、山葡萄、山梨、山丁子等酿酒原料，利用率只占1%—2%。中药材250余种，蕴藏量为1亿公斤，目前利用率只占1%。此外，柞蚕、野生蜜源和皮毛等都有巨大的开发潜力。人工养鹿，培育人参，种植药材和养蚕养蜂以及就地发展食品、酿酒、饮料、制药等加工工业也都大有前途。

此外，还要进一步注意开发地下资源。这些资源的开发可容纳大量的就业人口。

总之，在那些新开发的肥沃土地上，当地人和外来移民只是刚刚在地面上初步地进行了粗放的单一的经营。就目前现有的资金、设备、技术、人才等方面的条件来看，迁入人口似已达到饱和，个别地区似已超过负荷。但是，如果逐步对平原、山区、水面和地下进行农、林、渔和工矿业的全面发展，每个部门进行多层次的开发，在供、产、销三个环节进行全面的系统经营，其可容移民的潜力还是很大的。

发掘边疆地区吸收移民的潜力，是建立在对边疆地区进行有计划地系统的开发基础之上的。边疆的开发首先需要通过深入调查，在摸清资源的前提下做出国土开发规划，从而对那些尚未被利用的自然资源（包括土地、水域、森林、草原、矿藏等）用垦殖、开采和工业加工等手段，使之为人民造福。对于已经开发的资源，应使生产力分布合理，充分发掘其潜力，从而获得更大效益。要依靠科学技术的进步、经济条件和其他社会因素的变化，采用新手段使原已利用的资源提高其利用程度，或是开辟新的用途。对于被破坏了的自然资源和环境应该加以治理。如治理水土流失、土地沙化、改良土壤、疏浚江河湖泊和治理环境污染等。此外，在开发、利用和保护国土资源时，还应严格地注意保护资源、保护生态系统、保护人类生活环境，进而通过改造建立更加合理的生态平衡。只有这样才能扩大人们的生产领域和扩大人们的生存空间。

中央领导同志 1983 年先后视察西北地区和西南地区以后，曾经提出开发西南和西北地区，使之成为 21 世纪我国的重要经济基地。这是对于我国经济建设布局上的一个重要的战略设想。这样大规模的国土开发，势必需要把大批科技人员、经济管理人员、熟练技术工人和非熟练工人由内地输送到边疆，这是一场空前规模的向大自然的战斗，也是一次新的人口迁移的大进军。根据 30 年来我国人口迁移和人口流动的经验，展望未来移民的前景，应该确定移民的方针和原则如下：

1. 移民应以有计划的开发型移民为主。我国国土辽阔，不少未开发地区可以容纳移民的潜力是很大的，但是潜力还不是现实的生产力。只有把自然资源的潜力转变为现实的生产资料的条件下，才能和大量的剩余劳动力相结合。资源丰富地区的开发，需要国家投入大量资金、设备和技术力量。这是人口迁移的物质前提。只有建立在经济开发基础上的人口迁移才是稳妥可靠的。这种适应经济开发而进行有计划的移民，称为开发型移民。它有别于过去种种安置移民（如土地被征用的农民被安置就地后靠，或是将人口稠密地区农民迁往别处易地而耕）。开发型移民是指土地、资源、居住条件、资金、技术、设备、管理干部等都已齐备的条件下，开办工、矿、农、林、牧等类企业，吸收由外地招募的劳动人口，施以技术训练，然后从事生产劳动。生产要有计划，发展要有远景规划，移民生产技术水平的提高和生活水平的提高要有保证。招募移民机构应对移民负责到底。总之，在开拓和发展工矿或农林牧企业中，使移民和资金、技术、生产资料有效结合，才是易于巩固的移民方式，也是一劳永逸，不留后遗症的移民方式。

开发型移民无疑是有计划有组织的移民，然而30多年来的实践证明，完全制止自发人口迁移和人口流动是不可能的。实施遣返的办法，成效是不大的。所以非计划移民即自发性移民也应尽量纳入计划性移民轨道，即把零散的自发性移民依照具体情况吸收和安置在开发型移民中。

2. 开发型移民地区应以新开发工矿地区为主，移民对象应以具有一定文化技术水平的非农业人口为主。因为新开发地区新建工矿企业所需壮工，一般可以就地就近吸收，不必远道输送。其次开发型移民的着眼点不仅把人口迁移作为劳动力的转移，而更应着眼于人才交流。高文化的人口移动在历史上和现代生活中都是精神文明和物质文明传播的媒介，通过他们会把先进的生产技术带到后进地区。

至于有些省份确有未开垦的宜耕土地等待垦殖，宜先满足当地或邻近农民拓展土地的要求，组织他们前去开垦。在当地和邻近地区劳力不足情况下，方可考虑招募外地农户。农业垦区移民不宜招募城镇非农业人口前去从事农业生产。移民经验证明城市下放农村的这类流向的人口迁移是难以巩固的。

3. 开发型移民的步骤应是由近及远、逐步推移、依次递进的原则。经验说明一般人口迁移不宜跨越许多省份。一次迁移特别是首次迁移，如果离开家乡过远，往往发生回返迁移，难以在迁入地定居。特别是我国农村人口，是长期在自然经济封闭式社区里，在累世定居绝少移动的状态下生活成长起来的，人们的乡土观念极为浓厚，一般情况下人们不会舍弃故里远走他乡。即使出于无奈，背井离乡迈出家门第一步最远是邻近的省县。因为那里的生活习惯和生产情况与家乡比较相似，易于适应。例如山西、河北北部农民多迁往内蒙古，山东胶东农民多跨海迁往辽东。迁入地离家较近便于随时联系，可留可走可进可退。移出人口心理状况稳定踏实，易于定居，并且还有可能向第二个邻近地区做第二次迁移。依次推进、由近及远，这是人口迁移的最一般的规律性。如果首次迁移跨越多省，进入一个生活和生产环境差异较大，与家乡联系不便的地方，则移民在思想心理上、生活生产上的适应性都差。同时这种投资费用大，其经济社会效益反而很低。这种不易巩固的移民最后进行回返迁移的事例，在我国是屡见不鲜的。所以有计划的开发型移民，特别是迁往农业地区的移民宜于在省内或邻近省份进行。

4. 建立移民机构和订立移民法规。在未来迁入人口数量较大的经济开发地区，应该建立主管移民事务的职能机构。移民机构根据地区经济开发规划，制定移民计划。负责招募移民、接运移民和安置移民以及巩固移民工作。政府还应制定移民法规，确定移民的权利和义务。如规定移民享有国家或集体提供的住房和生活资料的优惠保证。在迁入地不能兑现上述物质保证时，得允许移民返回原籍。移民在年老失去劳动能力时，得允许其返回原籍投亲靠友安度晚年。禁止欺压歧视移民和盘剥移民，保护移民合法收入。同时也应规定移民应尽的义务，如移民无正当理由离开迁入地区，则需追究责任，赔偿损失等。

（原载《人口与经济》1987 年第 2 期）

当代中国农村人口面向城镇的大迁移

　　建国以后随着社会主义建设事业的发展，农村之间、城镇之间、城乡之间的人口迁移相应增长。特别是经济体制改革和社会主义计划商品经济的发展，进一步导致农村人口向城镇的迁移和流动。本文拟根据 74 个城镇人口迁移调查的资料，估算建国以来农村人口迁入城镇的数量；并对社会主义人口迁移的理论和政策进行探讨。

一　中国农民处在两种转变的历史阶段

　　在工业化过程中农村人口大批向城镇迁移是一种世界性的历史发展的必然趋势。

　　产业革命以前，世界人口绝大部分住在农村，而产业革命以后，由于工矿企业集中发展，所以城市迅速发展，农村人口大量进入城市。1800 年世界城市人口只有 5000 万，1900 年发展到 2.2 亿，1980 年已达到 18 亿。特别是 20 世纪中期，无论是发达地区还是欠发达地区都呈现农村人口大规模向城市迁移的态势。1875 年发达地区城市人口高于欠发达地区城市人口。一个世纪以后，1975年终于出现欠发达地区城市人口总量超过发达地区城市人口的现象，从此欠发达地区城市人口总量一直遥遥领先。预计到20世纪末，欠发达地区城市人口将是发达地区城市人口的2倍（见表1）。这种世界性的农村人口向城市人口的转变，时人称之为："20世纪的民族大迁徙"[①]。

表1	全世界、发达地区、欠发达地区城市人口		单位：亿人
年份	全世界	发达地区	欠发达地区
1800	0.50	0.20	0.30
1875	1.25	0.75	0.50
1900	2.20	1.50	0.70
1925	4.00	2.85	1.15
1950	7.24	4.49	2.75
1975	15.60	7.67	7.93
1980	18.06	8.34	9.72
1990	24.22	9.69	14.53
2000	32.08	10.92	21.15

资料来源：《城市和农村人口增长模式》，联合国国际经济和社会事务部出版，1980年。

发达地区大约经过200年的发展，使其城市人口目前达到72%以上，而发展中地区的城市人口只达到31%。大多数发达国家农业就业人口比重平均占经济活动人口的5%—15%（最低的是英国3%、美国4%、加拿大5%），而发展中国家大约2/3的经济活动人口集中在农业（亚洲、非洲约为65%—75%；拉

---

① 引自〔苏〕B.H. 乌尔拉尼斯主编：《世界各国人口手册》，第588页。

丁美洲约为45%—50%；中国农业就业人口比重则高达69%）。

城市人口发展一般包括自然增长和机械增长两部分。发达地区城市化进程表明，城市人口比重在到达20%以前增长速度缓慢，1800年仅为7.3%，经过75年到1875年只达到17.20%；但再经过75年到1950年已达到52.54%，发展相当迅速；到1980年已高达70.15%，此后又进入平缓发展阶段。原因是从20世纪60年代开始，发达国家出现"逆城市化"现象，不少大都市中心区居民不堪忍受城市喧闹和污染的祸害，纷纷远离城市迁到郊区或附近小镇居住，城市人口发展呈现所谓"U"形大回返。所以城市人口的年增长率已开始下降，这是发达地区城乡人口往返迁移的历史轨迹。发展中国家农村人口虽然正处在开始加速增长阶段，但今后的发展趋势必将与发达地区已经历的过程近似。所以说，农村人口向城镇迁移过程，或者说城市化过程乃是人类社会发展到一定阶段所不可避免的发展趋势。尽管我国长时期以来，采取控制城市人口发展规模，限制人口迁入城市的政策，但是事实上仍然阻挡不住农村人口向城市的迁移。中国开始向社会主义工业化进军以后，农业人口向非农业人口的转变和农村人口向城镇人口转变随之开始。中国农民正处在这两种转变的历史阶段。

第一种转变是指农业人口职业类型上的转变。发达国家经历200多年使其农业人口由原来的绝对多数减少到现在只占经济活动人口的5%—15%，其他人口都已转变为非农产业人口。这是任何国家都将经历的过程，这一点是没有人再怀疑了。

第二种转变是指农村人口居住地类型的转变。发达国家大体经历上述同样长的时间使其城市人口比重达到70%以上。农村人口转变为城市人口，多数是农村人口经过迁移进入城市实现的，少数是未经迁移而就地转变为城镇人口，即所在乡村逐渐发展为城镇而转变为城镇人口的。但人们往往忽视农民的第二种转变的必然性和必要性。所以在讨论农村剩余劳力的出路时，比较普遍的议论是"发展乡镇企业就地转移"。这种议论实际上是只提出农民在职业类型上的第一种转变，而忽略了农民在居住地类型上的第二种转变。其着眼点似乎是"就地转移"排除了农村人口涌入城镇以及避免了由此带来的种种后果。事实上即便在农村发展乡镇企业，由于聚集经济效益的要求，若干非农企业的集中聚集发展，将会导致农村变为小镇，从而使完成职业转变的非农人口，在没有发生迁移行为的情况下就地转变为城镇人口。在资本主义工业发展史上手工作坊发达的村落最后演变为城镇的事例是屡见不鲜的。

社会生产力的发展使农村释放出大量的剩余劳动力，这些劳动力寻找与农业以外的生产资料相结合，并在非农场地进行劳动生产。这是农村人口向城镇迁移行为的本质所在。因此，在理论上应该承认当代中国农民正处在上述两种转移的历史阶段。

二 中国农村人口向城镇的大迁移

建国以后，先后有上千万农村人口有组织地或是自发地由内地和沿海省份迁往边疆进行垦殖。全国各地陆续修建了 8.6 万多座大小水库，因土地被淹没也有上千万的农民迁移到省内外易地而耕。这两种农村人口迁移的流向是由农村迁往农村。"十年动乱"期间 1700 万青年学生上山下乡和大批干部下放农村劳动，这次人口迁移流向是由城市迁往农村。三者人口迁移数量都不算小，然而比起 30 多年以来农村人口向城镇的大迁移则都相形见绌。

1949 年我国城镇人口为 5765 万人，1985 年已经增长到

38244万人。粗略计算在城镇原有人口基础之上，加上经过37年的自然增长人口，大致等于原有人口的2倍，也就是1.2亿左右。而其余2.6亿人口的来源，应由三部分组成，即原有城镇区划扩大而增加的人口、因国家新建制的城镇而增加的人口和由农村迁入城镇而增加的人口。

1986年，我们和河北、内蒙古、辽宁、黑龙江、上海、山东、河南、湖北、湖南、广东、四川、陕西、宁夏等13省市社会科学院人口研究所，以及浙江、江西、贵州省的3所大学（即杭州大学人口研究所、贵州省财经学院人口研究所和江西省师范大学人口研究室）合作，对各自所在16省市的74个人口规模大小不等的城市和镇进行总抽样比为2‰的城镇人口迁移调查（关于城镇人口迁移调查的总体假设、目的要求、抽样方案、调查问卷设计、汇总制表、误差以及调查成果数据等项，将详见调查研究的总报告，于此不能详及）。调查结果的初步分析表明，建国以来，农村迁入城镇的人口和农业人口转变为非农职业的人口数量都是很大的。

（一）30多年来农村人口向城镇迁移的过程

建国38年来，农村人口进入城镇的迁移流，受到国民经济的发展以及城市政策的影响，历年迁入数量不等，变化较大。一般说来，经过经济恢复时期步入第一个五年计划以后，由农村迁入城市的人口逐年上升，到"大跃进"时期（1958年）出现第一次高峰。由于自然灾害造成的困难时期，迁入城镇的人口锐减。以后，国家采取控制城市人口发展规模的政策，不经有关部门批准不能迁入城镇定居。后来虽有回升和起伏不定的增长，但直到1971—1972年才略微超过1957—1958年的迁入水平。1979—1980年国家推行经济体制改革和发展社会主义计划性商品生产以后，又出现了农村人口迁入城镇的新高峰。图1所示5

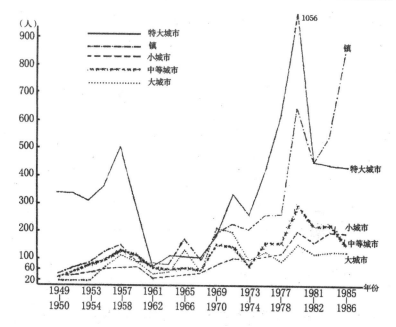

图 1　历年迁入各类城镇人口数

条曲线分别反映被调查的 5 类城镇（即哈尔滨等 15 个百万人口以上的特大城市；呼和浩特等 6 个 50 万—100 万人口的大城市；银川等 12 个 20 万—50 万人口的中等城市；威海等 10 个 20 万人口以下的小城市以及浏阳等 31 个建制镇）有效调查问卷汇总的历年迁入人口总数，尽管 5 类城镇数量多少不等，但是 5 条曲线反映的人口迁入轨迹的高峰和低谷或是停滞和回升几乎都是一致的。进而把 1949—1986 年迁入 5 类城镇人口总数作为 100，按历年迁入人口所占比重绘出曲线（见图 2），再把 1949—1986 年由农村迁入 5 类城镇人口总数作为 100，按历年迁入比重绘出曲线（见图 3），两相比较我们看到，二者轨迹有高度的相似性，并与前述各个时期农村人口迁入城镇高峰和低谷是一致的。这充分说

明我国城镇人口迁移受当时的社会经济发展，特别是政策影响是
极其明显的。

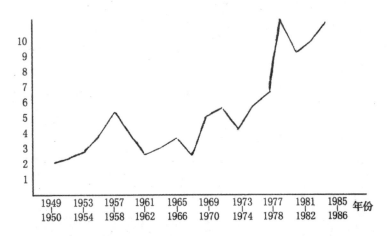

图 2　历年迁入城镇人口占 1949—1986 年迁入人口总量的比例（%）

图 3　历年农村迁入城镇人口占 1949—1986 年农村迁入人口总量的比例（%）

（二）迁入城镇人口占城镇常住人口比重

据 74 城镇抽样调查结果表明，15 个特大城市迁入人口占常住总人口的百分比分别在 18%—57% 之间；6 个大城市迁入人口占常住总人口的百分比分别在 30%—76% 之间；12 个中等城市迁入人口占常住总人口的百分比分别在 18%—43% 之间；10 个小城市迁入人口占常住总人口的百分比分别在 16%—56% 之间，31 个建制镇迁入人口占常住人口的百分比分别在 26%—91% 之间。由此看出，各类城镇迁入人口占各该城镇常住人口比重高低不一，起伏间隔较大，似乎未显示一定规律，然而深入观察仍有若干共同特点可见。（1）多数省会（人口规模不论大小）的迁入人口在 35% 左右，少数省会在此比重以下。（2）新建省会迁入人口百分比较一般为高，如石家庄市和银川市分别为 57.41% 和 42.61%。（3）新兴工业城市，钢铁、石油、煤炭等类基地和边境贸易城市迁入人口比重较高，如包头市、渡口市、大庆市、平顶山市、黑河市等迁入人口比重多数都在 50% 以上。（4）新开辟的沿海经济特区城市迁入人口比重也很高，如珠海市和烟台市分别在 50% 和 40% 以上。（5）旅游城市，如承德市和肇庆市迁入人口比重都在 40% 以上。（6）建制镇本身虽然人口规模较小，但迁入人口比重一般都较大，特别是那些农副产品集散地，小区域的商业中心，或是城镇的卫星镇迁入人口比重都很高，个别如物资集散地的大龙镇迁入人口比重高达 77.25%，煤炭产地汪家寨迁入人口竟高达 91.54%（见表 2）。

表 2　　　　　　迁入城镇人口占城镇总人口比重　　　　单位:%

特大城市				大城市		中等城市			
石家庄	57.41	长沙	37.47	呼和浩特	30.67	承德	43.79	铜川	35.44
包头	43.23	广州	35.18	大庆	51.18	绍兴	21.09	银川	42.61
沈阳	18.73	成都	36.65	宁波	18.12	九江	30.81		
哈尔滨	35.92	贵阳	55.18	平顶山	54.64	赣州	24.97		
上海	27.05	西安	19.82	株洲	49.26	烟台	41.70		
杭州	27.78			渡口	76.68	宜昌	39.98		
南昌	35.87					随州	33.45		
济南	35.29					肇庆	41.23		
郑州	49.20					宜宾	18.03		
武汉	35.39					遵义	39.55		

小城市		镇					
泊头	16.72	辛集	38.05	新堤	42.52	密山	49.89
集宁	46.19	新宝力格	49.04	竟陵	45.31	樟树	48.86
黑河	51.77	郎乡	42.20	云梦武穴	41.83	社旗	56.21
威海	25.26	凤翔	57.95	浏阳	44.86	归州容美	62.58
周口	36.11	龙江	31.97	德庆	55.53	新市	69.95
老河口	20.06	碌石	38.46	凤仪	58.66	大龙	77.25
津市	42.16	丘粟	37.08	贵定	33.88	重安江	21.21
珠海	56.29	永平	26.42	兴义	33.54	织金	42.02
安顺	52.28	宁海	33.87	貌镇	44.94	汪家寨	91.54
汉中	24.88	新安	42.51	卓资山	39.15	海北、共和	14.34
						嫩江、依拉哈	37.77

进一步用下列公式分别求得特大城市、大城市、中等城市、小城市、镇等 5 类城镇迁入人口的加权平均比重，以及求得 5 类 74 城镇迁入总人口的加权平均比重。公式如下：

$$MR = \frac{\sum_{i=1}^{n} (mr_i \cdot P_i)}{\sum_{i=1}^{n} P_i}$$

其中 MR 为若干城镇迁入人口占常住总人口的加权平均比重；mr_i 为其一个城镇迁入人口占常住人口比重；P_i 为某一个城镇常住人口总数。

所得结果：15 个特大城市、6 个大城市、12 个中等城市、10 个小城市和 28 个镇（原调查 31 个镇因 3 个镇的背景材料不全，所以只计算 28 个镇的迁入人口加权比重）的迁入人口加权平均比重分别为 32.66%、46.50%、34.01%、38.95% 和 44.71%，将这 5 类 71 个城镇迁入人口比重经过加权平均以后，所得 71 城镇迁入人口平均比重是 34.39%。也可以说，在被调查的 71 个城镇的常住人口中，有 1/3 以上的人口是迁入人口。

（三）迁入城镇的农村人口占迁入总人口比重

上述调查结果表明，在各类城镇迁入人口总量中，由农村迁入特大、大、中、小城市及镇的人口，占迁入人口总量的比重分别是 44.50%、38.68%、39.38%、40.93%、56.90%。而迁入 74 城镇的农村人口占迁入总人口的比重是 45.23%，即将近一半是由农村迁入的（见表 3）。

表3   按迁出地划分的迁入人口比重   单位:%

迁入人口比重\n迁出地	特大城市	大城市	中等城市	小城市	镇	5类城镇
合计	100	100	100	100	100	100
市	36.71	36.78	34.73	33.25	15.36	31.48
镇	16.02	22.58	24.22	24.68	25.75	21.14
农村	44.50	38.68	39.38	40.93	56.90	45.23
其他	2.77	1.97	1.67	1.13	2.00	2.15

(四) 建国以来迁入城镇的农村人口数量估计

74 城镇人口迁移调查样本量按总抽样比的设计为 2‰户。在各个城镇调查时都按分层、等距原则确定调查对象,实得样本量足以分别推论和代表各调查城镇。74 城镇中 43 城市约占全国现有城市 100‰以上,31 建制镇约占全国建制镇 6‰以上,分布在全国 6 大行政区的 16 省、市、区内。既包括特大、大、中、小城市及镇 5 种不同人口规模类型,又包括行政首府省会、工商城市、工矿城市、交通枢纽、旅游城市、新兴工业基地、农牧产品集散地、沿海经济特区等等不同城市功能类型。可以认为,74 城镇调查的结果有相当大的代表性。因此,依此数据匡算全国城镇人口迁移情况,尽管有些误差,但是对于观察农村人口的两种转移是有相当高的参考价值的。

前述 1949—1986 年,71 城镇迁入人口占 1986 年 71 城镇常住人口的 34.39%;74 城镇由农村迁入的人口占迁入人口总数的 45.23%,我们使用这两个系数和全国现有城镇的现有人口总数 38244 万 (1985 年底数),对 38 年来由农村迁入城镇的人口进行估算:

38244(万)×0.3439×0.4523 = 5948(万)

　　计算得知，38 年来由农村迁入城镇的人口数约在 6000 万左右，这已是一个相当巨大的数量，但实际上不止此数。因为迁入全国城镇的另一多半人口的迁出地虽然不是农村，而是其他城镇，但是其中必然有相当数量的迁入人口绝不是仅有一次迁移行为，有多次迁移经历的人口中会有不少人的初始迁出地是农村。我们保守估计，如果有 1/10 的人第一次迁入城镇时的迁出地是农村，那么总数约在 700 万人以上，与前直接由农村迁入城镇人口两项合计约在 6700 万人左右。① 这只是概略匡算数，而不是精确的推算。

　　此外，考虑到由农村迁入城镇包含半数左右的女性，在城镇未严格推行计划生育以前，她们会把农村传统的高生育率带进城镇。迁入 74 城镇人口的性别比为 98，亦即约占由农村迁入人口的 50.4% 是女性。其中 15—29 岁的育龄妇女占迁入女性的 62%，我们保守地估计，即便有半数 15—29 岁妇女在迁入城镇后生育一孩，累计生育人数当在 900 万人以上：

　　计算式为 38244（万）× 0.3439 × 0.4523 × 0.504 × 0.62 × 0.5 = 929.4 万迁入人口。在迁入地生育的子女，人口学称之为间接迁移人口。如果将农村迁入城镇的直接迁移人口和间接迁移人口两项合计，总数当在 8000 万左右。扣除知青返城和落实政策等回返性迁移约 1000 万人，余额约为 7000 万上下。在短短 38 年中，出现这样庞大而持续的农村人口直接向城镇的迁移流，在中国历史上是不曾有过的。应该说是当代中国农村人口向城镇的大迁移。中国历史上出现过由于各种原因而造成的人口大迁移，

------

　　① 1949—1986 年全国农村人口迁入城镇匡算数 6700 万，是根据当时仅有的 1985 年底全国城镇人口数与 74 城镇调查所得两个系数相乘的乘积，其后笔者又根据 1986 年底全国城镇人口数依同法进行重新匡算为 8731 万（见《中国城镇人口迁移》，第 183 页）。

如汉代以后北方民族不断南下入侵中原；西晋和两宋时期因战乱中原人民避居江左；元代游牧民族的西征；清代对关外的移民开发；抗日战争期间沿海和内地人民的西迁，以及国民党溃败逃离大陆等，人口迁徙的规模在当时都是相当大的。然而上述任何一次迁移，比之当代中国农村人口面向城镇的大迁移都相形见绌。

（五）农村人口迁入城镇后的职业转变

调查表明，农村大量人口迁入城镇的主要原因：招工或顶替位居于首位，随家庭迁移和因结婚迁移以及投亲寄养的比重也较大。从迁移的性质来看，知青返城和落实政策两项，属于特殊情况造成的回返性迁移；投亲寄养、离休退休、婚迁随迁、学习培训是出自社会和文化原因所引起的。除此而外还有由于工作调动、分配工作、复员转业、招工顶替、务工经商等属于公务和经济活动原因迁入城镇的。这5种迁入人口约占由农村迁入人口的1/3以上（见表4）。足见城镇吸收农村人口的主体是基层干部、初级知识分子、农业剩余劳力，当然婚迁和随迁人口中也有许多属于这3种类型。从迁入主要原因也可以看出，农村人口转变为城镇人口以后，其中多数人都发生了职业上的转变，即由从事农业变为非农业。74城镇调查移民的职业变化数据表明，由农村迁入城镇的人口，迁移前从事农业的在5类城镇中分别占迁入人口总量的16%—20%左右，迁入后迄今仍然从事农业的移民只占迁入人口总量的约2%—6%（见表5）。这是因为其中有不少人是由于各种原因在城镇逗留居住一年以上的农民。户口迁入城镇的移民迄今仍然从事农业的人数是为数不多的。

迁入城镇的农村人口年龄构成较轻，多数集中在15—19岁、20—24岁、25—29岁3个年龄组。15—29岁人口分别占由农村迁入5类城镇人口总数的67%、69%、63%、57%和54%。由农村迁入城镇的人口年龄中位数为 21.45 岁。如此大量农村青壮年进入城镇以后，无疑对于城镇的各种建设事业起着相当大的促进作用（见表6）。

表4　　　　　　　　农村人口迁入城镇的主要原因　　　　单位：人

迁入主要原因 \ 迁入各类城镇人数	特大城市		大城市		中等城市		小城市		镇	
	男	女	男	女	男	女	男	女	男	女
工作调动	283	137	101	24	117	51	78	33	493	222
分配工作	147	46	64	16	75	30	42	10	157	66
学习培训	223	94	23	10	44	25	31	17	51	49
投亲寄养	282	541	104	183	88	196	87	122	144	185
复员转业	227	5	44	0	69	0	25	0	56	0
知青返城	505	468	17	15	64	53	23	29	60	59
离退休、退职	17	7	3	1	5	5	2	1	14	3
招工顶替	664	372	500	85	321	69	134	34	434	104
落实政策	106	78	9	12	34	40	22	30	87	79
务工经商	137	68	12	3	19	7	34	11	141	61
婚迁	64	655	19	264	24	397	19	286	32	577
随迁	413	730	112	163	168	300	189	302	559	718
其他	227	221	35	31	56	54	91	86	117	142
原因不明	0	0	0	0	0	0	0	0	5	1
合计	3295	3422	1043	807	1084	1227	777	961	2350	2266

表5　　　　　　迁入城镇的农业人口的职业变化　　　　单位：人

	特大城市	大城市	中等城市	小城市	镇
迁入前职业为农民	2816	924	1081	687	1170
迁入后职业为农民	374	242	255	232	174

表6　　　　　　由农村迁入城镇的人口性别和迁入时年龄　　　　单位：人

年龄组	特大城市		大城市		中等城市		小城市		镇	
	男	女	男	女	男	女	男	女	男	女
0—4	160	134	45	48	59	59	73	55	172	119
5—9	173	160	53	45	80	70	57	58	191	147
10—14	158	179	57	51	53	71	67	50	185	167
15—19	629	581	224	149	251	211	133	191	437	432
20—24	1013	1052	342	272	323	360	174	266	495	558
25—29	611	610	200	95	139	174	110	121	278	275
30—34	220	256	53	53	66	79	46	68	186	150
35—39	105	136	28	33	40	59	40	47	109	105
40—44	59	77	10	15	22	40	23	29	113	90
45—49	44	52	7	10	10	19	16	27	63	58
50—54	37	54	2	13	9	27	13	11	47	53
55—59	32	45	6	9	12	24	8	8	34	33
60—64	25	26	3	6	8	12	5	7	18	20
65+	29	60	13	10	12	22	12	23	22	59
合计	3295	3422	1043	807	1084	1227	777	961	2350	2266

农村人口迁入城镇以后，无论在生活、工作、学习等各方面，大多数都比在迁出地时有所提高。在经济收入方面，由农村进入各类城镇人口的82%—90%均较前提高。其他在住房条件、工作和专业、学习和受教育机会、文化精神生活以及生活环境等5个方面，较前提高的比例分别为70%—73%、70%—83%、68%—84%、80%—89%、81%—88%。总起来说，迁入各类城

镇的农村人口在上述 6 个方面受益的比重都很相近。而没有受益的又比迁出地有所下降的比重不算大。其中以住房条件最高，占农村迁入人口的 6%—18% 不等，其余 5 个方面都在 1%—5% 左右。城镇从农村吸收了大量经济活动人口，为三种产业部门输送了新血液。而转变为城镇人口和非农人口的原来农民，其中多数人在物质和精神上都得到了实惠，这是城镇对农村人口富有吸引力的原因（见表 7）。

表 7　　　　　　　　　　农民迁入城镇前后比较　　　　　　　单位：人

比迁入前变化	特大城市	大城市	中等城市	小城市	镇
经济收入					
合计	2816	924	1081	687	1170
不明	27	10	5	5	3
较好	2534	757	904	574	971
差不多	213	123	136	92	141
较差	42	34	36	16	55
住房条件					
合计	2816	924	1081	687	1170
不明	8	7	5	2	2
较好	2051	649	744	521	807
差不多	383	208	211	106	189
较差	374	60	121	58	172
工作与专业					
合计	2816	924	1081	687	1170
不明	46	43	7	28	6
较好	2333	677	828	481	885
差不多	395	180	228	159	253
较差	42	24	18	19	26

续表

比迁入前变化	特大城市	大城市	中等城市	小城市	镇
学习与教育机会					
合计	2816	924	1081	687	1170
不明	39	40	7	15	6
较好	2358	656	826	468	918
差不多	364	191	224	176	220
较差	55	37	24	28	26
文化精神生活					
合计	2816	924	1081	687	1170
不明	15	31	7	4	5
较好	2519	736	916	585	1022
差不多	235	134	138	76	128
较差	47	23	20	22	15
生活环境					
合计	2816	924	1081	687	1170
不明	11	10	5	2	2
较好	2487	754	877	605	1010
差不多	251	127	167	63	123
较差	67	33	32	17	35

　　农业人口进入城镇经过职业转变显然多数人取得种种实惠。但是从农业人口职业转变的途径来看，绝大部分是由国家或地方计划安排的，如上调农村基层干部、前身为农民的转业军人到城镇机关和企业、由农村招收的中专以上毕业生分配在城镇工作、从农村招收的剩余劳力（包括顶替）进入城镇厂矿等等。而计划外的农民进入城镇务工经商只占很小部分。所以在国家计划安排农业人口职业转变有限的情况下，应该在国家计划指导下大力

扶持农民在职业上的自我转变。

三 农村人口迁移政策的探讨

建国以后，在国民经济第一个五年计划执行期间，广大城镇基本上是开放的，人口可以自由迁移和流动。

当时城镇百废待兴，国家除有计划地由农村招收劳动力进入城镇厂矿以外，也吸收了不少自发流入城镇的农民，把他们安置在各种非农企业就业。城镇显现出生产岗位和生活空间承受不了大量涌入的农村人口。所以从50年代末开始实行严格控制城镇人口规模的政策，城乡人口不经有关部门批准不得迁入城镇落户定居。直到1980年全国城市规划工作会议上，才进一步明确提出"控制大城市，适当发展中等城市，积极发展小城市"的政策。1984年初又提出"允许农民自筹资金、自理口粮进入小城镇务工经商"的政策。从此大量农民进入小城镇，同时也有不少农民进入大、中城市从事多种经济活动。根据近年农民迁移的实践，提出如下引导农民进行两种转变的政策性探讨是必要的。

（一）由封闭式向开放式人口转变中的宏观控制

在30多年来的社会主义实践中，人们终于认识到社会主义经济是公有制基础上的有计划的商品经济。企图超越充分发展的商品经济阶段，由自给或半自给的自然经济直接跨入产品经济阶段，是不切实际的幻想。社会主义初级阶段也不能只允许单一的社会主义公有制经济的两种形式（全民和集体）存在。党的十一届三中全会以后，在经济体制改革中，确立了以公有制为主体的多种经济成分和多种经营形式全面发展的局面。在公有制经济以外，又出现了社会主义联合经济和股份经济，此外还有作为补充形式的个体私有经济。在经济管理体制上，也不允许国家机关包揽企业的一切经营活动，进一步把生产资料的所有权和经营权分离，实行承包制和责任制。

农业经营体制的改革重点是在合作经济中实行家庭联产责任制，包产到户，定产到田，责任到人，由过去集体劳动改为以家庭为单位的分散劳动，允许农民有一部分生产资料，使其与生产资料直接结合。家庭的生产经营仍然受国家计划经济的控制和调节，是合作经营的一个层次，虽然向专业化、商品化、社会化发展，但仍然保持集体经济的性质。

全民所有制经济摆脱了传统的产品生产和内部调拨的框架，集体所有制经济摆脱了自给经济的束缚，冲破地域和条块分割和封锁，促进了生产劳动的社会化。显然，僵化的产品生产和内部调拨模式及自给自足经济既束缚了生产者内在的生产积极性，又限制了生产者自身地域活动范围，它是封闭式人口滞留状态形成的客观原因，而社会主义计划商品经济的发展，既解放了生产力，也解放了生产者本身，客观上要求生产者进行合理的迁移和流动。因为经济活动人口既是商品的直接生产者，又是商品流通的承担者，在商品的产、供、销的每个环节都会引起生产者的迁移和流动。从理论上也可以说商品的生产和流通是经济活动人口迁移和流动的经济基础。

在资本主义商品经济中，劳动者本身作为劳动力也是商品，所以他们为寻求职业而进行的迁移，实际上就是特殊商品的流通，然而在社会主义计划商品经济中，劳动力是否是商品？迄今学界仍存争议，一时难以定论。然而实际上我国城乡不仅存在劳务市场，而且日趋活跃。劳动者在市场上寻求临时工作机会，脑力劳动者希望人才流动，目的是使其技能与生产资料优化组合。这反映社会主义计划商品经济的发展与人口迁移和流动密切相关。可以说改革开放政策要求缩小封闭性的限制，适当放宽人口迁移和流动的尺度，逐步向开放型人口过渡。

虽然社会主义计划商品经济的发展促进了人口的迁移和流动，然而切不可以为允许人口漫无限制的迁移和流动。因为社会主义计划商品经济有别于资本主义商品经济的特点，除它建立在公有制基础之上以外，国家自觉运用价值规律从宏观上控制市场机制，并且运用经济手段调节和控制企业的微观活动，以便减少盲目性。因此，与计划商品经济相联系的人口迁移和流动，自然不能不受国家计划的控制和指导。如果以为发展商品生产意味"打开城门"不加限制地允许人口进城自由定居，参加任何行业职业的竞争，那就是忽视国家对商品经济进行计划指导和宏观控制的作用。如果国家对于人口迁移和流动不加任何干预，任其自由流动，那么发达国家大都市畸形发展的种种弊端，也必将在我国重现。资本主义国家城市发展的历史教训应该引以为鉴。所以不可混淆社会主义计划商品经济和资本主义商品经济的界限，从而也不可把社会主义国家计划控制和政策指导下的人口迁移和流动，与资本主义国家的人口自由迁移和流动混为一谈。总之，在从封闭式人口向开放式人口的转变中，仍然不应脱离国家的计划指导和宏观控制。

（二）对农村人口迁移方向的引导

农业人口就地转移为非农业人口，不发生迁移活动，而待相当长时期以后，村落演变为镇，他们自然转变为城镇人口，这种设计方案是可行的，当然不是惟一的。其次是鼓励农民进入小城镇务工经商。但实际上，农民建筑队和从事各种劳务服务的农民早已进入大、中城市半永久性定居。一般说来，特大城市和大城市人口已经密集不宜继续扩大，而有些中等城市和小城镇却有发展余地。所以提出控制大城市、适当发展中等城市、积极发展小城市的政策无疑是正确的。然而人口规模是城市发展的一项重要依据，但不应是确定城市发展与否的惟一指标。因此，在城市人口规模指标以外，还应以各个城市的发展潜力和特殊功能作为城市发展的依据，否则城市发展的前景将会出现：有潜力和有条件发展的城市因人口规模已较大而得不到发展，而没有发展潜力和发展条件的城市却因人口规模较小而被盲目确定为发展对象。因而，建议把现有城市按发展潜力和特殊功能划为四种类型，作为城市发展的另一参考依据：

1. 减压城市区。对于人口数量大、密度高、工业高度集中的城市地区，如上海市应列为减压区。通过调整产业结构，收缩和改造劳动密集型产业，发展技术密集型产业；对原有产品的扩大再生产采取内部挖潜和更新技术设备的途径，不使人员和厂房继续扩大；人员补充除安排本市劳动适龄人口以外，不再吸收农村劳动力；严格控制人口迁入，务使城市人口规模只限于人口自然增长限度以内。

2. 有控制的城市发展地区。对于人口规模已经相当大的城市，由于特殊的、政治上的和文化上的需要，可列入有控制的发展地区。例如列为国际政治、文化交流中心的城市，虽然现有城市人口规模已经很大，但上述的功能要求建设一系列大型建筑群和各种特殊设施，以便满足经常召开国际政治会议和学术交流的需要，这样的城市仍可有控制地吸收农村人口迁入城市就业。

3. 大力发展的城市地区。对位于沿海或内地确有丰富资源、能源、交通运输条件和其他经济开发所不可缺少的条件，以及销售市场有广阔前景的城市地区，可列为大力发展的新的经济基地或地区中心城市。

4. 特殊功能城市地区。新开放的沿海港口城市、经济特区、新开发的能源基地，将来要建设的科学城、新开辟的旅游区、原有的和新发现的名胜古迹和生态保护区等，这些拥有不同功能的城市或地区都是应该分别情况加以开发建设和加以特殊保护的。

　　总之，既要根据城市现有人口规模，也要参照城市潜力和特殊功能确定其发展目标，依此作为有计划地引导和吸收农村人口迁入城市的方略。

（三）　农业人口转移的资金筹集和承包土地转让

　　我国过去解决农业人口转移的传统方式，一般是通过国家逐年扩大非农产业部门再生产以增加就业岗位的办法，有计划地吸收农业劳力进城就业。在国民经济发展的第一和第二个五年计划期间，历年用于扩大再生产部分的资金约占国民收入的 25%—30%，工矿企业固定资产投资每 10000 元方能增设一个就业岗位，所以城镇吸收农业劳力也是极其有限的。但是由于城乡人口迅速增长，工矿等非农产业扩大再生产投资，已不能满足城市适龄劳动人口就业的需求，已出现大量待业人口，因而为农村剩余劳力提供就业机会就更困难了。所以单纯依靠原来的方式完成农业人口的转移，步履是艰难的。

　　允许农民自理口粮和自筹资金进入小城镇务工经商政策的生命力，在于依靠农民自身进行职业上的转移。在农民进城的初期阶段，一些没有特殊技能的农民大多摆摊设点经营小本商业或服务业。这对填补城镇长期以来第三产业之不足，提高社会经济效益还是十分明显的。然而小城镇的人口较少，购买力毕竟有限，所以农民经营第三产业的空间容易饱和。如果仅依靠这些职业吸收农村劳动力，其农业人口的转移历程将是漫长的。

　　近年来，由于政策放宽，允许个体经营，农民带资进厂和农民集资入股进入小城镇兴办工商企业的方式，在一些地方已经出现。河北省永年县有一个农民集资经营的纺织厂，每人带资2000—5000元多少不等，吸收600多名农民进镇入厂，筹集资金180万元创建企业。还有些规模较小，只有20—30人的小型个体私营工商企业也是由农民集资入股兴办起来的。这样的企业虽是私人承办，但在收益之中众多农民入股分红的比重较大，带有一定的合作集体性质。这种农民自己积累资金进入城镇合股办厂的方式，将大大促进农民自身的两种转移。这种方式及其经验应认真进行总结加以推广。

进入城镇务工经商的农民原有的承包土地，多数是由留在农村的家属耕种，有些则是兼顾两头：农忙时回农村抢种抢收，镇上店铺暂时停业；农闲时来镇继续经营。有些经营规模较大的户已无精力顾及承包土地，往往委托他人代耕。有些即便撂荒闲置，也紧紧把土地的使用权握在手中。务工经商农民和土地紧密相连的特点，是因为本人和家属的生计和口粮仍需出自承包的土地。此外，他们多少仍然担心政策有变或务工经商不善时，仍可归田务农，留条退路。目前他们兼有工商和农业双重职业和兼有农村和城镇双重居住地，这种双重身份的过渡性人口的数量越大、保持双重特性的时间越长，将会延缓农民历史性的两种转移。因为口粮需要自理，使得他们不能放弃土地。然而无力兼顾二者，又将会出现粗放耕种，甚至撂荒闲置土地的现象。另一方面目前农村出现的粮食专业户，拥有各式农业耕种机械，精耕细作单产很高，成为向国家交售粮食的大户。其中有些户的劳力和农机还有剩余，又苦于没有足够土地进行经营。前者拥有承包土地的使用权，但未能充分发挥土地的潜力，结果是浪费土地。后者因可使用的土地不足，不能充分发挥劳力和农机的潜力。应该适时解决这种矛盾。设想如果有条件进城务工经商的农民，把自己承包土地的经营权交还公社，由公社重新分配给粮食专业户承包耕种，公社从承包土地者缴纳的承包费用中提出部分资金，支持原土地承包人，鼓励他们集资办厂，带资进厂，从而在增强劳动者和生产资料结合的基础上和扩大工农业发展的基础上，促进农民的两种转移。这种办法也许是较好的两全之策。

　　当然这种办法涉及土地、粮食、城镇发展等项具体政策，应进一步在实践中考察可行性和逆效应，是否可行应做深入的论证和探讨。

（原载《中国人口科学》1987 年第 3 期）

中国人口迁移模式及其转变

一 城镇人口迁移的阶段变化

解放以后，由于多年实行闭关政策，国际人口迁移基本停止，国内人口迁移政策随着国内经济和社会的发展变化几经调整。1949 年以来，国内人口迁移的历程大致可分为三个阶段，即人口自由迁移阶段、限制人口迁移阶段和半限制半开放阶段。

第一阶段（1949—1957 年），人口自由迁移阶段。建国初期，华北和东部沿海人口稠密地区的数以千万计的农民沿着传统移民路线自发迁往东北、内蒙古、西北边疆诸省份开垦生荒，同时由于工业建设的需要，政府从农村征调数以千万计的劳力进入城镇，并吸收大量自发进入城镇的农民就业。这个阶段人口迁移的特点，是政府实行自由迁移政策，允许城乡居民在城乡之间或城镇之间随意迁移。1951 年和 1953 年国家先后公布《城市户口管理暂行条例》和《关于建立经常户口登记制度》，对于公民迁出迁入只要求办理手续，未提出任何限制。在迁移方向上是内地农村人口迁往边疆农村的传统路线与农村人口迁入城镇兼而有之。在迁移形式上则是自发性自组织迁移与计划性有组织迁移两种形式并存。

第二阶段（1958—1984年），限制人口迁移时期。在第一个五年计划期间，国民经济增长迅速，社会总产值平均年增长率11.3%。[①] 城镇企业虽然招收了大量农村劳力，但是无法完全吸收源源流入城市的大量农民，于是政府在1953、1954和1957年先后三次发出指示，劝阻农民流入城市。在第二个五年计划开始以后，由于"大跃进"失利，国民经济被迫调整，经济发展速度减慢，社会总产值平均年增长率为-0.4%。加之城镇劳动适龄人口逐年增加，企业所需劳力可以就地解决，无须继续大量吸收农村劳力。鉴于城市人口已经处于饱和状态，粮食供应、住房、交通、就学、就医等已很紧张，于是改"自由迁移"政策为限制人口迁移政策。1958年政府公布的《中华人民共和国户口登记条例》规定："公民由农村迁往城市，必须持有城市劳动部门的录用证明，学校的录取证明，或城市户口登记机关准予迁入的证明，向常住地户口登记机关申请办理迁出手续。"[②]

由于自然灾害和经济困难，国家把精简的数以千万计的城市职工遣返农村，同时也有相当多的农民自发流往边疆以寻求生计。

在从1996年开始的"十年动乱"中，数以千万计的知识青年陆续前往农村插队落户，数以百万计的国家机关干部下放农村劳动。同时又有相当数量的农村劳动力被调入城镇厂矿劳动就业。

这个阶段人口迁移的特点是，"自由迁移"政策终止，代之以"限制人口迁移"政策。由城市到农村的迁移流大大超过由

① 《中国统计年鉴（1983）》，中国统计出版社1983年版，第14页。
② 《中国人口年鉴（1985）》，中国社会科学出版社1986年版，第84页。

农村进入城市的迁移流。由于边疆省份大片荒地已经不复存在，由内地农村到边疆农村的大规模迁移流基本枯竭。

第三阶段（1984年迄今）人口迁移政策转变时期或称为半开放时期。1980年以后，由于经济体制改革的逐步推行和商品经济的发展，人口迁移和流动日趋活跃。特别是乡镇企业的兴起，相当数量的农民转入集镇务工经商，迫切要求在集镇落户。为此1984年国务院发出通知，准许自筹资金、自理口粮、在集镇有固定住所、有经营能力、或在乡镇企事业单位长期务工的农民及其家属进入城镇务工经商，公安部门准落常住户口，发给《自理口粮户口簿》，统计为非农业人口，粮食部门对其提供议价油粮供应，地方政府为他们建房、买房、租房提供方便。到镇落户的农民应事先办好土地转让手续，因故返乡者准予迁回落户。

这是中国严格控制农村人口自发迁入城镇26年以后所作的政策调整，即准许有条件的农民迁入集镇。但事实上务工经商的农民进入的不只是集镇，由于许多城市准许农民前去设摊开店，居住在城市一年以上的事实上的迁移者到处都有。他们的到来填补了城市商业网点、饮食服务和手工加工修理业的不足。在调查的43个城市中，这类人口的数量约占城市总人口的6%，约占城市迁入人口的15%左右。可以想见全国所有城市中事实上的迁入人口数量之大。在大城市郊区，不少农民由于改从非农职业，其承包土地转租给外地农民，形成外地农村人口迁入郊区。自20世纪70年代以来，除去上述农村人口迁往市郊农村以及农村之间的婚迁以外，农村人口向省内外其他农村的迁移为数很少，主要的迁移方向是城镇。

建国40年来，人口迁移政策虽然几经变动，由开放到限制，然后又由限制到半限制半开放，但是人口迁移的总趋势始终是计划性有组织的人口迁移与自发性自组织的事实上的人口迁移并存。

二　城镇人口迁移的模式

中国城镇人口迁移模式既不同于发达国家，也不同于其他发展中国家。特点如下：

（一）城镇人口迁移进程的波动性

在一般国家的正常情况下，一段时期内城镇人口迁移的轨迹曲线是平滑的。然而中国 40 年以来城镇人口迁移的历程，则有大起大落、骤升急降的波动性。5 类城镇（特大城市，大城市，中等城市，小城市，镇）所显示的图像都是高峰与低谷相间的不规则锯齿形状（见图 1）。这个图像反映出，第一个五年计划期间，政策允许自由迁入城市，城市工业吸收大量农村劳动力进入厂矿企业。1958 年自由迁移政策终止，加之连续三年自然灾害和"大跃进"的失误，不得不精简下放大批复员军人和"双58"（1958 年进城、1958 年参加工作）人员返乡务农，截断了农村人口迁入城镇的势头。"十年动乱"期间，知青下乡，干部下放，致使城镇流失上千万人口。20 世纪 70 年代后期，动乱结束，多数下放知青和干部返回原地，城镇出现补偿性回返人口。80 年代初，有关部门提出"控制大城市、适当发展中等城市、积极发展小城市"的城市发展政策，以及 1984 年国家宣布允许农村人口在自筹资金和自理口粮前提下进入集镇务工经商。这些国内经济社会变化和政治运动变化的背景，与 5 种规模城镇的人口迁移历年增减的变动曲线所展现的峰脊与谷底、走向和趋势惊人地相似。

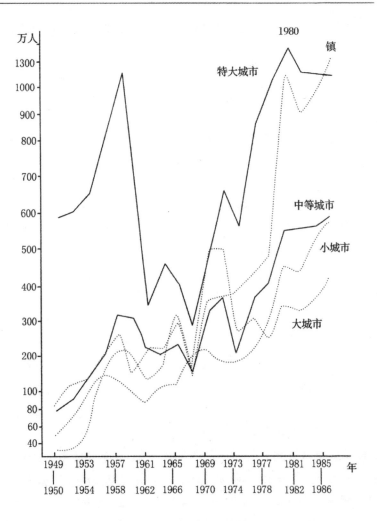

图1　1949—1986 年迁入各类城镇人口数

（二）城镇迁移人口构成的相似性

中国 5 种规模城镇迁移人口的构成和迁移因果都是极为近似

的。（1）迁入人口的性别构成，一律男性多于女性，男性比重在52%—58%之间，女性比重则在42%—48%之间。（2）迁入人口迁入时的年龄分布，大都集中在15—29岁组，其峰值都在20—24岁组。其0—14岁组被抚养人口比重都在16%—21%之间，15—64岁组劳动适龄人口比重都在78%—82%之间，65岁以上组被赡养人口比重都在1%—1.5%之间。（3）迁入人口迁入时的文化构成，大学毕业比重都在5%—7%之间，大学肄业比重都在0.2%—1%之间，高中、初中、小学和文盲的比重分别在17%—22%、28%—31%、24%—34%和11%—16%之间。（4）5种城镇迁入人口迁入时职业构成的近似性也是一目了然的，其中尤以办事人员，专业技术人员，商业饮食服务人员，其他在业、在校学生等类职业构成所占比重最为接近（见表1）。（5）迁入城镇个人原因大同小异。例如特大城市因工作调动迁入的人口略低于其他各种城镇，是因为严格控制特大城市人口增长政策的结果，而特大城市因知青返城和学习培训而迁入的人口略高于其他规模城镇，显然是当年上山下乡的知青数量和教育培训机构多集中在特大城市所致。又如大城市因招工顶替与投亲寄养两项迁入的人口比重也高于其他规模城镇，这是由于被调查的六大城市多系新兴工业城市所致。其他各项迁移原因都很接近（见表2）。（6）迁入城镇前后的效益比较。在5种城镇迁入人口中，经济收入比迁入前提高的，在82%—90%之间，与迁入前差不多的在8%—13%之间，较前下降的在2%—5%之间。这种受益面（即受益人口比重）的近似性，在其他方面如住房条件、工作与专业、学习与受教育机会、文化精神生活、生活环境等也是存在的。

表1　　　　　　　　迁入城镇人口职业与不在业构成　　　　单位:%

职业	合计	工人	农民	干部	办事人员	专业技术人员	商业饮食服务	军人	其他在业	离休退休	在校学生	待业待学	家务	其他不在业	不详
特大城市	100	24.0	22.3	8.3	2.0	4.9	1.6	7.3	3.9	1.1	9.9	3.3	8.6	2.7	0.1
大城市	100	26.0	24.0	5.5	2.6	4.6	1.3	5.6	4.5	0.6	9.1	6.2	7.8	2.2	0.0
中等城市	100	21.3	22.7	11.4	2.2	5.1	1.2	7.2	3.2	1.0	9.7	4.4	7.6	2.9	0.1
小城市	100	22.1	20.5	10.4	2.9	4.2	1.8	6.2	3.2	0.7	9.1	5.0	10.8	3.0	0.1
镇	100	22.7	18.1	11.3	3.7	4.8	2.7	4.7	3.9	0.9	10.3	4.0	9.8	3.1	0.0
合计	100	23.34	21.54	9.31	2.55	4.8	1.71	6.41	3.8	0.94	9.74	4.15	8.83	2.82	0.06

表2　　　　　　　　城镇迁入人口的迁入原因比例　　　　单位:%

迁移原因	劳动型					社会型				政策型		学习型	其他	情况不明	合计
	工作调动	分配工作	复员转业	招工顶替	务工经商	投亲寄养	离休退休	婚迁	随迁	知青返城	落实政策	学习培训			
合计	19.00	7.47	5.76	9.65	1.72	8.64	0.94	8.93	23.46	4.0	1.67	3.09	5.67	0	100
特大城市	16.0	6.3	7.0	9.2	2.0	9.0	1.3	7.8	20.5	7.5	1.6	4.6	7.2	0	100
大城市	20.2	7.5	5.3	17.0	0.5	15.3	0.5	7.4	19.8	1.0	0.6	2.4	2.5	0	100

续表

迁移原因	劳动型					社会型				政策型		学习型	其他	情况不明	合计
	工作调动	分配工作	复员转业	招工顶替	务工经商	投亲寄养	离休退休	婚迁	随迁	知青返城	落实政策	学习培训			
中等城市	21.5	9.5	5.8	9.1	0.6	6.8	0.9	10.0	25.0	2.5	1.5	2.1	4.7	0	100
小城市	19.9	6.5	4.8	5.2	1.3	7.6	0.7	11.6	29.9	1.6	1.6	2.2	7.1	0	100
镇	21.5	8.6	4.1	8.8	2.8	5.8	0.8	9.7	26.5	1.6	2.5	1.9	5.2	0.2	100

（三）城镇人口迁移机制的呆滞性

　　人口迁移机制的呆滞性主要表现在决定迁入城镇人口数量的是计划调配机制，而决定迁入城镇人口素质的是行政筛选机制。

　　从表2迁入城镇的原因中可以看出，属于劳动型的工作调动、分配工作、复员转业、招工顶替以及学习型的学习培训都是由计划调配的，约占迁入人口总数的44%以上；属于社会型的随迁、婚迁、投亲、寄养、离休退休是有计划按限额经批准迁入的，约占迁入人口的42%；因为不仅全国每年从农村迁入市镇和转为非农属于政策型的知青返城和落实政策返回的也须经过批准，约占5%以上，但这类情况并非经常出现。最后，劳动型中务工经商的自发选择性迁移人口只占1.7%，说明自发选择性的迁移是极为有限的，人口迁移的计划调配机制远远大于自发选择性机制。这当然不是说计划性不必要，也不是说计划迁移的人口都非出于自愿。不过留给迁移人口的选择余地过小，难以最大限度地发挥他们的特长和潜力。

　　中国城镇吸收劳动力的素质选择机制，是运用行政手段逐级挑选。当然这也可以选拔出许多优秀人才，但也会使一些具有真才实学的人因种种原因无法通过多层过滤渠道进入最能发挥特长的岗位，甚至会沉淀一隅而无用武之地。这种凝固的人口状态，阻碍人才流动、科技文化交流和社会经济的发展。当然，放任的人口自由迁移也不可取。所以，应在计划性和自主性之间寻求一种协调平衡的人口迁移机制。

（四）迁移流以工业布局为导向

建国初期为改变工业分布偏重东部沿海的格局和出于国防安全的考虑，把不少沿海城市工厂迁入内地中小城市，导致大量职工和家属西迁。其后在一连几个五年计划期间，为变消费城市为生产城市，工业布局除向内地推移外，也较多地安排在大中城市和原料产地，于是大量农村劳力被调入城市。据 1983 年统计，全国 266 座城市的工业企业职工占全国工业职工总数 5126.1 万人的 80%，工业总产值占全国工业总产值 6164.4 亿元的 85%。其中，人口在 100 万以上的特大城市的工业企业职工占全国城市工业职工总数 3409 万人的 41.4%，工业总产值占全国城市工业总产值 5212.7 亿元的 46.2%。[①] 20 世纪 80 年代初，随着城市工业向农村集镇扩散和乡镇企业的兴起，导致大量农村劳力进入集镇。迁移流向与工业分布的一致，反映迁移流以工业布局为导向。在我们调查的多数省会，这类迁入人口都占该市总人口的 35% 以上，而新兴的轻重工业城市如石家庄、包头、渡口、平顶山、黑河、珠海等市迁入人口比重更高达 50% 以上。

其次，5 种城镇迁入人口的迁出地类型属于市、或镇、或农

---

① 田方、林发棠主编：《中国生产力的合理分布》，中国财政经济出版社 1986 年版，第 210 页。

村的，皆以农村占多数（见表3）。根据本调查推算，自1949—1986年37年间由农村迁入城镇的人口数量应在5000万人以上，其速度和规模在中国历史上是空前的。事实说明，农村人口面向城镇的迁移是当今国内人口迁移的大方向。

表3　　　　　　　　按迁出地划分的迁入人口比重　　　　单位：%

迁入地\迁出地	特大城市	大城市	中等城市	小城市	镇	5种城镇
合计	100	100	100	100	100	100
市	36.71	36.78	34.73	33.25	15.36	31.48
镇	16.02	22.58	24.22	24.68	25.74	21.14
农村	44.50	38.68	39.38	40.93	56.90	45.23
其他	2.77	1.96	1.67	1.14	2.00	2.15

（五）逆城市化迁移

新中国成立后的30多年里，由于经济决策上的失误（主要是冒进或过热），不得不使用行政措施缩减城镇非农人口。最突出的例子是由于50年代末"大跃进"的挫折，把数以千万计的在城市厂矿就业的复员军人和"双58"人员遣返农村充实农业生产。例如，1960年全国市镇总人口为13073万，到1963年下降为11646万，直到1966年才恢复到1960年的水平。[①]　1988年由于经济过热，被迫紧缩基建规模，数以万计的大型工程停建下马，使数以百万计的农村民工返回农村。

其次，在政治运动中，也往往出于政治上的需要把城市人口下放农村。规模最大的是"十年动乱"中数以千万计的知识青年

———————

① 《中国统计年鉴（1986）》，中国统计出版社，第91页。

下放农村插队，以及数以百万计的机关干部和科技人员下放农村落户，形成前所未有的逆城市化人口大迁移。1966年城镇人口占总人口的17.9%，1967年开始逐年下降，直到1978年才恢复到1966年的比重。[①] 上述人员前往农村参加中短期生产劳动，学习生产知识，进行社会调查，了解实际情况，传授文化科学知识，原是有积极意义的，但大规模的城市人口迁往农村长期落户就未必是合理和必要的了。在"十年动乱"结束后这些人口绝大多数已返回城市，形成城乡之间上千万的人口大往返，这对于社会的安定、经济的持续发展、人民休养生息的负效应，以及人力、物力、财力的浪费是明显可见的。这种人为造成的多次逆社会发展趋势的人口大迁移，是中国人口迁移不同于外国的特点之一。

（六）农村人口向城镇迁移中的两种转变

改革开放政策和计划性商品经济政策实施以后，城市出现劳务市场，农民进入城市务工经商，其中一部分人口获准长居（1年以上），他们虽未迁入户口，但事实上已成为迁入人口，从而不仅完成了职业上的转变（即由农业人口转变为非农人口），同时也完成了居住地类型的转变（即由农村人口转变为城镇人口）。然而往返于城乡之间务工经商的大部分人口并未获准长居城镇，他们春来冬去作季节性的往返，或数月一遭作周期性移动，或朝出暮归作钟摆式流动。其中还有些人虽然在城镇摆摊设店，但由家人轮流替换作接力式经营。这些流动人口虽然按职业划分已转变为非农人口，然而按居住地类型划分仍然是农村人口。他们多与土地粘连继续兼营农业。这种两种转变的分离，是城镇有限开放、宏观控制人口迁移的结果，是乡村人口转变的一

① 《中国统计年鉴（1986）》，中国统计出版社，第91页。

种过渡形态。许多国家在工业化过程中，被剥夺土地的农民和由农业机械化所造成的剩余劳动力，在从农村进入城市被工业吸收时，是一次完成两种转变（当然也不可避免会有少数两种转变分离的过渡形态）。但是，中国由于城市发展政策的限制和迁移政策的控制，使得大量迁入城镇的农民不可能在一次迁移中同时完成这两种转变。这成为中国人口迁移的另一特点。

（七）迁移政策的单向控制

中国人口迁移政策的核心是控制城市人口的机械增长，特别是控制特大城市和大城市人口的机械增长。所谓控制也只是单一方向的控制，即正向控制，逆向不控制，不是全方位的控制。具体来说有三个方面的单向控制。

1. 城乡之间：农村人口迁往城镇，农业人口转变为非农业人口受严格控制，农村人口迁往市郊或镇郊的受适当控制。相反，由市镇迁往农村的，只要理由正当皆可获准。

2. 城镇之间：由镇迁市、或由小市迁大市都加适当控制。相反，由市迁镇、或由大市迁小市及同等城市，只要理由正当即准落户。

3. 地区之间：边疆迁往内地，或三线地区迁往一线二线地区受到严格控制。相反，内地迁往边疆，或一线二线地区迁往三线地区，理由正当皆准落户。

多出少入或出入平衡的单向控制阀，是防护城市的栅栏。它的积极作用是防止城市恶性膨胀，它的消极影响是阻碍城乡两个社区的发展和交流。

根据上述城镇人口迁移的基本特点，可把中国城镇人口迁移模式简要地概括如下：在中国从自然经济为主的前工业社会向工业社会转变的过程中，农村人口的两种转变仍然是历史发展的必然趋势。国家运用强有力的政策干预和行政机制等中介因素控制迁移人口的数量，引导人口迁移的方向，影响迁移人口的构成。强化计划型的有组织的人口迁移，抑制自发型的自组织人口迁移，以便达到人口再分布的变化与有计划产品经济发展相适应。

三 迁移模式形成的背景与原因

（一）迁移模式与经济模式

国内人口迁移特别是城镇人口迁移之所以呈现强烈的波动性和呆滞性的特点，是与中国经济模式分不开的。有充分理由认为，中国经济模式是人口迁移模式的基础。

学术界把改革前的中国经济体制概括为高度集中的以行政管理为主的产品经济模式。这种模式把社会经济活动几乎统统纳入计划轨道，社会生产的供产销皆由指令性计划决定。作为社会主体的人口与作为生产力要素的劳动力的增长，不言而喻都须纳入国民经济和社会发展计划之中，分属于全民或集体等不同所有制经济单位的劳动者不能自行变更职业类型和所有制类型，分属于城乡不同地域的人口也不能自行改变居住地类型。而且农业人口转变为非农业人口以及农村人口转变为城市人口还受到两方面的限制：一是就业岗位的限制，即农业人口转变为非农业人口的数量，不能超过非农企业扩大再生产投资所能提供的就业岗位在安排城市适龄劳动人口以后的余额。二是生活消费必需品的限制，即农村人口转变为城市人口的数量，不能超过农业增产所能提供的商品粮油在满足城镇原有人口和自然增长人口以后的余额。

其次，在旧的产品经济体制下，主要产品的供产销环节大多采取内部调拨形式运转。一般生活资料绝大部分由国营和合作社商业经营，重视生产忽视流通，乃至视市场贸易为异物。忽视商品流通对生产发展的意义，必然忽视流动人口在流通渠道中作为交换物品承担者的积极作用。因此，与关闭城乡民间市场相联系的，便是控制人口的迁移和流动。

在"城乡对立论"的影响下，长期以来人们片面夸大城市弊端，忽视城市的本质功能，用降低城市建设标准的办法缩小城乡差别，以致城市基础设施建设缓慢，住房奇缺，各项服务严重不足，而城市自身人口自然增长迅速，处于超负荷运转之中。因此城镇发展在实际上供给农业人口的就业机会，以及城市本身留给农村人口迁入栖居的空间，都是极为有限的。

片面强调生产部门的结合，推行所谓"亦工亦农"的劳动制度，忽视农业人口转移的历史发展趋势，曾被看做中国社会主义建设的特色加以宣扬。殊不知"亦工亦农"虽然在各国经济发展史上存在过很长时间，然而它始终是起辅助作用的过渡性形态。社会经济发展的主导方向是产业分工，是绝大多数农民离开土地向城镇第二第三产业转移。中国社会主义建设必须顺应这种历史的必然趋势。

旧经济体制的束缚，加之以单向控制的迁移政策和限制人口规模的城市发展政策，形成了城市和农村两个社区的封闭性和隔绝状态。这些因素按捺着日益增强的人口移动的势头，力图延缓这个过程。这种从产品经济模式出发，为人口在生产部门和居住地域分布所划定的框架，显然不适应有计划商品经济的发展以及整个社会的发展。

（二）城乡差别是人口迁移的重要原因

尽管农村人口两种转移（即产业类型和居住地类型的转移）受到限制，农村人口转移仍然通过携带户口的正式迁移，或不带户口的事实上的迁移，以及前述周期往返和定期轮换式的流动，顽强地实现着历史赋予的使命。甚至可以说，社会发展中的诸多因素，正激励着农村人口面向城镇的大迁移。

新中国成立以后农村人口的急剧增长，人均耕地面积的迅速减少，农村劳动力的大量剩余，这些是众所周知的最为一般的推力。工业化的召唤，"城市之光"的吸引，这些则是不言而喻的最为一般的拉力。农民文化水平的提高触发离开农村开创广阔天地的激情，信息传播媒介的发展，促使他们了解外部世界，交通条件的改善便于他们远离家乡。这些是促使农村人口迁移的中介条件。但是，推动中国农民迁移的最重要的原因还不是这些，而是城乡利益的差别。

城乡差别在旧中国就已存在，然而当时并没有出现现在这样庞大的人口迁移流，除去当时城乡条件和社会发展还未形成像现在这样强的推力、拉力以及中介因素外，值得提出的是工农产品价格"剪刀差"对农民实际收入的影响。解放以后经过多次调整农产品价格，"剪刀差"曾经缩小，"十年动乱"期间又趋扩大。1979年价格"剪刀差"相对量约为30%左右，其后在大幅度提高农产品收购价格以后，"剪刀差"又趋缩小，而后又再度出现扩大态势。不仅工农业产品价格不合理会形成"剪刀差"，而且农业劳动生产率的提高大大落后于工业，又造成工农业产品按价值量交换的"剪刀差"扩大。虽然对农产品收购价格几次提高，但是无法补偿历史遗留下来的原有"剪刀差"与解放后因工农业劳动生产率增长速度不同所形成的新的"剪刀差"之和。由此导致城乡居民收入长期存在差距。城市居民消费水平指数增长始终领先于农村居民。如1952年城乡居民消费水平分别为148元和62元，经30多年的发展，1985年城市居民消费水平为754元，农村居民为324元（见图2）。

　　城市居民消费水平增长不仅始终高于农村居民，而且城乡居民消费水平的比例几乎未变，甚至有不少年份其比例反而高于建国初期（见图3）。

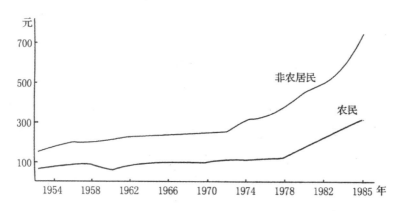

图2　城乡居民消费水平历年增长

注：根据《中国统计年鉴（1986）》第 646 页的数据绘制。

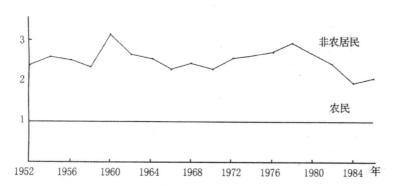

图3　城乡居民消费水平比例（农民历年消费水平为1）

注：根据《中国统计年鉴（1986）》第 646 页的数据绘制。

除此而外还由于城市居民享有种种优惠待遇，如适龄劳动人口政府负责安排就业，发放固定工资和浮动奖金，享有劳动保护、公费医疗、休假疗养、领取退休离休金，以及分配住房、平价供应定量粮油、副食补贴、洗理及车补等多种福利，使城市居民处于无虑生老病死，不虑自然灾害，总是"旱涝保收"的优越地位。仅是这种保险的社会身份，就足以成为农村居民渴望追求的目标。在对中国沿海 36 个小城镇发展的调查中，有不少迁入人口的迁移原因就在于此。

综上所述，在旧经济体制下，一方面把工业化的实践局限于城镇公有制工业的发展，忽视农民兴办非农企业和发展工业的可能性和积极性，把广阔的农村看成是可以容纳没有限量的人口蓄水池，采取限制城市人口机械增长的发展政策和单向控制政策，结果延缓了工业化的进程。另一方面，旧经济体制在对城乡的投资、工农产品比价的调整，以及市民供应制度等方面的政策措施，又导致城乡利益倾斜，不断增大农村人口进入城市的势头。旧经济体制运行的不协调使得人口迁移流陷于进退两难的矛盾困境。因此，疏导人口迁移流的症结在于改变旧经济体制。在实践中，经济体制改革已为改善人口迁移模式奠定了基础。

四　迁移模式的转变

（一）当代中国人口迁移所处的历史阶段

人口学者扎林斯基（Zlinsky）认为，人口迁移和流动既与社会经济发展条件相关，又与人口出生率和死亡率密切联系。他把人口迁移与"人口过渡理论"结合起来，提出《流动过渡论》（*Hypothesis of the Mobility Transition*）。他把人口迁移划分为五个阶段：（1）工业革命前传统社会阶段：人口出生率和死亡率都很高，人口自然增长缓慢，人口很少流动。（2）工业革命早期社会过渡阶段：伴随死亡率下降，人口迅速增长，出现大规模的由农村面向城市的人口迁移；同时在国内移民拓荒或殖民海外。（3）工业革命晚期社会过渡阶段：人口出生率持续下降，抑制人口自然增长，因移民海外使农村向城市的人口迁移速度放慢。（4）发达社会阶段：低死亡率和低生育率，农村向城市的人口迁移较以前更低，然而城市内部和城市之间的人口迁移和流动增强成为突出特点，而来自欠发达国家的净迁入人口和因商业活动和旅游的周期性人口迁移增加。（5）未来超发达社会阶段：推测未来大多数居民迁移是在城市内部和城市之间，对于来自欠发达地区的非技术工人的大量移入，发达地区可能予以控制。[①]

　　当代发达国家都已经历过前三个阶段，现今正处于第四阶段，而一般发展中国家，包括中国在内则仅进入第二阶段，中国在社会主义工业化过程中，人口发展的状况正经历死亡率降低和人口迅速增长的阶段。因此，中国人口迁移和流动特点，应与工业革命早期社会过渡阶段相一致。正确认识当今中国人口迁移所处的历史阶段，对于评价人口迁移模式和改革旧模式并转变为新模式，有重要指导意义。

（二）开放模式的基本特征

　　随着我国经济体制模式的转换，人口迁移模式也应有相应的改变，原来全面控制人口迁移的模式不适宜了。当然，完全不加干预的人口自由迁移必然导致大城市人口的恶性膨胀，这在世界一些国家已成为难以治愈的绝症，不足为法。而使用行政手段绝

---

　　① 扎林斯基：《流动过渡论》，美国《地理研究》杂志，1971年第61册，第2期，第219—249页。

对控制人口的流动，也会堵塞社会的生机，妨碍经济发展。因此，在行政控制与自主选择之间，应该选择一种协调平衡的人口迁移机制。可以设想，新模式应是计划指导下有条件的逐渐开放城市，运用经济手段影响人口迁移，逐步从封闭式人口向开放式人口转变。

1. 开放模式的核心是三种转变的统一

建国以来人口分布变化的事实说明：当代中国农民正经历着面向城镇的大迁移。这个过程实质上是农村剩余劳动力与城镇非农生产资料相结合的过程。所以这种迁移流自身要求进行两种转变：第一是人口从业类型的转变，即变农业人口为非农业人口，表现形式是大量农民被非农企业所吸收；第二是人口居住地类型的转变，即变农村人口为城镇人口，表现形式是农村人口迁入城镇定居。因为人类定居的趋势是由村野散居进展为城镇聚居，集中的社区便于使用公共生活设施以及取得物质和精神文化的需求。当然，也有最初兴办在村落中的小工业，因经济聚集效益的要求，使村办企业不断增多，从业人口不断增加，村落逐渐发展为小镇的。发达国家大约经历二百多年的时间基本上完成了这两种转变。同时，这两种转变还要求城乡社区进行第三种转变，即城镇和乡村两种社区之间由封闭向开放的转变，从而使城乡社区的封闭人口转变为开放人口；没有第三种转变，难以完成前两种转变。因此城镇对于由农村进入的务工经商人口，不仅应该提供经济活动场所，还应根据城镇自身的需要与可能以及务工经商人口的条件，接纳他们在城镇长期定居。人口迁移、工业化和城市化三个过程是统一的过程，因而，从业人口产业类型的转变，居住地类型的转变，和城乡社区由封闭向开放的转变，三种转变也是统一的过程。这是社会发展的客观规律性。

现今农村大量剩余劳动力必须进行产业上的转变，已经很少有人再怀疑了。然而"离土不离乡"，"进厂不进城"，"背乡不离井"等类议论则反映了对于居住地类型转变和城乡社区由封闭向开放的转变的必要性和必然性，还鲜为人们所理解。虽然这种议论的主旨是设想把农村人口固定在农村，以减少对城市的压力，然而它背离社会发展趋势，不利于促进社会分工和提高经济社会效益，而徒使社会流动人口数量增加，弊端是极其明显的。

目前农村中许多与原有土地粘连的务工经商人口，把承包土地只作为家人生命线的口粮田，或是作为风险田，以防万一务工经商失利可以退守务农。由于眼下家庭收入主要部分来自务工经商，所以对于承包土地的经营兴趣日益淡薄，只留半弱劳力进行粗放耕作，或是雇人代耕，甚至干脆撂荒，买粮吃饭，使得部分土地产量下降。与此同时，农村中涌现的拥有配套耕作机械，精耕细作，单产较高，能够提供大量商品粮的农业种植专业户，却苦于没有足够的土地进行聚集效益的较大规模经营。前者粗放经营、闲置土地，不使地尽其力，而后者有充足的劳力和机械又不能物尽其用。结果形成双重的社会生产力的浪费。不脱离土地务工经商的所谓"亦工亦农"的"兼业人口"，即保持双重身份的人口数量越大，以及他们与土地粘连的时间越长，就越不利于社会分工和生产社会化的发展。因此，应把务工经商农民的承包土地有偿转让给种植专业户继续承包，以利于社会分工和促进社会生产的发展，也促使所谓"亦工亦农"的"兼业人口"（在历史发展过程中是一种过渡性的从业形态）尽早转变为单一性的产业人口，以便适应历史发展的方向。

2. 行政机制控制和经济功能调节兼施

经济改革已使社会生产步入计划性商品经济的轨道，与此相适应，社会对于人口迁移和流动的制约机制，也应改变过去那种单纯使用行政机制硬性控制的手段为兼施经济功能的调节办法，以便在国家计划宏观控制下兼用商品经济规律促进前述的三种转变。这种设想绝不意味着立刻敞开城门，允许农民进入随意定居。众所周知，中国的国情是当前还处于使用大机器工业生产的商品经济的初期阶段，城镇体系发展水平不高，没有吸尽当前农村庞大的剩余劳动力的能力。许多发展中国家的经验证明，在城市就业机会不充分的情况下，如果没有限制地允许农民自由迁入城市，其后果是不堪设想的。在我国，与计划性商品经济相联系的人口迁移和流动，自然不能脱离国家的宏观控制和计划指导，如规定一定时期迁入城市人口的幅度，引导人口迁移的方向。但不宜单纯使用户口制度和平价供应粮食等行政机制进行限制，而应兼施经济功能调节。为此应该制定和调整某些政策措施。

（三）应该采取和调整的政策措施

1. 利用工业分布导向农村劳动力进入中小城市

鉴于过去工业分布过分集中于特大和大城市，由此导致迁移流密集大城市的现象；在开放政策实施以后，许多引入的外资兴建的企业仍多集中于大城市，进一步加重了城市的负荷。因此应注意把新建工业项目分布于中小城市，以此导向农村剩余劳力进入中小城市。

2. 采取经济手段吸引农民带资进城

应准许和鼓励拥有相当数额资金的农民进入中小城市务工经商，并准其将户口迁入城市定居。"资金"被喻为城市的血液，没有资金城市就失去生命力、吸引力、辐射力、承载力。发展有计划商品经济的资金来源，除去由国家投资和城市企业自身积累以及引进外资外，大量吸收拥有较高数额资金的农民进城兴办企业，不失为一可取之策。这种繁荣城市的迁移方式在中国古已有之。"秦灭六国，徙天下豪富二十万户入咸阳"。当时的着眼点自然同现在不同，然而聚集财富和集中人口以繁荣经济，当时的封建统治者是理解的。而今资金对于国家经济建设的重要性更是自不待言的了。

3. 调整和巩固乡镇企业

乡镇企业可以说是农村剩余劳动力和农民自身积累资金结合的产物，它的相对经济效益虽不能与城市工业相提并论，然而它的相对的和绝对的社会经济效益却不可低估，而在避免大量农村剩余劳动力闲置和使城市遭受求职人流冲击方面，更是功不可没。目前乡镇企业存在的问题如占用土地较多，污染环境较重，原料和能源消耗大等亟须整顿解决，甚至部分污染严重和与大工业争原料争能源的乡镇企业也可关闭。但是，从全局来看，巩固乡镇企业对于促进农村人口的两种转变、缓和面向城市迁移流的增长是有极大意义的。

4. 继续缩小城乡差别

前述城乡利益差别是农村人口涌入城市的重要原因，因此应该采取釜底抽薪的办法调整，以防止和缓和由此造成的非正常人口迁移现象。具体措施有两个。一是增大对农业投资比重，提高农民收入，从而增加农村对农民的"吸引力"。二是逐步减少以致最终免除城市对于市民提供的前述种种优惠待遇。当然，这要随着经济改革和商品经济的发展逐步实现，不可操之过急。

5. 调整城市政策

迁移模式既是受经济社会体制制约的，它就需要随社会经济体制的变化而调整。从20世纪50年代末开始实施的控制城市人口的政策以及限制人口迁移的政策，到80年代初提出"控制大城市、适当发展中等城市、积极发展小城市"的政策以后，虽已由全面控制调整为有控制有开放的政策，但着眼点仍然是限制城市人口发展规模，忽视发挥城市的不同功能和发展潜力。因此，可以参考国外根据城市功能和发展潜力确定应否扩大城市人口发展的原则。为此可把城市划分为减压城市区；有控制的城市发展区；大力发展的城市区；特殊功能城市区。旨在不是仅仅畏惧城市膨胀，而是积极利用和发挥原有城市的潜力和建立新的城市，以便更快发展工业和更多吸收农村剩余劳力。

其次，改变单向控制人口迁移政策。首先开放同级城市之间的人口迁移，进而开放不同等级城市之间的双向人口迁移。待城市粮食平价供应制取消以后，还可以逐步开放农村从事经济活动的人口迁入某些有发展潜力的城市。

再次，在劳动人事制度上，扩大招聘，考试遴选，以及开放劳务市场，以便促进人才流动，改变单一统包统配的行政筛选制度。

此外，还要尽力避免由于经济指导思想的失误而造成的骤然的大规模的人口流动。

（原载《中国社会科学》1990 年第 5 期）

人口迁移的理论和模式

　　人口迁移研究应有正确的理论指导，也需吸收前人的研究成果。已有的迁移理论学说，有些适用性较广；有些只是一定历史时期一定经济条件下的若干国家或局部地区的实践总结。因此对于具有普遍意义的理论和阶段性局部性的经验概括应该加以区别。我们只能吸取适用于中国国情的理论原则，并且在分析中国人口迁移的实际情况和数据资料的基础上，做出新的经验总结和理论概括，从而推进人口迁移的学术研究。

　　国际学术界对于人口迁移的研究，从理论和方法，规律和模式到方针和政策，范围相当广泛，研究成果极其丰富。在此着重扼要介绍人口迁移的社会经济宏观理论，人口群体迁移规律，以及人口迁移的经济模式等三个方面的一些有代表性的理论学说，藉以从中吸取有益的借鉴。

一　人口迁移的社会经济宏观考察

　　近代西方国家人口迁移既是资本主义商品经济的必要条件也是资本主义商品经济发展的结果。马克思在论述原始资本积累、商品生产和流通以及资本输出等经济范畴时，不仅精辟地论述了商品经济诸环节与人口迁移和流动之间的内在联系，同时也深刻地揭示了人口迁移在不同社会形态中的历史差异。

（一）生产方式与人口迁移

唯物史观揭示在任何一种社会形态中，人作为生产力的首要因素，都需与生产资料相结合，在前资本主义诸社会形态中，绝大多数人与之结合的生产资料是土地。在相当长的历史时期里，人和土地相结合构成的相对稳定性，导致人口的绝少流动和社区之间的封闭性，因为在这种自给自足的自然经济状况下，"交换是有限的，市场是狭小的，生产方式是稳定的，地方和外界是隔绝的……"① 只是在这种结合遭受严重破坏时，人口被迫离开原地流入他乡，去寻找生产资料进行新的结合。

尽管在不同的生产方式中人与生产资料的结合方式有所不同，如在奴隶和封建制度下多数劳动者作为非自由人或以人身依附形式被迫与不属于自己的土地相结合，只有自由人和自耕农才与自家的小块土地结合在一起，而资本主义生产方式却迫使失去土地的生产者与资产阶级的生产资料结合在一起。然而无论是因为人口增殖土地不敷使用，或是由于土地被兼并使自耕农破产，抑或因资本主义生产关系侵入和瓦解传统农业经济，在上述情况下出现"过剩人口"都需要另外寻求谋生的天地，因此人口迁移便成为达到人口与生产资料进行新的结合的必经的途径和条件。

不同的生产方式有不同的迁移形式，由于"过剩人口对于生产力的压力"使古代奴隶制城邦国家"希腊和罗马采取周期

---

① 恩格斯：《反杜林论》《马克思恩格斯选集》第 3 卷，第 313 页。

性地建立殖民地形式的强迫移民"①，以便保持城邦之内自由民的稳定生活；而古代东方"一些从事游牧、狩猎和战争的部落，它们的生产方式使部落的每一个成员都需要有大片的土地……人口的增长使他们彼此削弱生产所必需的地盘。因此过剩人口就不得不进行那种为古代和现代欧洲各民族的形成奠定基础的、充满危险的大迁徙"②。而在资本主义制度下的"现代的强迫移民，情况则完全不同。现在，人口的过剩完全不是由于生产力不足而造成的；相反，正是生产力的增长要求减少人口，借助于饥饿或移民来消除过剩人口。现在不是人口压生产力，而是生产力压迫人口"③。

（二）雇佣劳动制与人口迁移

在资本主义发展初期的资本原始积累阶段，英国从新兴的纺织业的国内外市场中取得大量利润，从而使羊毛需求量骤增，由此引起世界史上著名的"圈地运动"，新兴的资产阶级和领主把耕地变为牧场，把农民赶出家园。这种强制性的迫使劳动力与生产资料相分离，顿时使得大量脱离生产的无业游民到处流浪。因此英王多次颁布法令以酷刑和死刑惩治和威逼那些流浪者，驱使他们进入新兴的工业之中，去与他们完全陌生的生产资料——机器相结合。从此他们成为一无所有的自由人。凭藉无产和人身自由这两个条件，他们得以把自身的气力当做特殊商品在资本主义劳力市场上出售。但不是把自身一次卖给一个买主，从而失去人身自由，而是把自身生产的劳动力分期地不断地出售给所有的买

---

① 马克思：《强迫移民——科苏特和马志尼——流亡者问题》，《马克思恩格斯全集》第 8 卷，第 619 页。

② 同上。

③ 同上。

主，充当资本主义商品生产和流通的承担者。正因为劳动力的买卖在资本主义生产关系中也是商品的交易，自然会受价值规律的支配。劳动力的价格不仅遵循等价交换原则而且也必然受供需原则的影响。因此劳动力总是寻找价格高的地方出售。加之新地区的开发或新兴产业部门的创建，资本的多元投向，这一切都会引发地区之间和产业部门之间的人口迁移和流动。

此外，资本主义生产周期性的发展，繁荣与衰退交替出现，由此引发的产业部门对于劳动力需求的大幅度增长或削减，也造成劳动力的流动和社会震动。马克思把资本主义生产关系和生产技术发展所引起的人口迁移和流动，称之为："不可克服的自然规律"。[①]

随着国内市场日益狭小，"大工业国工人不断过剩，大大促进了国外移民和把外国变为殖民地……"[②] 特别是在资本主义经济危机时期，大量资本输出到国外，过剩的劳动力也就跟随着资本而由本国输出，"停滞和危机时期即移居国外的顾望最为强烈的时期，也正是较多的过剩资本输往到国外的时期……"[③]

可见原始资本积累、资本主义雇佣劳动制度的形成、国内国际市场的发展、生产周期的变换、资本输出的扩展等资本主义雇佣劳动制的每个派生环节都激发起人口的迁移和流动。

（三）现代人口迁移的影响

众所周知，工业化过程曾经历过手工业、工场手工业和大机器工业三个阶段。在前两个阶段，某些手工业者特别是商人虽然

---

① 《马克思恩格斯全集》第 23 卷，第 534 页。
② 同上书，第 494 页。
③ 《马克思恩格斯全集》第 49 卷，第 141 页。

是常年不休止地流动，但就社会整体而言，人口的流动性是不大的。因为当时的"小工业者仍是农民，被土地经营束缚在自己的农村，手工工场中的工匠，通常仍是束缚在工场手工业所造成的不大的闭塞的工业区域。在工业发展的第一和第二阶段上，工业制度本身中没有什么东西会破坏生产者的这种定居生活与闭塞性，……相反地，大机器工业必然造成人口的流动性；……"①大机器工业的发展吸收了大量农村人口从而促进了工业化的发展，人口流向工业中心又为城市化进程输送了大量机械变动人口，从而促进了城市化的发展。列宁把俄国所经历的这种历史过程概括为："人口流入工业的过程，城市增多的过程以及新的大工业中心形成的过程也在迅速进行。"②

资本主义商品经济的进一步发展，冲击了中世纪社会的狭隘的地方的等级的联合，破坏了宗法或生活的陈旧传统，瓦解了小生产者的分散经营，建立了前所未有的生产集中和人口集中，使社会分工得到巨大的推动，把地方性市场会合为全国性市场，生产者自身也在商品生产和流通中实现了它自身的社会性。"人口流动，大工业中心的影响等等，所有这些不能不引起生产者性格的深刻变化"。③"没有居民的流动，居民的自觉性和主动性的发展是不可能的"。④列宁还说："迁移是防止农民生苔的极重要的因素之一，历史堆积在他们身上的苔藓太多了，不造成人口的流动，就不可能有人口的发展。"⑤以上这些论述指明：现代人口迁移不仅是工业化和城市化进展的必要条件，也是提高人口自身

---

① 列宁：《俄国资本主义的发展》，《列宁全集》第 3 卷，第 500—501 页。
② 同上书，第 222—223 页。
③ 同上书，第 549 页。
④ 同上书，第 279 页。
⑤ 同上书，第 216 页。

素质的重要因素。

（四）人口迁移的历史阶段划分

人口学者扎林斯基（Zlinsky）认为人口迁移和流动与社会经济发展条件相关，也与人口出生率和死亡率密切联系。他把人口迁移与"人口过渡理论"结合起来，提出《人口移动转变论》（*Hypothesls of The Mobility Transition*）。从而把人口迁移历史划分为五个阶段：（1）工业革命前传统社会阶段：人口出生率和死亡率都很高，人口自然增长缓慢，人口很少流动。（2）工业革命早期社会转变阶段：伴随死亡率下降，人口迅速增多，出现大规模由农村面向城市的人口迁移；同时在国内移民拓荒或殖民海外。（3）工业革命晚期社会转变阶段：人口出生率持续下降，抑制人口自然增长，因移民海外使农村向城市的人口迁移速度放慢。（4）发达社会阶段：低死亡率和低生育率，农村向城市的人口迁移较以前更低，然而城市内部和城市之间的人口迁移和流动增强，成为突出的特点，而来自欠发达国家的净迁入人口和因商业活动和旅游的周期性人口迁移增加。（5）未来超发达社会阶段：推测未来大多数居民迁移是在城市内部和城市之间，对于来自欠发达地区的非技术工人的大量迁入，发达地区可能予以控制。[①]

当代发达国家都已经历过前三个阶段，现今正处于第四阶段，而一般发展中国家，包括中国在内则仅进入第二阶段，即在工业化过程中人口发展状况正经历死亡率降低和人口迅速增多的阶段。因此发展中国家人口迁移和流动的特点，应与"工业革

---

① 扎林斯基：《人口移动转变论》，美国《地理杂志》，1971 年第 61 卷，第 2 期，第 219—249 页。

命早期社会转变阶段"相一致。正确认识当今中国人口迁移所
处的历史阶段，对于研究人口迁移有重要指导意义。

二　人口迁移的规律性研究

(一)拉温斯坦(E. G. Ravenstein)提出的"人口迁移规律"

19世纪末叶英国统计学家拉温斯坦是早期对于人口迁移现
象进行规律性研究的学者之一。他使用1871年到1881年英国人
口普查资料研究人口迁移，1885年提交英国皇家统计学会会议
一篇论文题为《人口迁移规律》，(*The Law of Migration*，发表在
1885年《皇家统计学杂志》)用来反驳当时学术界一般认为
"人口迁移无规律性可言"的观点。他把英国国内人口迁移归纳
为以下六点：(1)多数人口迁移都是短距离的迁移。(2)在一
定时期里，有人从某地迁出，遂即有人迁入该地，填补因人口迁
出形成的空缺。(3)每个主要迁移流会造成一个补偿性的反迁
移流。(4)长距离的迁移者通常是迁往大城市。(5)城镇居民
比农村居民迁移倾向略小。(6)迁移人口中女性多于男性。

其后拉温斯坦又于1889年发表论文进一步根据20多个国家
的统计资料提出七条人口迁移规律：(1)迁移者的主体进行的
是短距离的迁移。一般的人口迁移所形成的迁移流是流向具有吸
引力的巨大工商业中心。(2)人口迁移在全国范围内呈梯次逐
级展开，城市吸收农村人口过程，先是城市附近地区的农民面向
城市聚集，由此城市附近农村出现空缺，再由较远农村人口迁来
填补，这种连锁影响逐次展开以致波及更远的农村。城市移入人
口数量与迁移距离相关，一般是递远递减。(3)人口分散过程，
正是人口被吸收的反面，二者显示出相似的特征。(4)每个主
要的迁移流会产生一个补偿性的反迁移流。(5)长距离的迁移

者，通常是优先选择迁入巨大的工商业中心。（6）城镇居民比农村居民迁移数量要少。（7）女性人口迁移多于男性人口迁移。

拉温斯坦提出的这些迁移规律，概括了迁移距离、迁移流向、迁移者的某些特征等等，这种理论框架是基于地理学研究。迄今百余年其中若干规律对于许多国家仍然是有效的。然而这些规律是否适合中国情况，还需依靠实际情况和数据资料加以审慎的检验。

（二）Lee（Everetts Lee）等对流量、流向、迁移选择的规律性概括

Lee 于 1966 年在英国《人口学》杂志发表《人口迁移理论》一文，内容也是对于迁移现象的规律性研究，他的理论概括分为三个部分：

1. 人口迁移量。（1）人口迁移量因地区差别而有所变化，是指社会经济发展条件、地理自然环境不同的地区里的人口迁移量是不同的。（2）人口迁移量因人口群体差别而有所变化，是指不同的自然结构和社会结构的人口群体有不同的迁移量，如青壮年比重大的人口群体的迁移量显然会高于青壮年比重小的人口群体。（3）人口迁移量的大小与克服迁移中的中介障碍有关。显然在人口迁移过程中的障碍因素的多少和大小及其被解决的程度如何，会直接影响人口迁移量。（4）人口迁移量的大小，随着经济的增长或衰退而发生变化。经济繁荣时期人口迁移量较多，经济萧条时期人口迁移量较少。（5）除去在强制控制的条件下，一般情况之下，人口迁移量和迁移率总是与日俱增的。（6）人口迁移量和迁移率随着一个国家或一个地区的发展状况而发生变化。

2. 迁移流和反迁移流。（1）大规模的人口迁移称为迁移流。

每一个大的迁移流，必会产生一个反向的迁移流。如有许多人迁出甲地，同时就会有另外许多人迁入甲地。（2）如果迁出地对迁移流的影响主要是负因素，那么迁移流的效应（指迁移流与反迁移流的比率）是高的。（3）如果迁出地和迁入地的状况近似，那么迁移流和反迁移流的效应趋向是低的。（4）中介障碍对迁移流的效应有很大影响。（5）迁移流的效应随着经济状况不同而发生变化，经济繁荣时期迁移流效应高，经济衰退时期迁移流效应低。

3. 迁移者的特征和选择。Lee 认为人们对于迁移行为的决定是经过审慎比较迁出地和迁入地的各种条件后，做出选择的，这些选择的一般规律性是：（1）对于迁入地的各种正因素，迁移者做出的主要是积极的选择。（2）对于迁出地的负因素，迁移者做出的主要是消极的选择，或是负因素正在压倒一切，使人们根本不可能进行选择。（3）从迁移者整体来看，他们选择的倾向是双重模式（Bi—Model）。（4）正向选择程度随中介障碍减少而增加。（5）迁移者在其生命周期的一定阶段中所增强的偏好，对于迁移的选择性有重要的影响。（6）迁移者兼具迁出地人口和迁入地人口二者的中间特征。

（三）"推力—拉力"理论

拉温斯坦和 Lee 对人口迁移的规律性研究主要集中在对流量、流向、距离、迁移者特征等迁移运动中呈现的客观实际进行理论概括。而唐纳德·博格[①]等人在 20 世纪 50 年代末提出的"推力—拉力"理论则着眼于迁移原因的研究，即迁出地的消极

---

① 唐纳德·博格：《农村发展与城市化》，《国际人口迁移》杂志，1984 年第17 册，第 1 期。

因素和迁入地的积极因素对于迁移者的影响。他认为迁出地必有种种消极因素所形成的"推力"把当地居民推出原居住地。而迁入地必有种种积极因素所形成的"拉力"把被推出的居民吸引进来。形成"推力"的因素诸如当地的自然资源枯竭、农业生产成本不断增加、农村劳动力过剩导致失业和半失业状况、较低的经济收入水平等。形成"拉力"的积极因素诸如较多的就业机会、较高的工资收入、较好的生活水平、较好的受教育机会、文化设施和交通条件等。当然迁出地对于迁出者也并非完全充满排斥力的消极因素，其中也有一些吸引人的积极因素，诸如家人团聚的欢乐、熟悉的社区环境、在出生和成长地长期形成的社交网络等。同样迁入地也并非完全充满有吸引力的积极因素，其中也有一些排斥人的消极因素，诸如单身生活的烦恼，竞争激烈、生态环境质量下降等。迁移者总是在迁出和迁入两地的积极因素和消极因素的多寡大小的比较中，以及在迁移后的正负效益的利弊得失的权衡之中，做出是否迁移的抉择。

　　"推力—拉力"学说是根据 19 世纪工业革命中，西方国家出现的商业中心提供的就业机会所形成的吸力；同时农业机械化的进展，导致农村劳动力过剩，迫使大量农民离开土地另谋生路所形成的"推力"、使失去土地或失业的农民流入城市劳动力市场而提出来的。自 50 年代迄今在国际学术界一直十分流行，这种学说的理论形态并不深刻，但是用来解释人们迁移的动因是比较形象的。

三　人口迁移的经济模式

　　人口迁移的经济模式研究角度是多种多样的，有的从社会经济结构的转变外在原因对迁移行为进行宏观考察，着重探讨农村剩余劳力向非农部门转化的经济前提和转化的阶段。有的对迁移者自身内在迁移原因，进行微观考察，着重探讨迁移者做出迁移抉择的利益权衡条件。

（一）刘易斯（W. Arthur Lewis）的两部门结构发展模式①

20世纪50年代初，刘易斯提出的两部门结构发展模型也称为"无限过剩劳动力"发展模型，目的在于论证发展中国家农村劳动力向城市转移，成为人口流动的一种理论模型。他认为发展中国家的国民经济结构由传统的自给自足的农业经济体系和城市现代工业体系所组成，称之为二元经济结构。这两种经济体系之间存在着差异。

传统农业部门所使用的有限土地是非再生性的，耕地面积的扩展是极为有限的，生产技术简单而变化缓慢。而人口却持续增加，结果会使经济收益呈现递减的趋势。

这是因为自给自足的农业经济部门是非商品化非营利为目的的经济，新增加的人口都是社区和公社的成员，只要达到劳动年龄都会自然就业，进入生产和分配过程，根本用不着计算他们劳动成果在实际上的边际效益如何，一概依照所谓"共同体原则"共同参加劳动产品分配。相对于土地等资源的过剩劳动力，处于不充分就业或隐蔽性失业状态。在其他生产要素不增加的条件下，他们虽然出工出力，但是并不增加产值，亦即在收益递减规律作用下他们的产值和边际生产率接近于"零"；甚至是负增长。因此这部分过剩劳动力被称之为"零值劳动力人口"。大量"零值劳动力人口"的存在是发展中国家经济长期陷于低水平旋

① 威廉·A. 刘易斯：《劳动无限供给条件下的经济发展》，《现代国外经济学论文选》第八辑，商务印书馆1984年版，第49—95页。

涡的根本原因。

由于现代工业经济部门使用的是可再生性的生产资料，因而生产规模和生产速度的扩大和提高可以超过人口的增长，加之日新月异的科学技术在现代工业部门中的应用，更使其就业人口的边际效益递增以及人口平均收入增加。

传统农业和现代工业两个部门经济结构上的差异和收入上的差异，导致工农业两个经济部门之间的劳动力转换，从而引起农村人口面向城市的迁移。

刘易斯认为发展中国家只有通过现代大工业吸净农村中的隐蔽性失业的过剩劳动力，方可使收益递减转变为收益递增，国民经济发展方可由停滞转变为稳定增长，从而摆脱贫困走上富裕道路。

刘易斯提出的两部门模型对于某些发展中国家是适用的，但是并非适用于所有的发展中国家。尽管许多发展中国家农业存在着潜在的失业和过剩劳动力，但是刘易斯两部门发展模型在理论上和计量上确实仍然存在缺陷。美国著名经济学家舒尔茨（Schultz T. W.）指出，关于零值劳动的衡量，不能使用工业部门劳动日长度和天数的计算方法去计算农业部门的劳动生产率，因为农业是有季节性。也不能使用发达国家现代农业科学技术标准去衡量发展中国家传统农业的效率，因为发展中国家的传统农业没有现代农业科学技术的经济投入，不具备现代农业所显示的效率。因此"零"值劳动力只是一定社会经济历史条件的产物。它并不是发展中国家农业里普遍存在的经济现象，况且要由传统农业转变为现代农业，既需要有大量资金和科学技术投入，同时还需要有解决安排大量农业剩余劳动力的出路。这两个条件同样是多数发展中国家所缺少的。

刘易斯两部门模式尽管存在上述种种缺陷，然而工农业两个生产部门或是城乡两种经济结构性的差异导致农村劳动力的转移，这种见解是有学术价值的理论。

（二）　费—拉尼斯模式[①]

费—拉尼斯模式是在刘易斯模式基础上提出的，是对刘易斯模式的修正和补充，所以也称为刘—费—拉尼斯模式。美国耶鲁大学经济学教授费景汉和拉尼斯二人认为刘易斯两部门模式的不足之处是忽视农业劳动生产率提高和农业剩余产品的增加是农业劳动力转入现代工业部门的先决条件。为此费景汉和拉尼斯在刘易斯两部门模式基础上，根据农业和工业两部门发展的对应关系把两部门经济发展划分为三个阶段。

第一阶段：在传统农业部门存在大量显性失业人口时，农业部门的边际生产率等于"0"。在图1中，任何超过OD单位的农业过剩劳动力（即DA部分）都是农业过剩劳动力。这时的劳动力供给弹性是无限大的。他们可以由农业部门撤出进入工业部门，不会影响农业生产，而且由于他们的流出，使农业部门形成的剩余农产品，正好成为流入工业部门就业人口的粮食供应。（假设农业部门实行制度工资，按最低水平分配农产品。）

第二阶段：农业部门劳动边际生产率（MPP_L）升高，ADUV曲线中的DU大于"0"，而仍然低于制度工资（CIW）。反映DP部分仍然存在着隐蔽性失业的过剩农业劳动力。所以DP部分劳动力继续流入工业部门，而农业总产量却不能与工业部门的劳动力同步增长。粮食短缺自然引起农产品相对价格上涨。由此工业部门不得不提高工资。因此费景汉和拉尼斯把第一

---

① 〔美〕费景汉、古斯塔夫·拉尼斯：《劳力剩余经济的发展》，华夏出版社1989年版。

阶段进入第二阶段的转变点 D 称之为"粮食短缺点"。

第三阶段：农业部门已不存在剩余劳动力，农业边际劳动生产率（MPP_L）逐渐高于制度工资水平（$UV > CIW$），这种现象说明农业部门劳动力收入，不再取决于制度工资，而由农业劳动边际产值决定。这也意味着传统农业转化为商业化农业。费景汉和拉尼斯把第二阶段向第三阶段的转变点 P，称之为商业化点。由此开始进入稳定增长的发达经济。"欠发达经济的这种质变抹去了它的二元特征，从而构成经济发展道路上的一个具有重要意义的转折点。"

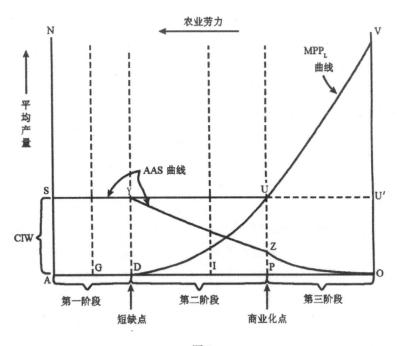

图 1

费—拉尼斯模式简明地描述了发展中国家二元经济结构转变的三个阶段，和农业剩余劳动力转变的条件。因而有些发展经济学者赞同，同时也有些经济学者认为这个模式是根据西方发达国家经济增长的历史经验模拟的，因而并不符合发展中国家的经济发展状况。例如费—拉尼斯模式是以农业劳动力转换和工业部门增加的就业机会都与工业部门资本积累率成比例为前提，但是实际并非如此，随着科学技术的进步，往往只需雇用较前更少的工人甚至可以不必增加工人人数，即可满足因资本积累用于扩大再生产的需要。事实上许多发展中国家城市人口中存在大量的失业者，而有些发展中国家的农村人口中却又没有太多的过剩劳动力。可见这个模式还不能完全概括发展中国家两部门经济结构的转变过程，和农业人口转化为工业人口的过程。尽管费—拉尼斯模式存在上述不尽周全之处，但是这个模式提出的若干论点例如农业劳动生产率的提高是农业剩余劳动力转入工业部门的前提条件等无疑是正确的。

（三）"投资—效益"模式

美国著名经济学家西奥多·W. 舒尔茨（Theodore W. Schultz）在他的《人力资本投资》一书中，把"直接用于教育保健以及为了取得良好机会而用于国内移民的费用"都看做是"人力资本的直接投资"[1]。也就是说用于迁移的花费和用于受教育的学费同样被看做是能够获得更大利益的投资。斯达科把舒尔茨的《人力资本投资》理论和美国经济学家贝克尔（Gary Becker）"成本—效益"理论用于解释迁移的动因，认为人们迁

---

[1]　西奥多·W. 舒尔茨：《人力资本投资》，《现代国外经济论文选》第八辑，商务印书馆1984年版，第232页。

移的花费是投资成本，迁移后的所得是效益利润，因此迁移行为的选择取决于迁入地的平均收入是否超过迁出地的平均收入加上用于迁移过程的花费[①]。迁移者实现的净产值可用下列公式表示：

$$PV = \left[\frac{L_j - L_i}{rd_i}\right] - G_{ij}$$

其中：PV 表示迁移者实现的净产值；$L_j - L_i$ 表示迁入地 j 实际收入与迁出地 i 实际收入二者之差；rdi 表示 i 地实际收入的折扣率；G_{ij} 表示从 i 地到 j 地所花费的迁移费用。

如果迁移者在迁移后除去折扣率和实际收入值，超过他在迁出地的实际收入与迁移花费之和，他会选择迁移。由此可用以计算预期的迁移人口数。公式为：$M_{ij} = f [PV]$。其中 M_{ij} 表示由 i 地到 j 地的迁移人数；f 表示函数；PV 表示迁移者实现的净产值。

（四）托达罗劳动力迁移模式[②]

美国发展经济学者迈克尔·P. 托达罗（Todaro, M. P.）针对亚非拉许多发展中国家到处都是农村人口涌入城市和城市经济无力为大多数工人提供长期就业机会的现象，试图系统地阐明城乡劳动力迁移的经济行为模式，并把由农村移入人口就业可能性与城市劳动力需求及供给因素的精确模式结合在一起。他认为农村剩余劳动力进入城市以后，并非全部立即进入现代工业部门，其就业过程应该分为两个阶段。第一阶段：没有技术的农村劳动

---

① 斯达科：《发展中国家的农村——城市迁移研究》，美《世界发展杂志》，1982 年第 10 册，第 1 期，第 63—70 页。

② 迈克尔·P. 托达罗：《发展中国家的劳动力迁移模式和城市失业问题》，《现代国外经济学论文选》第八辑，商务印书馆 1984 年版，第 165—177 页。

力迁入城市以后首先是在所谓"城市传统部门"（个体商贩、非
熟练服务人员、非熟练手工业者、非熟练建筑工人等）找到工
作。到一定时期以后，在第二阶段里他们才在现代工业部门中找
到固定工作。在这两个阶段里需要探讨的基本问题是迁移的决
定，城市传统部门的比例规模，加速工业增长以及为进入现代工
业部门就业的可供选择的城乡实际收入差异。他认为农村劳动力
移入城市的决定因素是城乡经济结构差异和对于迁移成本和效益
的权衡。其中他更强调决定迁移的是城乡之间"预期收入"的
差异，而不是城乡之间实际收入的差异。譬如，一个农村劳动力
一年收入是 500 元，而一个城市劳动力一年收入是 1000 元，二
者实际收入差别是 1000 元 － 500 元 ＝ 500 元，但是如果农村劳动
力进入城市就业机会的概率只有 30％，那么他在城市一年的期
望收入就只有 300 元，低于他在农村一年的实际收入。在这种情
况下移入城市显然是不合算的。如果进入城市后就业机会的概率
是 60％，那么期望收入就是 600 元，高于他在农村一年的实际
收入。在这种情况下他会甘冒失业危险进入城市，所以，农村人
口迁入城市的首要因素是城市和农村预期收入的差别，农村迁入
城市人口与城市人口的比率用下列公式表示：

$$\frac{\bar{S}}{S}(t) = F\left[\frac{y_u(t) - y_R(t)}{y_R(t)}\right] \tag{1}$$

上述公式中 $\bar{S}$ 表示农村移入城市的人口数量，S 表示城市原
有的人口数量，（t）表示一定时期，y_u（t）表示城市过去的平
均收入所预期的（t）期实际收入，y_R（t）表示农村过去的平均
收入所预期的（t）期实际收入。假设 α（t）为城乡实际收入差
别的比率，则：

$$\alpha(t) = \frac{y_Y(t) - y_R(t)}{y_R(t)}$$

将 α（t）带入公式（1）则得：

$$\frac{\bar{S}}{S}（t）= F\left[α（t）\right]$$

显然城乡实际收入差别比率 α（t）越大，则因农村人口移入城市而引起的城市人口增长率越高。除去城乡期望收入差别以外，影响农村人口迁入城市的另一因素是就业的可能性（π），用下列公式表示：

$$π（t）= \frac{γN（t）}{S（t）- N（t）}$$

上述公式中 γ 表示现代部门的就业增长率，N（t）表示（t）期内现代部门就业人数。S（t）表示（t）期内城市人口，S（t）- N（t）表示（t）期内城市人口减去现代部门人口后剩余的城市传统部门人口。

显然就业的可能性 π（t）的数值很小时，尽管城乡期望收入存在一定差别，农村劳动力会认真考虑离开农村迁入城市是否值得，他们会认真对待这种迁移行为的抉择。他们必须在进入城市后在一定时期内承担失业和打零工的风险，并且以此与有利的城乡工资差别这二者之间进行权衡。如果就业机会只有0.5%的机会，那么即使有70%的城市实际工资的补贴对于他们也就没有意义了。

除此而外，在分析城乡劳动力迁移模式时还应把城市人口的自然增长因素 β 考虑在内。因此把前述影响城乡劳动力迁移的几个因素综合起来"即可得出发展中国家城市劳动力市场纷乱和调节的总模式"。

$$\frac{\bar{S}}{S}（t）= β + \frac{γN（t）}{S（t）- N（t）} · F\left[\frac{y_U（t）- y_R（t）}{y_R（t）}\right]$$

其简化式为：

$$\frac{\bar{S}}{S}\ (t)\ =\beta +\pi\ (t)\ \cdot F\ [\alpha\ (t)]$$

托达罗提出的总模式和刘—费—拉尼斯模式的不同之处，是刘等以为城乡人口迁移的动因是城乡实际收入的差别，而托达罗则认为不仅是城乡"预期收入"的差别，而且还把"预期收入"的差别与就业可能性以及人口自然增长因素结合在一起，作为分析影响农村劳动力迁入城市劳动力市场的机制。这个迁移总模式是假设发展中国家在工业化初始阶段几乎全部人口居住在农村，在城市化进程开始时，新兴的现代工业部门就业机会较多，所以城乡收入差别数值 α 是正值（$\alpha > 0$），而且就业增长率 γ 超过城市人口自然增长率（$\gamma > \beta$），于是城市预期收入差别导致农村劳动力迁入城市，尔后逐渐使城市劳动力增长速度超过就业岗位的增长速度，即：$\beta + \pi\ (t)\ \cdot F\ (\alpha)\ > \gamma$。于是涌入城市而在现代部门一时没有机会就业的劳动力，只得转入城市传统部门，从而导致城市传统部门规模的扩大。以致在其他条件不变情况下，使得下一时期农村劳动力进入城市寻求职业的概率有所降低，即 $\pi\ (t+1)\ < \pi\ (t)$。假如 α 和 γ 值保持不变，较低的就业概率会使城市劳动力增长率 $\bar{S}/S$ 逐渐下降。但是 π 的均衡函数将依赖 α、β 和 γ 诸值而使失业率稳定在 1—E 的水平上（E 指现代部门雇用的城市劳动力比例，一般用 N/S 表示）。如果失业率降到 1—E 水平以下时，则以 π 值形式出现的均衡力就开始恢复均衡。

托达罗认为采取提高城市现代部门就业增长率 γ 的办法去减少失业的政策，而不同时集中力量去降低实际收入差异 α，是会遇到越来越多的困难。因此减少农村劳动力进入城市成为潜在的失业大军和缩小城市传统部门规模的最为重要的措施，是缩小城乡收入差别和全力以赴地改善乡村人民生活，否则"尽管成功地寻求现代部门职位的较低概率能够具有长期的稳定作用，而较高的持久的收入的引诱，也会继续吸引乡村移民的长流进入日益拥挤的城市贫民窟。"① 显然托达罗揭示的农村人口流入城市的根本原因和诸多影响因素以及城市传统部门和现代部门对于由农村迁入劳动力的吸收过程的分析更为细致。国际学术界对于托达罗模式的褒贬不一，有些学者赞赏这种理论模式，认为它符合发展中国家乡村人口向城市迁移的实际，也有些学者则持否定态度，他们认为在发展中国家的农民头脑之中，在迁入城市以前，并不去计算托达罗提出的预期收入和就业机会概率等等，他们对于城市的信息并不完全了解，他们的迁移行为往往是非理性的。

笔者以为托达罗模式对于中国的城乡间人口迁移问题的研究有一定参考价值。特别是在农村劳动力迁入城市以后往往首先进入城市传统部门然后进入现代部门就业的观点，和减少农业劳动力迁入城市的重要措施是缩小城乡实际收入差异的观点，都是符合许多发展中国家包括中国在内的国情的。

四　结束语

综观上述不同时代的种种人口迁移的理论和模式，其中从唯物史观对人口迁移本质特点、不同社会展现的不同迁移形式、迁移对社会经济发展与人口自身素质提高的影响，以及人口迁移的历史阶段分期等理论观点，有的高度抽象概括，有的哲理深厚，其学术价值是人所共知而毋庸赘言的。其他各种规律和模式的概括，也有不少理论分析极有参考价值。例如从统计经验得出的迁

---

① 迈克尔·P.托达罗：《发展中国家的劳动力迁移模式和城市失业问题》，《现代国外经济学论文集》第八辑，商务印书馆1984年版，第177页。

移量的递远递减规律、迁移流与反迁移流的生成。又如从社会宏观角度提出的城乡经济结构差异及其两大生产部门的转变引起的城乡人口迁移，或从个人利益微观角度提出城乡收入差异成为人口迁移原因。再如对农村人口进入城市传统部门和现代部门的观察，现代部门投资与农产品数量等客观条件对于农村人口转变的制约，人们从利益得失的主观权衡之中做出迁移选择，以及城乡迁移人口的计量公式等，都有新颖的开创性见地，可供我们参考。

　　然而在研究中国人口迁移问题时，仍然要强调的是务必从中国国情出发，切记上述若干理论提出的背景依据多是市场经济和人口自由流动。而这些社会经济条件在中国是不具备的。自 20世纪 50 年代末开始中国城市的封闭性被进一步强化，虽然城市现代部门发展吸收了一定数量的农村人口，但城市内部的劳动适龄人口日益增多，抵消了现代部门增长的有限就业岗位。尽管城市传统部门十分缺乏，但直到 80 年代改革开放以前，城市政策一直不允许农民进城务工经商。许多发展中国家城市以市场经济为主体，劳动力作为市场中的商品可以自由流动。而中国的经济体制在 80 年代初以前纯属计划产品经济，以后方逐渐向计划商品经济转变。因此这种经济体制、社会背景差异的存在，要求对于迁移理论和模式的引用，需要有所鉴别和有所修正。如果生搬硬套国外现成的公式和模式，绝难解释中国人口迁移现象，更不必说能够提出恰当的治理决策了。这是研究中国人口迁移问题的基本出发点，也是本文通篇必须遵循的基本原则。

（原载《人口与经济》1992 年第 3 期）

论"脑流失"

　　"脑流失"是外来语"Brain drain"一词的直译，意指在国际人口迁移中高级科技人才流失的现象，是国际人口迁移研究的重点之一。第二次世界大战以后，"脑流失"现象日益显著，高级人才在国际间的迁移既涉及发达国家也涉及发展中国家，从而引起学术界的重视，着手研究"脑流失"的原因和对迁出国与迁入国的影响等等。

　　我国自改革开放以来国际间的"脑流失"之波，逐渐波及我国。本文谨对此带有规律性现象的实质，特别是我国初露的人才流失作些探讨。

一　"脑流失"的原因、实质和影响

（一）国际迁移与"脑流失"

　　近代国际之间较大规模的人口迁移是从 15 世纪末的 1492 年发现新大陆以后开始的，欧洲西、葡、英、法等国相继向海外移民开拓，其后还从非洲向美洲贩运奴隶。据史学家估计：自 16 世纪到 19 世纪末 400 年间从非洲贩奴的数量高达 1500 万以上。

随着资本主义的发展，资本向海外扩张，仅自19世纪之初至20世纪30年代，欧洲人口迁移到美洲和大洋洲约5000万以上，19世纪迄至20世纪80年代全球的永久性国际移民数量当在8000万人以上。国际迁移的大方向是由欧、亚、非三大洲移向美洲。移民的主体是农民和工人以及知识分子。第二次世界大战以后，有些国家通过限制移民法案，以此限制每年移入人数，规定移民的条件，着意吸收高级科技人才，此后不仅亚洲、非洲、拉美大量科技人才流入美国和欧洲共同体国家，欧洲一些发达国家的高科技人才也大量流入美国。这种人才流失现象日益引起人们的重视。

例如，据华盛顿国家科学基金编辑的统计资料表明，20世纪60年代之初英国的科技人才每年有1000人移居美国，到70年代在英国获得学位后移入美国成为永久性移民的科技人才一度有所下降，但80年代中期由于英国削减高等教育经费的影响，又使英国大量高级科技人才流入美国，使流入美国的数量又恢复到60年代每年1000人的水平。

另据美国有关方面统计，自1949年到1973年加入美国国籍的由外国移入的高科技人才共22万人，数量之大为世界各国之冠。以后历年加入美国国籍的外国高级科技人员仍以每年1万人的规模持续增长，而已经在美工作尚未加入美国国籍的高科技人才还未计算在内。

又据联合国统计资料表明，仅1961年发展中国家就有41万科技人员流入欧美。到20世纪80年代末90年代初，发展中国家外流人才估计已经超过100万人。非洲流入欧美的科技人才为数不少，目前仅在欧洲共同体国家工作和定居的就有8万人。由拉美和亚洲外流的科技人才为数虽无精确统计，但绝不会低于非洲人才流失数量。迄今仅在美洲的亚洲人后裔为数即近700万人，其中科技和经济管理人才占相当比重。

目前国际之间的人才流动趋势是：在发达国家之间是由工作条件相对较差和生活待遇相对较差的国家流入上述两个条件更为优越和优厚的国家。而发展中国家的人才一般则向发达国家流动。

（二）"脑流失"的原因和实质

第二次世界大战以后出现的相当规模的人才流失现象的原因是什么？

据英国《独立报》1989 年 2 月刊登的题为《人才外流加剧，不安定的英国大学将受到打击》文章披露，80 年代英国科技人才大量移居美国的原因，有的是因为在英国工作缺乏前途，有的是由于到美国大学任教的薪金收入将增加一倍到两倍。文章认为英国削减大学经费是人才流失的主要原因。文章援引 1987 年离开英国前往美国堪萨斯大学任教的欧洲史教授约翰·凯尼恩博士的话说："我对在削减教育预算过程中担任系主任一职感到厌倦。你不得不耗费大部分时间为几个小钱去争论。"

无论是发达国家还是发展中国家的高科技人才和医生以及其他有特殊才能的人才的流失，就其流出的主要原因而论大都是一样的，一是迁出地工作条件不如迁入地的优越；二是迁出地的生活待遇不如迁入地的优厚。我们使用赫泊尔（R. Herberla）提出的，并为唐纳德·伯格所发展的"推拉理论"很容易解释上述人才流失的原因。两个地域的工作和生活条件的明显差别，所形成低条件对人才的推出力和高条件对人才的吸引力，一如高度不同的水位落差所形成的势能作用。

如果再把"人才流失"问题简化为一种经济现象，我们还可以援引斯达科把"成本—效益"理论用来解释人口迁移的方法，进而用来解释"人才流失"。即人们迁移的花费是投资成本，迁移后的所得收入是效益利润，因此，迁移行为的选择取决于迁入地的平均收入是否超过迁出地的平均收入，加上用于迁移过程的花费。迁移者所实现的净产值可用下列公式表示：

$$PV = \left[\frac{L_j - L_i}{rd_i} \right] - G_{ij}$$

其中：PV 表示迁移者实现的净产值；$L_j - L_i$ 表示迁入地 j 的实际收入与迁出地 i 的实际收入二者之差；rd_i 表示 i 地实际收入的折扣率；G_{ij} 表示从 i 地到 j 地所花费的迁移费用。

依照上述计算如果扣除折扣率的实际收入值，超过他在迁出地的实际收入与迁移费用之和，他会选择迁移。

在国际自由迁移条件下，用此还可以计算预期的迁移人口数，公式如下：

$$M_{ij} = f [PV]$$

其中：M_{ij} 表示由 i 地迁移到 j 地的人数；f 表示函数；PV 表示迁移者实现的净产值。

如前所述美国大学教师的薪金收入超过英国大学教师起码一倍，因此引起英国人才流入美国。更不必说发达国家比较高的工资水准对于一般发展中国家科技人才的吸引了。

美国著名经济学家西奥多·W. 舒尔茨（Theodore W. Schuliz）在其《一个经济学家的迁移观》一文中指出："所谓'脑流失'是对经济刺激的反映。经济刺激的影响是增进高科技人员的物质福利和增进生产力的效用。"[1]

笔者以为所谓"经济刺激的反映"实际上是一种市场效应。在国际市场上商品的流通是以价格为导向，哪里的价格高就流向

---

[1] *McNeill & Adamas, Human Migration*, p. 384.

哪里。在国际劳务市场上，作为特殊商品的劳动力，同样是以劳动力的价格为导向，哪里的工资水平高就流向哪里。而高级科技人才与一般劳动者的差别只在于劳动的形式，前者是所谓脑力劳动，后者是所谓体力劳动者，即通常所谓"白领"和"蓝领"的差别。而在资本主义商品经济关系之中，这二者的共同点都是受雇主雇佣的雇佣劳动者。他们都是作为特殊商品在国际劳务市场和人才市场上的劳动力的出售者，或劳务的服务者。因此就"脑流失"的实质而言，无非是特殊商品在国际人才劳务市场上的流通。

（三）脑流失的影响

高级科技人才在国际之间的迁移，对于流入国当然有明显的好处。这主要表现在两方面：一是流入国吸收外国的高级科技人员用于高等教育、科学研究和物质生产等多种领域，获得相当大的效益。美国许多尖端科技领域都吸收有大量外籍迁入的高级科技人才和大量美籍外裔人才，就是最好的证明，为所雇佣的公司带来的大量利润是难以估计的。另一是流入国还可节省大量的教育和培训费用。据估计美国大学生取得学士学位约需花费10万美元，大学毕业以后再取得硕士学位约需花费5万美元，进而再取得博士学位至少还需花费5万美元以上。换言之，一个学生取得硕士学位共需花费15万美元，取得博士学位共需花费20万美元以上。这只是高级科技人才的个人用于教育的费用，还未计入政府和社会团体对于大学教育的拨款和资助。

"脑流失"对于人才流入国的效益，就是人才流出国的损失。西奥多·舒尔茨把这种损失称之为"逆效应"。他指出，1960年有大量会议报告和专门论文认为科学家和其他高级技术人员迁入其他国家。"无论是获得物质利益，还是在科学和其他领域，做出国际性贡献，都被认为是没有价值的。"① 他还指出这些研究报告认为，人才流入国的"人力投资的'产出'中的一部分'耗费'是迁移者的迁出国所偿付的，所以有一种观点，要求补偿这种'耗费'"②。有些研究报告还主张对科学家和其他高级技术人才的国际迁移加以限制。前苏联就是要求出境人员缴纳教育补偿费的国家之一。

尽管有上述对高级科技人才的国际迁移进行限制的主张，但实际上在发达国家中是难以实行的。因为在自由贸易和国际市场的形成和发展过程中，无论是普通劳动力还是高级科技人才，早已是一种特殊商品在国际贸易中参与了交换和流通。只是这种特殊商品的交换和流通方式与一般交换和流通有所不同。这种特殊商品的交易不是一次付清商品的价款，而是按月按年支付劳务薪金。这是人所共知的事，限制高级科技人才的国际迁移，无疑就是损毁自由贸易的原则和商品流通的原则。这是与资本主义商品经济法则相矛盾的。如果发达国家都实行限制本国高级科技人才迁出的政策，影响所及也会堵塞其他国家的高级科技人才迁入本国。因为有些发达国家高级科技人才的流失，往往可以从相对工资较低的发达国家以及发展中国家引进高级科技人才进行弥补。迁出与迁入可以相抵，他们的实际损失并不算大。相对而言，发展中国家的高级科技人才流入发达国家所造成的"人力投资"损失和期望收益损失，是一时难以弥补的。尽管存在这种损失，而采取限制高级科技人才进行国际迁移政策的实际效果并不理想。一方面，采取限制政策，是一种消极防范的下策，会带来某些逆反心理的抵制，所谓"留得住人，留不住心"，结果仍然不

---

① *McNeill & Adamas*, *Human Migration*, p. 384.
② 同上。

会取得好的效益。另一方面，如果从长远着眼，一定数量高科技人才流出对于迁出国而言，上述损失却可在将来得到更大的补偿。关于这点，本文在后面还要述及。

二　中国人才流失的初露

中国早在唐宋时期闽粤沿海居民即往南洋诸岛经商贸易，15世纪初明成祖派三宝太监率船队先后七下西洋时，南洋一些地方已有华人自发移民聚居千户的村落。近代中国人自发向海外的开拓历史并不晚于欧洲人对新大陆的发现。令人惋惜的是明朝中期开始海禁，严禁国人出海。清代依然实行闭关政策，明清两朝都曾制定严厉刑典惩治私行外迁。"明律"对向海外贩运货物和携带军械者，分别处以杖刑和绞刑。"清律"对私出海外经商移居蕃地者，按反叛律处斩立决。尽管海禁刑罚如此严厉，但是人口日增与有限耕地的矛盾仍然迫使东南沿海居民冒死出海寻觅生计。19世纪中叶鸦片战争以后海禁废弛，沿海居民开始较大规模的外迁，其中也有相当数量移民是被人骗卖出境的劳工。据史学家估计迄19世纪末叶，海外华人和华裔已有400万人①。后来两次世界大战虽然减弱了国人外迁的势头，其间仍有不少移民迁居海外，据陈达教授估计到20世纪30年代中期海外华侨和华裔已达1200万人以上，分布世界50余处②。另据胡焕庸教授援引台湾地区出版的《年鉴》刊载迄至20世纪80年代末世界华侨和华裔数字在2400万人以上③。还有些书刊估计此数当在

① 李长传：《中国移民史》，商务印书馆1937年版。
② 陈达：《人口问题》，商务印书馆1934年版，第354页。
③ 胡焕庸：《世界人口地理》，华东师范大学出版社1982年版，第188页。

3000万人以上。

　　与明清两代屡行海禁相对应的是当时西欧已先后向世界大量移民，"自16世纪开始，到20世纪之初达到鼎盛时期，以后迁移规模逐渐减弱，估计约有6000万人自欧洲移往海外"①。现今住在美洲的欧洲移民与后裔以及当地土著所构成的讲英语和西班牙语的人口聚居区，迄今都在3亿人口以上。而中国在海外的移民及其后裔所形成的聚居中华文化圈，只有新加坡和马来西亚两地较为集中，共约700万人左右。其余皆为大分散小集中，虽仍保持中华文化传统，但难与欧洲移民相比，也与中国光辉灿烂的古老文明不相称。造成这种差别的原因是，欧洲近代移民得到帝国殖民扩张政策的支持、以炮舰为先导、随后又在资本输出的带动之下进行的。而中国近代移民则多自发迁出或被骗卖到海外，是在官方长期限制和严禁情况下迁出的。

　　新中国成立以后直到20世纪70年代末，我国闭关锁国约30年，国内人口外迁基本停止，更谈不上人才外流了。直到80年代初实行改革开放以后始得开禁。在此以前人们一般认为，国内城乡居民获得就业岗位和土地，不必漂泊海外忍受外国资本家的剥削。同时对于战后世界劳务市场的扩大，数以千万计的外籍工人从西欧共同市场国家、美国和中东产油国等地取得的大量外汇收入和提高自身技术水平，对劳务出口国的明显好处并不理解。及至顿悟其中利益，急起直追向外开拓劳务出口，为时略晚，欧洲和中东等主要海外劳务市场早已为其他国家所占有，积多年努力到90年代之末输出劳务只有6.6万人②。与当时国际

　　① *The Determinants & Consequences of Population Trends* (1953), united Nations Population Division. p. 98.
　　② 《上海译报》，1989年7月2日。

劳务市场总人数 1400 万人相比微不足道①。而且其中 80% 为低级技术工人和建筑工人，主要分部在中东、非洲、东欧、苏联等地。每年创汇收入大约只及南斯拉夫向西欧北欧劳务输出每年所得收入 20 亿美元的半数。

在相当长时期里，我国终止向外自发移民和并未参与国际劳务市场竞争，两者虽然都不涉及人才流失问题，但它反映人们对于在积极致力国内建设的同时，还应积极开拓世界市场参与国际范围竞争的重要性并不理解。尽管战后向海外自发移民与劳务输出，对于一个人口众多的国家，都已不是解决人口与土地矛盾的根本出路，但是在一定程度上仍是缓解这种矛盾的途径，所以还是有积极意义的。

改革开放以后对外文化科技交流的频次和派遣留学生的规模都有较大增长。估计迄今公费自费外出深造的学生约在 4 万—5 万人之间。其中约有 1/5 早已学成返国，其他 4/5 中部分尚未完成学业，部分学成滞留在外，具体人数虽难统计，但学成未归者应视为人才流失。加上近年部分文艺演员和运动员迈出国门外出求职的事时有所闻，这些事态说明 20 世纪 80 年代以来我国已初露人才流失现象。

在留学生中不乏成绩优异造诣较深而谢绝高薪聘请按期负笈返国报效桑梓者。这些人受到称赞是应该的。同时有关部门为留学生回国发挥作用，采取多种措施，如（1）拓宽回国就业范围，可在国内政府、公司、企业任职，也可到国家驻港澳单位工作，或应聘到国际组织工作；（2）因国内一时缺乏工作条件，可采取在国内工作一段时间在国外工作一段时间；（3）根据工作需要还可再次公派出国考察、访问、进修；回国服务期满，还

---

① 潘纪一、朱国宏：《世界人口通论》，中国人口出版社，第 236 页。

可申请自费出国；（4）积极做好编制、职称、住房和家属户口方面的工作；（5）自费留学回国人员与公派留学人员一视同仁，享受同样待遇①，也都起了一定作用，有关部门还派人前往招聘也取得一定收获。迄今仍有相当多留学生滞留未归，原因尽管不尽相同，就多数而言滞留未归的原因，是对工作条件和生活待遇的选择。外国公司往往以优越工作条件和优厚待遇吸引其中的优秀人才。有些原拟与招聘团商洽回国工作的留学生，后被外国公司高薪挖走的事并不少见。有些希望回国以后有三间居室安排老小的高级科研人才，也因国内聘请院校的住房还无着落而暂留国外。

在世界市场日益扩展，国际交流不断增强的当代，资本、商品、科技、信息、劳力、人才等都是构成世界市场流通的要素。劳力和人才在世界市场中，实质上都是为国际资本服务的特殊商品。当然人们要求学成的留学人员发扬奉献精神，实现报效祖国的宏伟抱负。人们还可以进言要他们不应成为国际资本的雇佣者。但是生活在资本商品世界，置身于国际市场竞争之中，有些高级科技人才对其工作条件和生活待遇进行选择是可以理解的，更何况其中许多人去留的选择，更着眼于工作条件。他们也知道国家经济状况一时难以达到发达国家水平，只是希望比现有水平有较大的改进。因此在必要的思想工作和探视招聘以外，还应积极改善归国留学生的工作条件和生活待遇。

人才流失既是带有规律性的现象，台湾地区也难以避免。早在 20 世纪 50—60 年代台湾地区即出现人才外流现象，据杨振宁教授估计当时学成回去的留学生只占在外留学的 1%—2%，80年代以后台湾经济有所发展，学成回去的有所增加，约占在外留

---

① 《瞭望》海外版，第 46 期。

学的 10%—20%。目前台湾在美的研究生约有 2.7 万人。而中国大陆在美的研究生也有 2.7 万人。这个数字相对大陆总人口而言比例不大。所以对于这种初现的流失现象和为数不多的人才流失不必过分担心。

如果放眼未来，若干年后留在海外的人才对于国家的经济文化作用将会另有天地。首先，改革开放迄今，国内吸收外资共约 500 亿美元，其中来自海外华侨、华裔和港澳台同胞的投资约占 2/3 左右。港澳台以外的华人多是 19 世纪末以后，各个时期迁到海外的华侨及其后裔，其中若干人士白手起家多代经营已成为当地的实业家和银行家。闻名遐迩的南洋爱国华侨，以早年出海的陈嘉庚等为代表的一批实业巨子，对振兴祖国的教育和实业所做贡献尤多。20 世纪 40 年代负笈海外的王安博士依靠自身科技才能在外兴办实业，数十年间拥有上亿美元资产。像这样的以其经营才能或科学技术在实业上取得很大成就的华侨、华商为数不少。随着岁月流逝有些侨领先后过世。当今国家高速发展经济和大力开拓国际市场，与海外华人合作之处正多。客观上需要新在异乡落脚创业而又与家乡往返密切的新一代侨居海外的华人中，涌现出新的实业家，以便继续加强与国内经济合作的纽带。现今国家鼓励大型企业迈出国门兴办跨国公司，一些集体和个体企业经营者，也雄心勃勃企望跻身国际市场争取一席之地，那么如果有些留学生依靠科技在外创建事业一显身手，对国家有益无损，与国家开拓国际市场的方向应是一致的。

其次，国际文化交流和科技信息传递在科技飞速发展、经济竞争日趋激烈的当今世界，占有极为重要的地位。国家文教科技事业的发展首要依靠国内的科技力量，同时从国际交流之中获得最新的科技成果也必不可少。建国以来海外华人学者在回国讲学、合作研究以及科技咨询等方面做了许多有益的工作。如杨振宁、李政道、吴健雄等，去国年代不远乡情尤深，关心国事熟悉国情，语言无疑便于交流传授，他们在科技领域所起的牵线搭桥和信息传递作用，与一般华裔学者相比更有优越和方便之处。杨振宁教授曾举例说明暂留海外的留学生的长期效益。20 世纪50—60 年代台湾地区去美的不少留学生，留在美国硅谷高科技园中从事研究工作。70 年代台湾经济起飞以后，其中有些人回到台湾建起计算机工业，现在年销 30 亿美元。如果没有这些人暂留在外，后来台湾未必能迅速建起计算机工业。国内内地的社会政治经济体制和台湾不同，在自力更生为主原则下，依靠自身科技力量可以建立新的科技产业，不必全部依赖外力。而上述例子仍可说明，留学生早回来有早回来的好处，晚回来有晚回来的好处。掌握先进尖端技术又参与国外实践的人，回来以后就是起到为辅的作用也是可取的。何况从长远着眼，随着世代更替也希望新居海外的华人学子不断涌现出科学家，能在沟通国际文化交流和科技信息传递中弦歌永续。

我们应该做的事是积极落实改善工作条件和提高工资待遇，以便争取留学生回国工作。在目前难以急于求成全部回收情况下，对于部分暂时流失海外人才的得失，也应持负效应与正效应、短期与长远利益两分法，看到眼前的损失和未来可以期望的收获。

三　国内的人才流失

如前所述"脑流失"一词系指国际间人才流失现象。本国人才在国界范围内流动，就国家整体而言并无流失可言。但是在辽阔的版图之上，相对发展不平衡区域之间人才流动，对流入区和流出区的增损效应是极其明显的。从这个意义上笔者借用

"脑流失"一词描述近十年来国内一些区域的人才流失现象，进而以同样思路描述国内某些行业的人才流失现象。在这里应该指出，行业之间人才流动的性质不属于地域迁移，而是属于社会流动，即从业者社会职业行业上的改换。

（一）国内区域间人才流失

我国劳力和人才的分配过去是按传统的劳动人事制度，按计划统一征调和分配的。20世纪50年代国家动员抽调东部城市文教科卫人员，在政治动员之下以高昂的热情奔赴西部北部边疆，其后继续把大量高等院校毕业生分配到边疆，在那里扎根落户，奉献青春，做出贡献，其中有些人就在那里长眠地下。"十年动乱"结束以后，不少离退休文教科卫人员告老还乡归回故里。80年代改革开放以后劳动人事制度逐步改革，劳动市场和人才市场先后出现。此后有些分配到边疆的科技文卫人员通过人才市场或其他途径先后回返，改变了过去30年间国内人才流动的方向，由原来自东南流向西、北，而转变为自西、北流向东南，费孝通教授最先指出这种人才倒流现象，他称之为："一江春水向东流"和"孔雀东南飞"。为补偿这种不利于边疆建设和发展的人才局面，他曾倡议："三力支边"。随着14个沿海经济对外开放城市和中部省市各种科技开发区的建立，中部和西部北部数百万劳力和数十万人才被吸引前去。据报道近年以来仅天津市吸收外地科技人才高达5万人。加之新建特区先后派出招聘团到内地招聘人才，因工作条件和生活待遇相对优越，应聘人才络绎不绝，被招前去的为数可观。

在发展社会主义商品经济和国内统一市场形成过程中，人才流向的改变是必然的。由于利益导向的无形力量的影响，东部对西部和北部的人才有更大的吸引力。何况还有夫妻多年两地分居，担心子女受不到较好教育，以及过去运动中遗留下来的种种人事隔阂……这些非经济因素所产生的离心作用，也促成他们决心返迁。人才流向东南对于流入区不言而喻会增加产出效益，相对而言，流出地说不上有人力投资损失，因为人才都是国家经费培养起来的，只是生产收益的损失是明显存在的。那么人才流出区的损失由何补偿？人才流失后的缺员又如何增补？在新形势下如何保持西部和北部建设的持续发展，不使西部、北部与东南地区差距过大？这是应该考虑的问题。完全回返过去行政调配体制硬性留住人才已行不通，关闭人才市场禁止人才流动违反趋势。因此西部和北部在思想工作之外，也应同样使用经济手段如较高的边疆工作津贴以及切实解决好前述的实际问题以便吸引住现有人才，更进而到内地和沿海招聘人才前去边疆。这种运用经济手段在国内人才上进行公平竞争，才是符合经济规律的有效措施。

（二）国内行业间人才流失

近年国内某些行业的人才流失也已出现。吴福生同志在《群言》杂志上撰文，把许多地方的不少教师弃教从工经商的趋势巧妙地概括为"流师"现象。该文援引有关统计：从1984年9月到1986年9月，3年间，高等师范院校共培养本科毕业生12万人，中等在职教师通过岗位培训获得本科学历的7万多人，两项合计中学本应新增加近20万合格教师，但同期流失的中学教师加上没有分配到中学任教的本科毕业生就达13万人之多，超过高等师范院校3年培养本科生的总和。该文还指出初中师资流失数量也相当大，同期师范专科和岗位培训共计培养取得大专学历的毕业生共50万人，而在此期间流失和未分到位的该类师资高达17万人。

其他科研单位也有人才流出的现象，但是应该区别的是有些科研人才适应科技商品化的要求，把科研成果与生产结合，并把产品转化为商品，或是把经济理论与企业管理结合从事经营活动。这种行业职业的改换使人才有用武之地，对经济发展有益，不能视为某些行业的人才流失，应视为合理的社会流动。而上述不少师资和一些与物质生产和经营管理或第三产业并不相干的行业人才流入纯粹流通领域或服务行业，这种人才流失令人忧虑。探寻流失的原因，多为流出行业与流入行业的收入差别悬殊所致。同样缓解的办法只能是改善流出行业的工作条件和生活待遇，特别是应该大幅度增加文教经费的投入。

四　简短的结论

第一，"脑流失"是世界性的带有规律性的现象。人才（高级脑力劳动者）和劳动力都是构成国际市场的要素。同样也都是特殊商品，它以价值规律为基础，由它的市场价格引导流向。在各国经济发展不平衡条件下，有国际市场就有人才流动和流失。

第二，"脑流失"有两重性，对迁入国和迁出国分别有正负效应。一般来说发展中国家的人才流失的负效应尤大。不过部分人才流失对某些发展中国家除带来短期逆效应外，可能带来长期正效应。

第三，在国际市场中扭转本国的"脑流失"，除采用非经济手段以外，应着重改善国内人才的工作条件和提高生活待遇。

第四，国内区域间人才流动和人才市场的出现是适应商品经济发展需要的产物，也是不同地区收入差别的结果，对流入地和流出地分别有正负效应，迁出地不能使用行政手段阻止人才流出，只能以思想工作兼用经济手段加以引导。行业间人才流动的性质属社会流动，不属地域迁移。在商品经济发展的前提下，产生的原因主要是行业之间收入的高低悬殊。合理的行业间人才流动应予鼓励，不合理的行业间人才流失同样应采思想工作兼用经济手段加以引导。

（原载《人口研究》1993 年第 3 期）

人口迁移与社会发展

一　人口迁移的微观效益和宏观影响

人口迁移和人口流动是人们在一定地域之间的运动。人口迁移是指人们以改变定居地为目的，越过一定地界的移动。而人口流动则指人们不以改变定居地为目的，越过一定地界的移动。人口迁移的类型繁多，可从不同角度进行分类。例如，从时间上，可区分为永久性迁移、临时性流动、季节性流动和周期性流动等；从空间上，可区分为国际性迁移和流动，国内迁移和流动，省际、市际、县际、镇际迁移和流动；从地域类型上，可区分为农村之间的迁移和流动，城镇之间的迁移和流动，城乡之间的迁移和流动；从迁移意愿上，可区分为自愿的迁移和非自愿的迁移；从迁移组织形式上，可区分为自发的自组织迁移和有计划的被组织迁移；从迁移的最基本原因上，可区分为因自然环境改变所造成的原始性迁移以及因社会变动造成的强制性迁移；从迁移者生活方式变革程度上，还可分为保守型迁移和变革型迁移等等。

人口迁移、人口出生、人口死亡同是三种人口现象，也是三种人口过程，三者都是人口学研究的主要对象。人口出生和人口死亡属于人口的自然变动，是生物学过程。人口迁移属于机械变动，是社会变动过程。人口学者卡尔文·戈兹查德（Calvin Goldscheider）细致地分析过出生、死亡、迁移三者的差异。他认为，无论男女都有出生的经历，但是生育行为就只限于一种性别（女性），并且还限于一定年龄（生育年龄）和限于生育一定数量（生育潜力和生殖力）。死亡没有性别和年龄的限制，却有数量上的限制，即每个人只能死亡一次。迁移由于不属于生物学过程，因此没有性别、年龄和数量上的限制，成年男女自行迁移自不待言，而老弱婴幼跟随亲属或他人迁移亦比比皆是。迁移行为也没有数量上的上限和下限，一些人在一生中可能没有迁移过一次，而另一些人在一生中可能要进行多次迁移。①

出生和死亡作为生物学过程，迁移作为社会变动过程，尽管在其各自运动之中有上述种种差异，然而无论是对于单个的人、家庭抑或一个社区的人口群体来说，这两种过程都是密切关联、互有影响的。人们选择比原定居地更为优越的环境定居，显然可能影响到人们生活水平的改善、身体素质的增强、死亡率的降低、平均寿命的延长和子女存活数量的增加；人们为躲避灾害被迫进行的迁移，亦可能避免意外死亡，保障自身的生存；至于由于各种原因在外力强制下人们被迫由生活环境优越地区迁往生活条件恶劣区域，例如历史上殖民者对美洲土著居民的驱逐和对非洲黑奴的贩运，这种迁移对于人们生死的影响则与上述自愿选择的主动迁移的结果完全相反。迁移对于一个社区人口总体的影响

---

① Calvin Goldscheider, *Population Modernization and Social Structure*, Little Boston USA: Btown and Company 1971. pp. 47—48.

也是显而易见的。在其他条件不变的情况下，大量育龄妇女的迁出会引起迁出地人口出生率的下降；与此相反，大量育龄妇女的迁入会造成迁入地人口出生率的上升。大量青壮年迁出会影响到迁出地人口年龄结构的变化，使老年人口比重增高，从而导致社区人口死亡率上升；与此相反，大量青壮年迁入会影响迁入地人口年龄结构的变化，致使老年人口比重降低，从而导致该社区人口死亡率下降。

人口迁移作为社会变动是和人口的生与死的自然变动相伴随的。人口的每一个体有生有死，在历史的长河中都只是瞬间的存在，而人类作为主宰地球的一个物种则世代繁衍，以至永远。与人类世代更替、物种延续同时并行的，是人类群体或缓或急、或近或远、经年累月在大地上永无休止地迁移和流动。尽管迁移的原因是复杂的，迁移的形式是多样的，然而除去暴力强制下的非自愿迁移以外，就总体而言，迁移行为对于迁移者的微观效益，总是改善其自身以及家庭的生存环境和生活条件的。迁移行为对于人类的宏观影响，则是通过空间上的扩散，争取群体生命在时间上的延长；借助生存天地的广泛开拓，取得群体素质的提高、数量的增长和人类物种的繁衍。

二　世界性人口迁移概观

自史前至今日，人类经历的迁移次数是无法计量的，而人类世界性的大规模迁移则是屈指可数的。

人类最初诞生于亚洲南部和非洲东部的热带丛林中，他们从开始就在拥有茂密森林和充足水源的地方移动。由于火的发现和使用为人类提供了御寒和熟食的条件，从此"人们便不受气候和地域的限制了；他们沿着河流和海岸，甚至在蒙昧状态中也可以散布在大部分地面上了"①。美国芝加哥大学历史学教授威廉·H. 迈克奈尔则强调："当人类掌握猎获大型兽类技能并且发现穿着衣物遮盖裸体，从而可在亚热带保持生存的小环境时，人类在地球上的扩张性迁移才真正开始。"② 约在 4 万年以前，即旧石器时代晚期，人类的足迹已经扩散到亚、非、欧三大洲陆地适于人类栖息的地方。这种论断是以出土的未加磨制的旧石器遍布几大洲作为佐证的。这是人类在世界范围的第一次大迁移。

距今大约 3.5 万年到 4 万年以前，地球气温变冷，冰川活动异常，海平面下降，沿海的大陆架露出海面，致使大陆和许多岛屿相连，成为人类迁移前所未有的桥梁。这时，亚洲蒙古人种的一个分支从亚洲东北部大陆越过白令海峡到达北美大陆的阿拉斯加，尔后南下，约在新石器时期之初逐步扩散到南美洲的南端。与此同时，亚洲人种的另一分支由大陆南下，通过马来半岛和爪哇岛，进而通过当时曾经露出海面的天然桥梁抵达大洋洲的大小岛屿。这种论断以地质学对于冰川遗迹和地质构造的研究，人类学、考古学观察到的亚洲人种与美洲和大洋洲土著颅骨特征之近似，以及出土石制工具之相仿为据。这是人类在世界范围的第二次大迁移。

15 世纪哥伦布发现新大陆以后，英、西、葡等殖民国家先后向美洲殖民开拓，通过血与火的洗礼，屠杀土著，强占土地，掠夺财富和奴役当地居民，从而进行原始资本积累。稍后殖民者又从非洲捕猎黑人贩运到美洲从事奴隶贸易。据黑人历史学家 W. 杜波依斯估计，自 16 世纪初叶到 19 世纪末叶，从非洲被贩

---

① 　恩格斯：《家庭私有制和国家的起源》，《马克思恩格斯选集》第 4 卷，人民出版社 1972 年版，第 18 页。

② 　William H. McNeill, *Human Migration*, Bloomington & London: Indian University Press, 1978. 4.

运出的黑人共约 1500 万人以上。这是人类在世界范围的第三次大迁移。

自 18 世纪中叶到 20 世纪初叶，随着产业革命以后工业的长足发展和资本对海外的扩张，促进了欧洲大陆人口向美洲的大迁移，估计这个时期由欧洲迁到美洲的人数约在 6000 万左右。这是人类在世界范围的第四次大迁移。

第二次世界大战以后到 20 世纪 60 年代，由于战败国被遣返战俘与平民，先后在欧洲和亚洲骤然呈现两个规模庞大的人口迁移流。当时的德国从当时苏联和东欧及东南欧被遣返的人数高达 1200 万以上。日本从中国、朝鲜和东南亚被遣返人数在 600 万以上。此外，还由于国界的重新划定造成国际间的人口大迁移。例如，1947 年印度和巴基斯坦分治后，原在印度居住的巴基斯坦人与原在巴基斯坦居住的印度人分别回返本国，双方相向迁移人数高达 1500 万人。又如，1948 年以色列在耶路撒冷复国，将巴勒斯坦 100 余万人逐出家园流落邻国，而居住在全世界各地的犹太人 300 余万移居以色列，这些又是人类在世界范围的又一次大迁移。

从人类的若干次大迁移的概观中可以看出，人类通过迁移一方面拓展了自身生存和物种繁衍的空间；另一方面在人类走进阶级社会以后，剥削者或以暴力手段强制人口迁移，或越洋远征，强占他国领土和掠夺财富。人类社会的发展史，既是人类迁移开拓史，也是阶级斗争史。人类漫长的迁移过程是极其艰辛的，也是非常残酷的，其中既有欢乐，也充满血泪。

三　中国历史人口迁移鸟瞰

中国历史上人口的大迁移大多与战乱相关联，而战乱又多由民族冲突、霸主争雄和帝国入侵所引发。

在多民族的冲突过程中，有时中原民族拓展疆土，攻伐边地民族；有时边疆民族入侵中原，劫掠财货。例如，黄帝战蚩尤，商纣伐东夷，秦西御西域、北逐匈奴、南击百越。汉代北匈奴不断南侵，西汉政权累遣大军逐匈奴于大漠以北。东汉时，南匈奴、鲜卑、羯、氐、羌等民族迁入现今甘、陕、晋、冀等地，为数高达 50 万众，后因不堪西晋政权压迫，匈奴贵族起兵灭西晋，晋室南渡偏安江左。中原百姓四向逃避战乱，其中尤以随迁吴越、荆湘、襄颍、岭南、巴蜀等地最多。"俄而洛京倾复，中州士女避乱江左者十六七。"[①] 史称"永嘉丧乱"，这是中国历史上的一次人口大迁移。

中国历代封建统治者之间争权兼并战争是相当频繁的。春秋时期的五霸争雄，战国时期的七雄争霸，都曾混战多年。东汉到三国期间兵连祸结绵延数十年。西晋的八王之乱混战 16 年。史载关中等地人口离散十不存二。唐代藩镇割据长达百年。藩镇之间交战从未间断，终于酿成"安史之乱"，帝京被陷，接连 8 年战争，大量人口南迁。"天宝末，安禄山反，天子去蜀，多士奔吴为人海。"[②] 这是中国历史上的又一次人口大迁移。

唐末辽河上游契丹族所建契丹国不断南下拓展领土，曾从后晋取得幽云十六州大片土地。10 世纪中叶改号称辽。11 世纪初大举南下侵宋。12 世纪初源于白山黑水的女真族建立的金国先与宋朝联合灭辽，以后便累犯宋疆，终于攻陷宋都开封，宋室南迁偏安浙江临安，江淮以北多沦金手。大量中原人口随迁江南。

---

① 房玄龄：《王导》，《晋书》卷六十五，《列传》第三十五，中华书局 1983 年版，第 1746 页。

② 顾况：《送宣歙李衙推八郎使东都序》，《全唐文》卷六，中华书局 1983 年版，第 5370 页。

史称"靖康之难"。这是中国历史上的第三次人口大迁移。史家考证现今分布在皖、赣、闽、粤等东南省份的操客家语的居民皆系晋、宋两朝南迁人口的后裔。

13世纪蒙古族南下灭金亡宋统一中国，建立了元朝；17世纪中叶在辽东建立后金（后改称满洲和清）的女真族入关灭明，建立了大清王朝。这两个北方民族统治中国长达数百年之久。尽管蒙古族及其他色目人等迁入中原、更南及大理，以及满洲八旗倾族带户入关遍布国内重镇为数很大，但是其人口迁移规模则远不及上述前三次中原人口的南迁。

中国有史以来迄至明朝以前，中原政权的边患概来自塞北少数民族的入侵，东南海疆大致安静。及至明初，即14世纪后半叶，沿海外患接踵而至。先是倭寇骚扰东南，随后葡、英等国入侵，接连发生鸦片战争、英法联军入侵、甲午战争、八国联军等多次战争，使中国蒙受极大损失和耻辱。这些战事波及一隅且交战时间不长，因而遭受战火影响的居民迁移数量并不很多。唯独1937年爆发的日寇侵华战争所引发的人口迁移规模最大。中国近代史学家郭廷以教授记述抗日战争期间国内人口迁移时指出："一般人民同样不甘受敌人统治，千辛万苦，扶老携幼，肩挑手提，络绎向后方转移，1937—1939年，受政府救济者，单是江苏、浙江、安徽、江西、湖北、河南五省已达400多万人。家计稍裕自行设法者，及得亲友之助，或随公私机关而迁者，约在1000万人以上。"[①] 上述3年中局部省份西迁人口数字即已高达1400万人以上。整个抗战8年之中从沦陷地区陆续迁到西南西北诸省的人口应超过2000万以上。这是中国历史上经历过的规模最大的一次人口迁移。

---

① 郭廷以：《近代中国史纲》，香港中文大学出版社1979年版，第697页。

上述四次因战乱引起的人口大迁移，其中两次缘于北方民族入侵，一次缘于中央政权与割据政权的争霸，另一次缘于帝国主义的武力入侵。其迁移走向，前三次都是"南迁"江左，最后一次却是"西进"入川。40年代学术界有谓"南迁与西进"之说。前中央大学地理学教授沙学俊曾就外族（相对于中原汉族而言）和帝国主义入侵，纵论中央政权的盛衰，得出所谓："南迁则亡，西进则兴"的结论。这种史论纯是形而上学的。在战争失利的情况下，战略撤退的方向和反攻基地的选择无疑是有重要意义的。然而国家转守为攻、挽救危亡的决定因素，绝不是战略转移的方向，应是中央政权对于激化的民族矛盾和阶级矛盾的总体战略处置是否得当。

此外，农民起义战争也常会引发人口迁移。诸如秦末陈胜、吴广、刘邦、项羽的起义，足迹遍中原与江淮；东汉黄巾起义纵横大江南北长达30余年；唐末王仙芝、黄巢起义转战半壁中国历经10年；明末李自成、张献忠起义驰骋幽燕江汉，战斗17年终于推翻明廷；清末太平天国大起义前后14年战经18省。以上各次起义部众少则十几万，多则50万。虽然农民战争与前述诸种战争性质不同，然而两军对垒厮杀，战火所经之处，必有众多农民参加义军抑或弃家远去流落外乡。至于起义失败以后的幸存者或远走边陲或潜入山林。迄今各地民间保存下来的族谱和家谱常有某朝某代因躲避战乱自某地迁此的记载就是明证。不过，各次农民起义战争所引发的人口迁移较前述四次人口大迁移的规模都小得多。

四 人口迁移与发展

在以农牧为主的自然经济社会形态中，财富的创造绝大部分来自劳动和土地。因此"广土众民"成为奴隶社会和封建社会统治者的普遍追求的目标。无论在民族之间抑或中原汉族中央政权与地方割据政权之间，使用武力强占对方领土、掳掠财富和人口的事件是不胜枚举的。例如西汉政权强将北方乌桓族人口迁至塞上，又把岭南越族置于江淮；尔后乌桓族南侵，同样掳获中原汉族人口至塞外。魏蜀吴三国汉族政权亦有互相掳掠对方领地人口强行移至自己辖境充作农耕劳力的事例。

在战争间隙或战事平息以后，统治者出于军事、政治、经济的需要，还多进行驻军屯垦或移民边陲，以至移民充实因战乱人口减少的内地和都城。例如，秦北击匈奴后移民塞上，南伐百越后迁中原 50 万人于岭南，并广置郡县驻军屯守，更"徙天下豪富于咸阳十二万户"①，另徙近 10 万户于关中。汉承秦制遣军北逐匈奴以后，置郡河西与塞北，引水屯田先后移民近百万。据史学家吴晗教授统计，在西汉政权 20 多次移民之中，10 次移富豪大族至京都附近，10 次移平民至关中，两次实边，余为分遣各地。其中多数为强制性移民。② 此后历代政权都极重视移民屯垦，迄至元、明、清诸代，更在漠北塞外、海西川滇等地广泛驻军和移民屯垦。直到民国依然倡议屯垦，只是由于军阀混战多年，更后日寇入侵，致使官办移民未见成效。

数千年来，尽管战乱频繁，然而在大战过后总有或长或短的相对平静发展的时期，人民可在劫后余生中休养生息。在农耕经济为主的社会里，农民与土地粘连紧密，往往"安土重迁"绝少远离家园，处于封闭的社区之中。沟通社会经济联系的是手工

---

① 司马迁：《秦始皇本纪》，《史记》卷六，中华书局 1982 年版，第 239 页。

② 吴晗：《西汉经济状况》，《吴晗文集》第一卷，北京出版社 1988 年版，第 61 页。

业者和商人的贩运活动。特别是西汉通使西域，隋代大运河的开凿，唐代陆路和海上丝道的开通，明代郑和面向西洋的出航，为中原与西域，北方与江南、中国与西亚以及南洋间的贸易往来，人口的移动创造了便利条件。以后，各代沿上述路线移动的经济活动人口为数不少。

在相对平静的岁月里，虽然没有战乱，然而水、旱、虫、雹等自然灾害仍会迫使农民离家出走，突然形成巨大的迁移流。同时还由于人口日增，耕地不敷使用，也会引起农民移向边地拓荒。这种自发的拓荒人口不像因战祸天灾的骤然降临所形成的湍急的迁移人潮，而似涓涓细流长年累月地流向四方。晚清废止出关封禁和开放海禁，以及鼓励移民垦殖以后，逐渐形成"闯关东、走西口、下南洋"等传统移民路线，而辛亥以后更显现出"进城市"的迁移流向的新态势。

"闯关东"多系山东、河北、河南等省农民或由海路登辽东半岛，或由陆路出山海关直奔东三省。据地理学家胡焕庸教授估计，自"19世纪末至解放前夕的50年间，由关内迁移到东三省的人口共3000多万左右"[1]。据社会学家陈达教授统计，仅"1923年到1930年之间，内地迁往东三省的移民不止500万人。内中久居者几及半数"[2]。

"走西口"多系山西、陕西、河北等省农民西出或北越长城诸隘口进入内蒙古。自19世纪初叶到1949年，内蒙古总人口由215万增长到608万，前140年间人口增长183%，比同期全国总人口增长50%的增长速度要快得多，其原因显然是人口机械

---

① 胡焕庸、张善余：《世界人口地理》，华东师范大学出版社1981年版，第406—407页。

② 陈达：《人口问题》，商务印书馆1934年版，第361页。

变动的作用。然而在此期间，内蒙古地区的蒙古族人口由103万人下降到83万人，减少了近19%，而该区汉族人口却增加了415%。尤其是辛亥革命后到抗日战争爆发这25年中，该区汉族人口由155万人增加到372万人，成为汉族人口移入内蒙古的高潮。到全国解放时，该区汉族人口已经增长到513万人，而蒙古族人口则不足100万。①

"下南洋"多系东南沿海浙江、福建、广东等省农民泛海侨居南洋各地，特别是外国资本以招募华工形式掠夺中国劳力，更使大量同胞漂泊海外。据胡焕庸教授估计，"19世纪以及20世纪上半叶迁往世界各地的华侨约有两三千万人（不包括华裔）"②。

"进城市"系指海疆洞开以后，外国商品和外国资本接踵而至，加之民族资本的兴起，现代工业遂在中国沿海口岸和通商大埠逐渐发展起来，城市工业对于劳力的需求促使农村人口迁往城市。早在20世纪30年代之初，陈达教授就已观察到这种动向。他指出："在近几十年来，一直进行着乡村与城市的人口迁移，这种迁移的结果，不断地使许多青年人从乡村徙入都市里，包括长江流域和沿海各城市如上海、无锡、汉口、广州及天津等地，潮水似地继续不断地徙民都是来自乡间的。虽然移民运动的进行，其吸引力及离心力究是如何？还没有足够系统的研究，但大量人口朝向城市流入，确实是普遍事实。"③ 根据中国海关调查，"1921年中国47个通商口岸的人口总数超过1000万人，全国10

---

① 宋迺工主编：《中国人口·内蒙古分册》，中国财经出版社1987年版，第52—57页。

② 胡焕庸、张善余：《世界人口地理》，华东师范大学出版社1981年版，第407页。

③ 陈达：《现代中国人口》，天津人民出版社1981年版，第87页。

万人口以上的都市 50 个，25 万以上人口的都市 20 个。"① 迄至建国前夕，中国城市人口已达到全国总人口的 10% 以上。

综观中国有史以来迄至建国以前国内人口迁移的史实，迁移流的总走向有二：一是发祥于河洛渭泾的中原民族人口不断四向扩散；另一是北方诸民族人口持续南下，在讨伐或入侵的外力连锁撞击之下，或被逐不断北移，或被迫持续南迁。许多民族在长期的相互穿插、交错渗透的过程中，最终形成大集中小分散和混居共处两种基本格局。

在战乱和天灾的袭扰之下，人民离乡背井，漂泊异域，生命财产招致伤害和损失，社会经济遭受巨大破坏是不难想象的。然而，国内民族间相互侵扰所引发的人口迁移，在民族冲突的同时也把中原的先进文化和生产技术传播到边疆。同时，由于诸多民族长期混居共处，相互通婚，使民族之间血乳交融，而多代远缘联姻的结果，更增强了各民族的肌体素质。

20 世纪 80 年代中期，笔者访问墨西哥城时，曾在一座教堂前看到一块石碑，碑文中有一段话是："谁也没有胜利，谁也没有失败，一个新的民族诞生了。"这段话显然掩盖了当年西班牙殖民者入侵和印第安人反抗的历史，然而历史的发展却使两个对立冲突的民族融合，形成一个新的欧印混血民族也是事实。

冲突转化为融合，破坏转化为发展，这种正与负两种效应的对立统一，是阶级社会历史发展的辩证法则，是不以人的意志为转移的。

至于在那些相对安稳的岁月里，永无休止的商贸往来和其他拓荒的自发性人口迁移，沟通了四方文化，促进了经济发展，在可耕土地之上使得人口分布相对均衡，并使边陲得到巩固等，这

---

① 阮湘编：《中国年鉴》第一回，上海商务印书馆 1924 年版。

些深远的社会影响是不言而喻的演进结果。

五　人口迁移研究的意义

在世界各国的历史著述中，多有关于人口迁移事件的记载，然而对于人口迁移现象的研究则迟至19世纪才受到重视。马克思较早观察到，在资本原始积累的过程中，被英国圈地运动驱逐出自有土地的农民成为一无所有的流浪者，尔后被城市新兴工业所吸收；英格兰工业的发展引发爱尔兰居民向英格兰的迁移；以及其后由于宗教斗争和资本、劳动力的相对过剩，又触发西欧人口向美洲的大迁移。马克思不仅把现代移民与古代移民的性质从理论上加以区别，而且把迁移现象与生产方式联系起来加以考察。19世纪末叶，英国统计学家拉温斯坦（E. G. Ravenstein）根据英国和其他20多个国家的普查资料进行了人口规律性研究。随着资本主义商品经济的发展和国际市场的开拓，国内和国际人口迁移日益增多。在商品经济高度发达的国家里，人口迁移的主体是在劳动力市场中求职的人口。劳动力作为商品，其价格在市场中不时上下浮动，从而市场价格的涨落成为劳动力流动的导向，常是由工资较低的地区流向工资较高的地区。然而，在资本主义经济运行过程中，一个地区因市场劳动力价格上升引起劳动力流入，同时劳动力价格上升往往也会影响到该地区企业的利润下降，结果又会导致资本由该地区流出，致使劳动力由于市场需要减少，促使劳动力市场价格下降。因此，工资浮动、劳动力流动、利润升降、资本流通，四者之间制约关联，成为经济学家所密切注视的问题之一。

其次，西方工业化的历史表明，农业和工业两大部门经济结构的转变所引起的人口迁移，使得绝大多数农业人口转变为工业人口，乡村人口转变为城镇人口。所以，人口的地域分布变化和职业分布变化被看作是现代国家的基本国情之一。

再次，在现代社会里，人们向往改变自身的经济和社会地位，步入致富道路，取得优异职位。这种由"低层"向"高层"的转变，称之为人们的社会垂直流动。为实现这种转变，人们往往需要易地他迁，在流动中寻找理想所在。从微观角度可以看出：人口迁移作为相对于地表的水平流动，是人们进行社会垂直流动的必要条件，因此普遍受到社会学、人口学等多种学科的重视。多年来，专家、学者对于国内和国际人口迁移的流量和流向、迁移人口构成、迁移原因及影响等进行了广泛探讨，迁移类型、迁移计量指标、迁移量的间接估算等方法论日臻完善，迁移假说和理论逐渐推出，例如"推力和拉力"、"人口流动转变"等理论学说的问世。20 世纪 60 年代前后，将模型研究方法引入迁移研究领域，先后出现"刘－费－拉尼斯模型"（Lewis－Fei－Ranis Model)、"托达罗模型"（M. P. Todaro Model)。其中若干模型还是以发展中国家人口迁移状态模拟的程式。迄今国际学术界对于人口迁移和流动的研究久盛不衰，仍然是热门研究课题。

中国从 20 世纪 30 年代开始陆续有著名社会学家陈达教授、吴景超教授等先后推出社会学专著，论述中国国内人口迁移和海外华人侨居状况。建国以后，随着社会主义建设事业的长足发展，由此引发的国内人口迁移呈现出前所未有的态势。由于人口学和社会学等学科一度成为禁区，学术界对此社会现象极少问津。80 年代初，著名人类学家、社会学家费孝通教授对于支援边疆人口回返内地的缘由，以及乡镇发展对于农村人口的吸收影响广泛深入地做过调查研究，他所提出的"三力支边"和"发展小城镇"等论断都是极富建设性的精辟见解。此后，学术界逐渐展开对人口迁移问题的研究。笔者在国内外学者研究的基础上，将研究的重点置于城乡之间的人口迁移之上。这是因为，中国作为发展中国家，其现代化发展的核心是工业化。在工业现代化和农业现代化的发展过程中，农业部门的过剩人口，不断被现代工业部门和第三产业部门所吸收，这是现代经济发展的必经之路。而经济结构的转换，首先使工农业两大产业部门之间的劳动力发生转移，从而引起城乡之间的人口迁移和流动，这是不可避免的客观规律。因此，在一个没有大量可以开垦的生荒土地的中国，在现代化建设过程中，人口迁移的主要流向应是农村迁往城镇，其中包括以乡镇企业为基础聚集而成的乡镇。事实亦复如此。自新中国成立至 60 年代初，与农村人口流入城镇的同时，曾有不少农民自发和有组织地迁往东北、内蒙古和西北等农业区域，累计约在 2500 万人以上。此后，这种由农村迁往农村的省际类型的迁移基本终止，特别是在农业生产责任制推行以后，即出现由农村到农村的回返性人口倒流。国内人口迁移主要流向成为由农村迁往城镇。自新中国成立迄今，城镇人口比重已由 1949 年的 10% 上升为 1990 年的 26%，估计由农村迁入城镇的人口数量是很大的。

中国是社会主义国家，它所实施的计划控制人口迁移政策，不同于发达国家和其他许多发展中国家的人口自由迁移政策。因此，研究中国人口迁移的特点，总结国内人口迁移的经验教训，探讨建立新的迁移机制，以便适应 20 世纪 80 年代以来经济体制由计划性产品经济向社会主义市场经济的转变，评估现有迁移政策的得失，提出决策建议，对独特的中国人口迁移实践进行理论概括，应是学术研究的重要课题，也是客观实践迫切需要解决的问题之一。

（原载《中国城镇人口迁移》，中国人口出版社 1994 年版）

促进迁移模式转变的决策建议

　　前面各章对于《中国1986年74城镇人口迁移抽样调查资料》分别进行了全面分析，其中包括：计算出新中国成立以来城镇人口迁移（流动）的数量和迁移（流动）率；剖析迁移人口的构成、迁移的原因；考察人口迁移对于移民生育、对移民经济收入和社会经济地位变化及对城市化等多方面的影响；论证经济体制（其中包括劳动就业体制）对人口迁移的制约；比较迁移人口与非迁移人口、不同区域人口迁移及中外人口迁移的差异；根据城镇人口迁移的本质特点进行理论模型和数量模型的概括。全部分析证明本项研究的假设（见第三章）完全符合实际，即与计划产品经济体制配套的封闭式人口阻碍市场经济的发展。合乎逻辑的结论是随着计划产品经济向市场经济的转变，人口迁移模式也须由"封闭式"向"开放式"转变。

　　本章在上述各章分析论证和回顾近代我国城镇人口发展的时空变化基础上，进一步探索社会主义建设与开放式人口内在联系的有关理论，评估建国以来实施封闭城镇政策的主要得失，最后提出促进人口迁移模式转变的若干决策建议。

一　社会主义建设与迁移模式转变的理论探讨

前章在迁移模式转变的论述中，已经提出迁移模式转变的核心是三种转变的统一。这里将三种转变的内在联系做进一步的理论探讨。

（一）产业结构转变与农村人口的两种转变

在社会主义建设实践过程中，人们对于工业和农业现代化的必然性与必要性是理解的，然而对于工农业两大产业部门因产业结构差异所引发的产业结构变化，以及由此导致农村人口转移的必然性和必要性的认识，则嫌不足。

1. 工业化与农业人口产业类型转变

无论是在资本主义还是在社会主义生产方式条件下，农业部门使用的土地都是有限的和非再生性的。耕地面积的有限性有可能会使农业人口持续增长突破耕地的有限容量。但是，在农业现代化过程中，由于农业劳动生产率的提高，可使耕地单位面积承养人口数量增加，同时也从耕地上溢出更多农业剩余劳动力需要转移。现代化工业使用的生产资料却是可再生性的，它的生产规模和速度可以超过人口的增长。现代工业部门日益增长大大超过农业部门在国民经济中的比重，使得逐渐吸收农业过剩劳动力成为可能。工农产业结构转变过程也就是工业化过程，只要持续和不断扩大工业部门的发展，终会通过产业结构的转变，逐渐把农业剩余劳动力转移到工业部门。从理论上正视产业结构差异和转变与农业人口在产业类型上的转变，在实践中会使人们的视线集中在促进农业人口向非农部门的转变上。

2. 城市化与农村人口居住地类型转变

城市的出现是人类社会发展史上划时代的里程碑，是人类脱离野蛮进入文明时期的分水岭。特别是在现代工业发展过程中，由于经济集聚效益的驱动，使得工业趋于集中的发展，由此引起城市人口的空前集中。这种经济发展与人口变化的相关联系，不仅表现在城市工业吸收大量农业剩余劳动力从而使城市人口增多方面，也表现在工业分散发展逐渐促使新的市镇形成方面。因此，无论是农村人口被城市工业吸收，一举改变原来的产业类型和居住地类型，或是农村人口就业于当地企业，在首先改变产业类型之后，继而逐步将居住地类型由农村变为小城镇。上述变化说明，工业化和城市化的同步发展，最终促使农村人口实现产业类型和居住地类型的两种转变。

（二）市场经济发展与城乡社区类型的转变

在前面一些章节中曾概略考察过生产方式对于人口迁移和流动的制约，在这里着重概述商品经济的发展对于人口迁移和流动的影响。就决定人口迁移和流动行为的经济动因而言，前资本主义社会中自给自足的自然经济产品，满足了社区以内人口的绝大部分需求，农村社区与区外或城乡之间的有限的物与物的交换，决定着人与人的稀少交流。另一方面，就迁移和流动的主体（即人口的状况）而言，由于封建主对农民进行超经济剥削所依赖的是不同程度的人身不自由和人身对土地的依附，因此农民是没有迁移自由可言的。在资本主义商品经济关系渗透和瓦解农村自然经济以后，逐渐使得农民摆脱了依附地位，同时也离开了被附着的土地。马克思指出："创造资本关系的过程，只能是劳动者和他的劳动条件的所有权分离的过程，这个过程一方面使社会的生活资料和生产资料转化为资本，另一方面使直接生产者转化为雇佣工人。"① 脱离土地的农民只得把他仅有的劳动力，作为一种特殊商品流入市场上出售给资本家。于是"资本按自己的需要把他们时而调到这里，时而调到那里"②。特别是在"一个工业城市或商业城市的资本积累得越快，可供剥削的人身材料的流入也就越快"③。资本通过市场机制调节劳动力的流动，而劳动力的流向取决于市场需求和工资的摆动。还须看到，"大工业的本性决定了劳动的交换、职能的更动和工人的全面流动性"④。这不仅是因为新兴行业、职业的出现，对于工人的吸引，也由于技术设备的改进和生产资料的更新，对于工人的排斥。再次，商品经济在城乡的发展促成了全国统一市场的形成，工农业商品流通冲垮了城乡隔绝的壁垒。这一切都说明，资本主义商品经济发展、大工业生产和国内统一市场的形成是人口大幅度流动的原因，而这一切也是城乡社区由封闭类型转变为开放类型的条件。

　　在中国推行计划产品经济体制时期，不仅主要的生产资料统调统拨，工矿商贸企业劳动力一概统包统配，甚至城镇中的某些生活资料也由计划供应。在这些领域里没有市场运行机制，更谈不上由市场导向的劳动力流动。在经济体制改革以后，商品经济的发展必然产生市场机制和市场体系。商品市场、资金市场、技术市场、劳力市场、人才市场应运而生。虽然宏观调控下的市场机制和自由贸易的市场机制也有不同，然而市场经济的价值规律和供需规律所要求的人口流动与城乡开

---

①　马克思：《资本论》第 1 卷，《马克思恩格斯全集》第 23 卷，人民出版社 1972 年版，第 782—783 页。

②　同上书，第 729 页。

③　同上书，第 725 页。

④　同上书，第 534 页。

放，则是不可避免的事。

（三）农村人口转变的数量方程

高度集中的计划产品经济体制不仅把工业化的实施限制在全民和集体两种国营公有制企业之内，同时还约束农村人口只能专司农业，不经许可不得从事工矿商贸等非农产业。在户籍管理体制上，未经批准也不能擅自迁入城镇居住。这种经济体制和行政体制不仅强化了旧中国遗留下来的城乡之间的严格分工，限制工农两种产业之间的转化，且为此设置的种种措施更加深了城镇和农村两种社区之间的封闭性。因此，这种经济体制为工业化发展所确定的规模和速度，合乎逻辑地被限制在政府所拥有的资金数量和其掌握的商品粮数量的限度以内。这是因为，在计划产品经济体制之下，除技术设备条件以外，每增加一个工业人口，不仅须以人均固定资产投入和人均生活设施投入为前提，还须以满足人均口粮相对应，特别是在政府每年掌握的积累资金和商品粮、油的数量不相协调时，工业扩大再生产的幅度还须依照二者之中的低者进行。因此，城镇非农产业吸收新劳动力，在一定时期（如一年）之内的最大极限，在不计技术设备和劳动生产率等因素影响条件下，仅就资金和粮食二变量制约农村劳动力转移的数量模型，笔者使用如下公式表示：

$$P_L = \min\left(\frac{C'}{C_p}, \frac{F'}{F_p}\right)$$

式中 P_L 指每年工业部门可以招收的劳力总量；min 指取括号内二分子式商数之小者；C' 指每年国家所掌握的扩大再生产资金；C_p 指每年招收一个新劳力所需的固定资产投入和生活设施投入；F' 指每年国家掌握的商品粮油在满足城镇居民以后的余额；F_p 指每年招收一个新劳力所需的商品粮油量。

在每年城市工业部门招收的劳力总量（P_L）中，一般是先安排城市劳动适龄人口，不足之数方从农村征调劳力。因此每年城市工业部门吸收农村剩余劳力是有限的。公式是：

$$P_R = \left[\min \left(\frac{C'}{C_p}, \frac{F'}{F_p} \right) \right] - P_u$$

式中 P_R 指每年城市工业部门吸收农村劳力数量；P_u 指每年城市工业部门吸收城市劳力数量。

学术界常引用马克思的一段话作为按照上述模式制定控制人口迁移政策的理论依据。这段话是："……如果撇开对外贸易，……那么很明显，从事加工工业等等而完全脱离农业的工人（斯图亚特称之为'自由人手'）的数目，取决于农业劳动者所生产的超过自己消费的农产品的数量。"[①] 这段话显然在任何社会形态中，无疑都是不可违背的真理。

马克思还援引同时代的经济学家查理·琼斯的论断："显然不从事农业劳动而能生活的人的相对数，完全取决于土地耕种者的劳动生产率。"[②] 无论是马克思从农产品数量角度出发，抑或查理·琼斯从农业劳动生产率出发，论证其与社会非农人口的数量关系，结论都是非农人口的增长必然受农产品增长量的制约，其中最主要的自然是受粮食增长量的制约。这个经济法则的实质，是揭示在一定的经济技术条件下，农产品数量和非农人口数量、农业人口数量和非农人口数量的比例关系。马克思在《资本论》中还从别的角度论证生产资料和消费资料两大生产部类之间的比例关系。然而必须指出，马克思对上述诸范畴的考察，都是就社会总产品的再生产着眼进行论证的。他所说的"农业

---

① 马克思：《剩余价值理论》，《马克思恩格斯全集》第 26 卷第 1 册，人民出版社 1974 年版。

② 同上。

劳动者超过自己消费的农产品的数量"也是指"整个社会农产品总量"超过农民自己消费以后的剩余量而言的。学术界却往往把马克思在这里说的"整个社会农产品剩余量"等同于政府手中所能掌握的商品粮食数量。这种理论上的误解，在实践中将会导致限制和阻碍非农产业的发展与农业人口的转移。

显然，整个社会在一定时期内（如一年）的农产品剩余总量（F）远大于政府每年从农民手中征收和征购的农产品数量（F′），即 F＞F′。这是因为，农民每年向国家缴纳和交售农产品限额以后，扣除自己消费量还有余额（F″）。因此，整个社会每年可供非农产业人口消费的农产品总量（F），绝不应仅限于（F′）部分，而应是（F′）和（F″）两部分，即：F＝F′＋F″。

同样，整个社会每年可用于非农产业扩大再生产的资金（C），也远大于政府每年通过税收和上缴利润所得的扩大再生产基金（C′），即 C＞C′。因为城乡居民在向政府缴纳各项税款并扣除自身消费部分以后，手中仍持有以现金或储蓄形式表现的货币余额（C″）。因此，每年非农产业扩大再生产的资金来源不应仅仅是（C′），而应该是（C′）和（C″）两部分，即：C＝C′＋C″。

可见忽视运用农民手中的剩余农产品（F″）和忽视城乡居民手中持有的货币现金（C″），后果必然是束缚着非农产业发展的手脚，堵塞非农产业扩大就业岗位的机会，以及延缓农村剩余劳动力的转移进程。

实际上，城镇非农产业每年可以吸收城乡劳动力 P_L 的数量模型应该是：

$$P_L = \left[\min \left(\frac{C'}{C_p}, \frac{F'}{F_p} \right) \right] + \left[\min \left(\frac{C''}{C_p}, \frac{F''}{F_p} \right) \right]$$

而城镇非农产业每年可以吸收的农村剩余动力 P_R 的数量模

型应该是：

$$P_R = \left[\min\left(\frac{C'}{C_p}, \frac{F'}{F_p}\right)\right] - P_U + \left[\min\left(\frac{C''}{C_p}, \frac{F''}{F_p}\right)\right]$$

由于 $C = C' + C''$ 和 $F = F' + F''$

上述两公式也可以简化为如下两公式：

$$P_L = \left[\min\left(\frac{C}{C_p}, \frac{F}{F_p}\right)\right]$$

$$P_R = \left[\min\left(\frac{C}{C_p}, \frac{F}{F_p}\right)\right] - P_u$$

1984 年国务院发布的一号文件，允许农民自筹资金、自理口粮、进入小城镇务工经商的决定，以及其后发展乡镇企业的有关规定，都反映在发展非农产业上，突破了原来所有制方面的限制和城乡传统的生产分工的局限，重视运用农民手中的剩余农业产品和社会上的闲置资金，有限度地开放城镇的门禁，允许农民在经营非农产业过程中，自行转化为非农人口，从而促进了中国的工业化和城市化的发展。

实践说明，若干年来乡镇企业的大发展，迄至 1989 年乡镇企业已发展到 1868.63 万座，年产值 7428.38 亿元，相当于全国工农业总产值 28552 亿元的 1/4，吸收农村劳动力 9366 万人以上，1949—1989 年 40 年间，城镇公营企业吸收城乡劳动力就业不过 1.3 亿，而乡镇企业在短短五六年间，职工人数即由 1983 年社队企业职工 3234 万人的基础之上增长 2 倍，从一个侧面足以说明乡镇企业的长足发展，正是农民手里掌握的剩余农产品和闲置资金两者相结合的产物。与此同时，中国城市化水平增长速度较前明显加快。1949—1983 年的 34 年间，城市化水平由 10%增长到 21.62%，年均增长 0.32 个百分点；而 1984—1990 年，城市化水平则由 21.62%增长到 26.23%，年均增长 0.66 个百分点，这后 7 年的年平均增长速度是前 34 年的 1 倍。影响城市化水平增长的因素是多方面的，调查数据表明，经济体制改革和市场经济发展以及有条件地允许农民进入城市务工经商，对于城市化进程的影响是极其明显的。

二　我国人口迁移的实践经验

实行经济体制改革和发展商品经济极宜逐步调整涉及人口迁移的有关政策，以便促进城乡社区人口由封闭向开放的转变。因此，对人口迁移政策认真进行总结是非常必要的。然而在回顾过去时，还须依据当时的历史条件，恰当地、客观地肯定有益经验和揭示出亟待改革的弊端。根据全部调查研究的结论，笔者以为，涉及迁移政策最为突出的弊端集中在两点：一是采用行政手段强化城乡封闭状态；二是经济决策失误引起人口反常地大流动。尽管在当时的经济体制下，若干行政手段也是出于不得已而为之，但是从总结历史经验和教训的角度来评价，又都不是完全必要的和不可避免的。从改革开放的角度来观察，上述弊端的革除更是刻不容缓的。

（一）用行政手段强化城乡封闭状态

如前所述，按"人口迁移转变理论"揭示的历史进程，反映由前工业社会向工业社会过渡必然促使城乡之间的封闭状态转向开放状态。所谓开放状态绝非意味不顾条件、不加任何限制地任凭农村人口迁入城市。迄今一些发达国家虽然允许人口自由迁移，同时法律也附加某些条件加以限制。例如，1949年联邦德国宪法第11条规定，"自由迁徙权利"在下列情况下予以限制，即："无充裕的生活基础和给社会增加特殊的负担……"发展经济学家在赞同城乡开放的同时，也多不赞成发展中国家允许农村人口漫无限制地涌入城市寻求职业，从而使城市失业人口大量增加和城市规模迅速膨胀。

自20世纪50年代末至70年代末，中国的城乡两大社区不是由封闭逐渐转向开放，而是使用行政手段日益强化这种封闭状态。首先，使用户口管理办法限制人口迁移，规定在获得户口管理部门的准许后始得迁移；其次，采取城镇户口居民凭证定量供应粮油办法，使得未经许可迁入城市的人口无法定居；再次，城镇劳动就业体制概用行政征调方式向城乡征集劳力，而一般自行进入城市的农民根本不可能在城镇全民或集体所有制企业中就业。另外，80年代以前，绝大多数城市关闭农贸市场，使得农民进城临时进行个体工商经营也不可能。与此同时，市民却从国家得到农民无法得到的种种优惠。城市与农村俨然形成两种壁垒森严的社区，市民和农民形成两种俨然不同的社会身份。计划产品经济未能形成统一的城乡市场，却建立起两种封闭的社区。城乡差别越大，城乡社区的封闭性越强，促使农民进城的愿望也越强烈。因为他们所向往的已经不仅仅是提高生活水平和享用城市的文明，而还在于改变社会身份。在计划产品经济体制下，由"统包统配"到"明贴暗补"一系列政策给予市民种种优惠成为城市的沉重负担，城市早已力不胜任，更不敢轻启城门放进农民，从而进一步加重负荷，乃不得不严格控制人口迁移。上述有些政策的利益导向使得城市对农民发出强大的吸引力，而另一些政策措施则是强化城乡封闭。80年代以前始终未能自觉地运用经济手段逐步削弱城乡封闭状态，反而使用行政手段日益强化城乡封闭状态是应深省的。

（二）经济决策失误引起人口大流动

中国经济决策上的失误曾经两度引起过城乡人口大流动。20

世纪 50 年代末掀起超越自己的国力进行"超英赶美"的"大跃进"。为使"钢铁翻番"和"万马奔腾"，1959—1960 两年之中城市工矿企业新增劳动力约 2000 万人，其中部分是复转军人，部分是征调自农村的劳动力。及至"大跃进"失败，许多企业被迫下马，不得不把新调入的近 2000 万劳动力遣返农村。3 年中城乡之间形成 2000 万人的往返大流动。此后无论是"洋跃进"或是"经济过热"，都是不顾经济规律盲目追求表面的高速增长。80 年代后期，再次出现经济失调，城市若干工业部门关停并转，部分乡镇企业收缩整顿，数以万计的基建工程半途停建，数以百万计的民工被辞退。大量已由农村招出的劳力不愿就此返乡，于是自东南北上，北方无处接纳又复西去，骤然形成百万民工的大流动。流动中的民工尚未返回农村，而另一批农村剩余劳力又已离乡南下，形成一股新的迁移流，堵塞交通、冲击城市成为当时突出的社会问题。

就宏观而论，民工进城是由于整个农业部门劳力有剩余，以及农业生产的边际效益率低下；就微观而论，民工进城是因为城乡收入悬殊。这种地区间的流动，正是所谓旨在为改变其自身经济地位所进行的"垂直运动"（意指由低收入地位上升为较高收入地位）。同时，农民们得到的城市工业部门对于劳力需求的信息并不十分精确，他们大致上是根据近年以来本村、本社附近劳力进城就业的地区和数量，决定他们的行止和去向。但是，他们进城以后能否找到就业岗位，并非很有把握。发展经济学认为，如果在城乡收入差别是 100:50 的情况下，如果进城就业的概率是 60%，他们也愿进城一试风险。因为他们的期望收入仍然高于农村收入。因此农民对于城乡之间移动的抉择是根据一定信息和经过一定估算的，社会舆论不能简单斥之为"盲流"，尤其是不能要求农民像干部调动工作那样，在调令到达稳妥无误以后才动身启程。

　　问题的关键是经济决策应当稳健行事，不应追求表面的高速增长，避免经济发展中的大起大落，避免对于农村劳力的大招进和大辞退，也就避免了农村劳力在城乡之间的大流动。"经济过热"传递给农村剩余劳力的信息，仿佛是城市里到处缺少人手，自然诱使他们把期望进城寻求就业的内在冲动变为行动。相反，经济建设的稳步发展带给农民的信息则是城市对于农村剩余劳力只是有限的需求，会使他们不致贸然离开农村进入城市。

（三）对于两种观点的澄清

　　人们往往以维护市民社会生活秩序和防止现代城市病滋生作为封闭城市的理由。不可否认，我国城市未曾出现因农村进入城市的大量待业人口所引起的社会不安，以及城郊贫民区蔓生现象。这不能不是控制农村人口流入城市带来的成果。但是，尽管这些成果是有益的，也绝难弥补封闭城市带来的消极影响。

　　1. 多年以来，我国城市就业机会是不够充分的，许多年份都有不少积留待业人口。例如，1978—1990 年城镇的全民和集体企业每年吸收新劳力 500—900 万人，其中吸收农村劳力只占城镇每年新就业人口的 1/6—1/4。市民就业虽占多数，但市镇每年仍有 200 万—500 万人待业（见表1）。

表1　　　　　　　　　城镇新就业人数及待业人数　　　　　　单位：万人

年　份	1978	1980	1984	1985	1986	1987	1988	1989	1990
城镇新就业人数	544	900	721	813	793	799	844	619	785
其中来自农村劳动力	148	127	123	150	166	166	159	120	118
城镇待业人数	530	541	235	238	264	276	296	377	383

　　资料来源：国家统计局编：《中国统计年鉴（1991）》，中国统计出版社1992年版。

在这种情况下，如果全面开放城市，漫无限制地允许农民涌入城镇，就必然使城市增加超常的待业人口引起社会的振荡。因此，需要在一定时期、一定范围之内适当地加以限制，但绝不可把限制无限扩大，最终使城镇陷于封闭状态。

职业对于劳动力的选择，决定于岗位特性对劳动力素质的要求。劳动力对于职业的选择往往决定于劳动力对于岗位特性的兴趣和收入条件。一般说来，农村劳动力的平均文化素质低于城市的劳动力，因此他们在许多行业和职业领域里并不是城市劳动力的强劲的竞争对手。根据发展中国家农村劳动力进入城市就业的经历，一般是首先进入所谓"城市传统部门"就业，如充当个体商贩、非熟练服务人员、非熟练手工业者、非熟练建筑工人等。经过一个时期以后，其中部分劳动力才转向现代工业部门。由此可见，农村劳动力进入城市的经营活动，往往是城市某些行业的补充。因此，为避免由农村流入城市大量无业游动人口以及影响城市社会生活的安定，应该采取措施限制那些没有生产技能和经营条件的农民进入城市。但不可以一概禁绝农村人口进入，形成城市封闭。这样不仅杜绝了一部分拥有技能和资金以及经营能力的农民进城自谋生计的门路，而且也使城镇长期陷于缺乏第三产业服务。

2. 许多发达国家和发展中国家的大城市恶性膨胀、贫民窟蔓生和生态环境恶化的现象是世所公认的。造成这一现象的原因，除社会制度形成的贫富悬殊外，也与农村人口漫无止境地迁入城郊成片栖居有关。失业和半失业的移民生活条件极其恶劣，一些国家（例如墨西哥）的政府为此拨出专款加以治理，但一片贫民区尚未治成，新的一片贫民区又蔓生出来，治不胜治，成为世界许多国家的老大难问题。与此相关的是世界许多国家特大城市发展的恶性膨胀，迄今超过千万人口的特大城市已逾 10 个。

据联合国预计，到本世纪末世界上千万人口以上的大都市将会上升到 25 座以上。

相比之下，我国城市发展避免了恶性膨胀和贫民窟的蔓生。迄至 1989 年底，沪、京、津三大城市的人口规模分别为 777 万、692 万和 569 万。虽然市政基础设施不足、住房严重缺乏、城市旧区亟待改建，但是城市都未出现无限扩展，生活环境低下的居民区未再蔓生。这些客观存在当然也是控制大城市发展政策和限制农民迁入城市政策实施的成果。但是，这一切也绝难成为全面长期封闭城市的理论或实证根据。道理是极其明显的，实行有限度地限制农民进入城镇和有选择、有条件地容许农民迁入城镇的政策，在不使城镇形成封闭状况的同时，同样可以达到保持城镇生态环境和杜绝城郊贫民区蔓生现象的发生。

总之，使用行政手段使城镇形成封闭社区，全面地、长期地限制农村人口迁入城镇，既背离人口发展转变的历史进程，也背离经济实践发展的要求。因此，促进城乡由封闭向开放的转变，不仅具有科学理论和史实的验证，同时也有实践经验和教训的支持。

三　促进迁移模式转变的决策建议

长期以来，国内学术界对于城乡之间的人口迁移有两种截然相反的观点：一种认为，城镇早已超载，应该严格控制农村人口迁入城镇，以便保证城镇生产和生活的正常运转；另一种认为，应该允许农民自由迁入城镇，从而活跃城乡经济和缩小城乡居民收入差距。两者各持部分理论依据。笔者以为两者都嫌偏激。

简单地采取行政措施拒农民于城门之外并不是根本解决问题的办法，农民进城有其深刻的经济和社会原因。如前所述，就宏观经济而言，发展中国家二元经济结构的转变，即以农业为主体向工业为主体的经济结构的转变，促使农业部门释放出大量剩余劳力须由工业部门吸收。就微观经济而论，城乡居民收入差别引发农民迁入城市。发展中国家的城乡居民收入差别从 3 倍到 10 倍不等。中国城乡居民收入的差别一般平均是 3 倍左右，如果算上国家对城市居民的种种优惠待遇和价格补贴，估计城市居民的实际收入应是农村居民收入的 4 倍以上。由于上述这两种客观因素的驱动，如果采取行政措施硬性堵截，虽然城市可以收到一时的、局部的安静效果，但是对城乡的长远影响则是窒息了社会生机和经济发展的活力。就整体而论，农民进城并非仅是与市民争夺就业机会和生活空间，同时也是向城市输送劳力、劳务、物资和资金。因此，从最终目标来说，应该消除城市的封闭状态，使城乡居民可以自由流动。然而，一种社会运行机制向另一种运行机制的转变，都不是一蹴可及的，任何理想目标的实现往往都需要采取渐进的、过渡的措施逐步完成。如果不顾客观条件贸然打开闭封已久的城门，漫无限制地允许任何人自由迁入，必然顿时引起生产流通和社会生活的混乱，其愿望虽然是好的，但是采取的方法、步骤显然是不可取的。

前章已经述及，随着我国经济模式由计划产品经济向市场经济的转变，相应地城镇人口迁移模式也须跟着改变，在过渡期内应在行政控制和自由迁移之间寻找一种协调、平衡的迁移机制；在宏观指导下逐步开放城市，兼用经济手段影响人口迁移，最终形成新的开放型人口迁移模式，这种模式的核心，一是"三种转变的统一"，二是"两种机制兼施"。为促使开放式人口迁移模式的实现，须采取的若干过渡性措施。现就大端提出以下十项决策建议。

（一）扩大城镇第三产业，拓宽农民经营门路

1984年，国家允许农民在自理口粮和自筹资金条件下进入小城镇务工经商的政策实施迄今，已有相当数量的农民进入各类城镇从事贩运农产品加工与销售、饮食服务、修理、家庭劳务和建筑运输等行业，他们的经营活动使城乡共荣和工农两利是公认的。中国农民进入城市最初的就业部门或从事经济活动的类型，这与发展经济学者 M. P. 托达罗对多数发展中国家的观察结果相吻合，即认为农民进城后首先在城市传统部门就业。农民进入城市传统部门从事经营活动，有相当大部分并非抢占了市民就业的岗位，相反，只是填补了城市第三产业的不足，并且这些职业往往是所入城市一些市民退出的或不愿选择的职业和行业，比如服务、建筑、运输等。目前零售商贩和某些服务行业的利润之高，反映城市传统部门从业人员数量还远未达到饱和程度，极宜扩大城市传统部门行业，以便吸收更多农村剩余劳力就业。

（二）鼓励农民带资进城经营企业

鼓励拥有相当数量资金的农民进入城镇开办工商企业，准其设置厂店和连同户口迁入城镇定居。资金被喻为城市的"血液"，缺少资金的城市难以发挥应有的功能，从而减弱城市的活力和吸引力。发展商品经济的资金来源，除去国家财政投资、企业自身积累、市民集资以及引进外资以外，还应吸引拥有较高数额资金的农民进城兴办企业，这是促进商品经济发展和农村人口转移的良策之一。1989年全国城乡居民的储蓄存款数额高达5726.7亿元，其中相当数额属于农户存款。同年农村信用社的农户存款数额为1412亿元，两项合计是同期引入外资的12倍

（1989年共计引进外资100亿美元）①，储户之中拥有较大金额的农户为数不少。因此，吸引他们进入城镇直接投资工商企业，是发展经济、繁荣城市的重要途径。

（三）调整、巩固和发展乡镇企业

1978年以来乡镇企业的大发展，是新中国成立以后继沿海工业向内地的转移扩散和大城市工业向中小城市转移扩散以后的第三次转移扩散，即大中城市工业向乡镇的扩散。转移和扩散的内容主要是设备、技术和部分资金。乡镇企业中的工业企业个数、工业企业职工人数和产值都占多数，1989年该三项在乡镇企业中所占比重分别为39.4%、60%和70%，并且80%的乡镇企业产品系为大中城市企业的产品加工。这足以说明乡镇企业的主体部分是城市大工业的外延和扩散。乡镇企业的不少工厂可以看做是城市大工业在乡镇的附设车间，也可以看做是城市工业为寻求生产空间所拓展的"飞地"，也是城市生产力突破原来所有制的束缚与农村剩余劳力、剩余粮食以及农村集体和个体积累资金相结合的产物。所以，乡镇企业中的工业、运输业、建筑业实际上应该属于工业体系。就其技术构成而言，虽然目前它仍然是手工业、半机械化和机械化工业的混合体，但是它将逐步由低级向高级发展，最终除少数手工艺制造业以外，都将演变为大机器工业。尽管它的所有制归属于乡镇社队或个体农民，但是它仍然不是一种独立的经济形式，而是一种过渡性的经济形态。

乡镇企业不仅是中国工业化发展的重要构成部分，是农村剩余劳力的附着体和小城镇建设的支柱，也是促进城市化发展的物

---

① 国家统计局编：《中国统计年鉴（1990）》，中国统计出版社1991年版，第667—668、653页。

质基础。中国经济体制改革的实践表明，乡镇企业的兴起、农村人口转移、小城镇的发展，这三种因素是三位一体、紧密结合、互为因果、同步发展的。乡镇企业为小城镇建设提供资金和把所吸收的农村剩余劳力变为非农业人口；农业人口在产业类型上的转变既满足了产业结构转变中的劳力需求，也为小城镇注入新血液（资金）；而农村人口在居住地类型上的转变又提高了城镇化的水平；小城镇的发展既为乡镇企业提供聚集经济效益的条件和初级商品流通市场，并把乡镇企业所吸收的农村劳力转变为城镇人口。三者以乡镇企业为核心有机地结合在一起。这里提出的"三位一体"模式，无意把它说成是中国迈向工业化和城市化的惟一道路，而是说它是加速发展工业化和城市化的途径之一。因此，乡镇企业的发展和小城镇的发展，不仅不能替代现代大工业和大中型城市的发展，恰恰相反，乡镇企业和小城镇还需要现代大工业和大中型城市的扶持和支援。

1980—1989 年以来，每年乡和村两级的乡镇企业总收入相当于同年农村全部经济收入的 26%—38%，每年乡镇企业总产值相当于同年社会总产值的 7%—21%。1990 年乡镇企业累计吸收农村劳力 9265 万人，相当于全国全民所有制和集体所有制企业职工的 70%[①]。由此可见，乡镇企业在国民经济中所占的重要地位和促进城市化及农村人口转移中的重要作用。

不可否认，一些乡镇企业存在原材料和能源消耗大、产品质量差、经济效益低、占用土地多、污染环境严重等类弊端，这些问题应纳入经济环境治理和生态环境治理范围，通过法律监察、行政措施和经济手段等多种社会管理机制加以通盘解决。当然也不排除关闭那些污染严重和效益极为低下又与大工业争原材料、

---

① 国家统计局编：《中国统计年鉴（1991）》，中国统计出版社1992年版。

争能源的乡镇企业。当前整顿的主要环节应该是调整产业结构，提高产品质量，制定适当发展速度，加强生产管理和市场管理等，以保证乡镇企业健康成长，从而促进小城镇的发展，并缓冲农村迁移人流对于大、中城市的冲击。

（四）改革劳动就业体制

劳动就业体制应该与人口迁移政策相吻合。与"统包统配"的僵化的劳动就业体制相适应的是高度控制人口迁移的政策，如果放宽人口迁移政策而不改变"统包统配"的劳动就业体制，即使劳动者自行迁入城镇也会因生计无着而无法立足。为适应改革开放的新形势，劳动就业体制的改革势在必行。这一改革的深远意义不仅仅在于打破"大锅饭"，以便取得最佳经济效益，还在于它为部分农村剩余劳动力提供了就业的机会。从 1980 年起国家将劳动就业方针调整为：放宽政策，广开门路，劳动人事部门介绍就业与个人自谋出路相结合。在国家和社会需要的前提下，贯彻行政录用和自愿选择相结合的方针，促进了经济的发展和劳动力的流动，进一步还可扩大地区范围，试行跨地区、跨城市、甚至跨城乡招聘，通过考试择优录取，使得人才合理流动。扩大劳务市场，推行合同制，广泛吸收城乡劳力，以便促进农村剩余劳力的合理转移。

（五）放宽迁移政策

在改革开放和发展市场经济的新形势下，应该改变单向控制流向的措施和放宽人口迁移政策，以便活跃经济和促进人才、劳动力交流。

首先，开放部分人口在不同级城市之间的双向人口迁移。待粮食全部商品化以及其必要条件成熟后，还应逐步开放农村从事经济活动人口进入有发展潜力的城市。

优先开放高级知识分子和有特殊专长的人员在各种规模城市之间迁移。凡拥有高级职称、学衔、学位的科学技术、文教卫生、艺术体育、经济管理等类人员，只要拟进入的城市有单位接纳，原单位亦愿放行，两城市即应无条件准许迁出和迁入，并为其办理户口和其他转移手续。

其次，允许同级规模城市之间的人口迁移。对于一般城镇居民，由于各种原因要求迁往同级规模城镇（即由大城市迁往大城市、由中等城市迁往中等城市、小城市迁往小城市、由镇迁往镇），同样只要有单位接纳而原单位亦愿放行，或是自谋职业和自行解决住房情况之下，两城市均应准其迁出和迁入，并为其办理户口转移手续。同样这类迁移人口就城镇总体而言，既不增加就业岗位，也不增加粮油供应数量，但其迁移的社会效益却是在不增加国家和社会负担情况下，实现人民对于职业类型和居住地的自愿选择。

再次，放宽"三投靠"人员迁入各类城镇。凡失去劳动能力的父母投靠子女，或未成年子女投靠父母，以及夫妻两地分居，只要投靠对象在城镇拥有正式户口，均应准许投靠人由任何居住地迁入城镇与其亲人团聚，并为其办理户口转移手续，以利赡养、抚育和团聚，使得人民生活和谐与社会安定。

最后，准许各个时期支援边疆和调往外地的工作人员在离休、退休、退职以后，得以返回原迁出地、原籍或出生地，以便安度晚年。

（六）增加农业投资

我国的人口迁移政策主要目标是控制农村人口涌入城市，然而若干经济政策的实施却在激发农村人口冲击城市。如前所述，就微观而论，城乡收入悬殊是诱发农村人口进入城市的重要原因，而造成城乡收入悬殊的重要原因之一，是对农业的投资不足。回顾我国若干年来国家财政投入向工业部门倾斜，对农业投资比例偏低是明显的事实。如"一五"期间国家对于农业基建投资仅占财政投资总额的 7.1%。"二五"期间增长到 11.3%；由于"大跃进"的挫折和"三年自然灾害"，1963—1965 年对于农业基建投资有较大幅度的增长，曾经达到 17.6%；但自"三五"时期以后，国家对农业基建的投资每况愈下，"六五"期间为 5.0%，"七五"期间竟下降到 3.3%（见表 2）。尽管农业基建投资绝对数额有所增加，但与工业基建投资相比，显然是不相协调的。加之前已述及的工农产品价格剪刀差额的长期存在，成为农民收入持续低于城市居民收入的重要原因之一。农业投资不足，产量增长缓慢，产品价格偏低，农民收入不高，土地有限而劳力过剩，这是促使农民渴望离开农村进入城市寻找就业机会的经济原因。因此，缓和农民对于城市冲击的根本措施是增加农业投资，提高产品产量，广开农村就业门路，增加农民收入，提高农村对于农民的吸引力，减低农村对于农民的推出力，使得农村人口的两种转变能够循序渐进，不致骤然显现高潮形成对于城市的压力。

表 2　　　　　农业、工业基本建设投资占投资总额比重　　　　单位：%

	"一五"时期	"二五"时期	1963—1965 年	"三五"时期	"四五"时期	"五五"时期	"六五"时期	"七五"时期
农业	7.1	11.3	17.6	10.7	9.8	10.5	5.0	3.3
工业	42.6	60.4	49.8	55.5	55.4	52.6	45.4	51.8

资料来源：国家统计局编：《中国统计年鉴（1990）》，中国统计出版社 1991 年版，第 166 页。

（七）缩小城乡收入差别

城乡居民收入差别是农民权衡利益、离开农村迁入城市的基本原因，而城乡收入差别是由城乡两方面的诸多原因形成的。因此，解决的途径也须从城乡两方面入手。发展经济学家指出，一方面，发展中国家解决农民涌入城市问题的关键不在于城市现代部门更快地增长所提供的更多就业机会，而在于力争防止进一步扩大城乡实际收入的差距，特别是应该全力以赴为改善农村生活作出努力；另一方面，应该解决"财富消费不成比例地过多集中在城市，使城市相对增加吸引力"①。关于提高农村对于农村人口的吸引力和削弱农村对于农村人口的推出力的措施，我们已提出持续增加农业投资的建议。关于降低城市对于农村人口的吸引力的措施，我们认为，根本的解决办法是削减以至最终消除国家对于市民提供的种种优惠待遇，从而缩小城乡之间非经济因素形成的收入差距。此项建议的目的不是要求国家采取削足适履的办法，通过降低市民生活水准以与农民趋同，而是逐步通过商品化途径，取代和淘汰名目繁多的消费品价格补贴。当然，此项改革不可操之过急，目前正在推行的住房商品化、粮油以及其他副食品价格的调整等，都是迈向这一目标的具体措施，相信随着经济改革在城市改革的深化，城乡居民收入差别必会缩小，由此也必然在一定程度上减弱农民对于城市的向往，缓冲农民过量涌入城市的冲击。

（八）国民经济的稳步增长与农村人口的逐步转移

国民经济发展带动人口迁移，经济增长是农村人口转移的前

---

①　William Arthur Lewis, Unemployment in Development Countries, World To-day. 1967. 23（1）: 13.

提和基础。只有稳步的经济增长才能引导农村人口逐步有序地转移。要把经济增长速度置于有资金、物资、技术、动力和运输的充分保证的基础之上，由此方可使得农村人口转移步入循序渐进的轨道。

同时，省市或地区劳动人事部门和人才交流中心，还可试行定期发布区域性人才和劳动力市场信息，及时报道各自属区的人才和劳动力供需状况，以便指导人才和劳动力的流向、流量，从而避免因超量流入造成无处就业而滞留城镇或徒劳往返的情事发生。

在经济发达国家中，其劳动者寻找职业的信息来源多系新闻广告或职业介绍机构，而发展中国家农村剩余劳力寻求工矿职业的信息，则多系来自邻里亲友的口头或信函传递，所获信息多有夸大成分。发展经济学家对发展中国家农村剩余劳动力流动的观察结论是：在不少情况下，农民往往是抱着碰运气的心理离开农村进入城市寻职的，迁移的驱动力虽系规律性反应，然而迁移者所追逐的就业目的，在无绝对把握获得的情况下，他们的迁移行为又是非理性的。当然完全制止非理性的迁移行为是不可能的。但是，定期发布地域性的劳力市场信息，有助于农村劳动力对于求职的选择和避免过量的非理性移动。

（九）调整城市发展方针

城市发展方针关系到城市化和经济发展的进程以及农村人口的转变过程，正确的城市发展方针必将促进上述诸种进程的发展。中国自 20 世纪 50 年代末开始实施控制城市人口规模和限制人口迁入城市的政策，80 年代初提出"严格控制大城市规模、合理发展中等城市、积极发展小城市"的方针，1984 年 1 号文件允许农民在自理口粮和自筹资金条件下进入中小城市务工经商，至此城市迁移政策虽然稍有松动，然而城市发展政策仍然局限于限制城市人口规模。忽视城市的地理区位、经济潜力、生态环境、资源条件和功能因素，而单纯依据人口规模一种因素确定城市发展方针是不全面的。

一些发展中国家已经注意到发挥城市的发展潜力及其特殊功能的重要性。例如，巴西的城市发展战略针对不同城市的经济潜力和功能等把城市划分为四种类型：（1）减压区。人口和经济活动过分集中的区域，需采取逐渐控制的政策，以便保持其资本和人力资源的中心作用。（2）控制膨胀区。具有活跃的城市化过程和社会、经济结构的城市地区，可将其置于有计划地控制增长之下。（3）大力发展区，或称之为活跃化区。它是面向内陆深化发展的城市地区，应加强其在地区发展中的磁极作用。（4）特殊功能区。对于实施中的工业布点区、移民开拓区、旅游发展区、生态保护区、名胜古迹区等当分别予以发展和保护。

巴西的国家城市发展委员会提出的上述城市发展战略的总目标是促进经济活动和人口增长的分散化，促进内陆地区的发展和创建经济发展的新基点。对于大都市发展的前景，不是畏惧城市膨胀，而是注意发挥城市现有潜力；不是单纯根据城市人口规模大小决定城市发展与否，而是综合城市诸多因素考虑城市发展的前途；不是控制所有大城市的发展，而是根据不同条件、不同情况区别对待。注意扩展沿海原有某些大城市的发展，兼顾内陆城市的发展和新兴城市的建设。这种充分利用原有大型城市的经济技术和地理区位等条件，发挥集聚经济效益的优势的城市发展战略，对于促进国民经济的发展和农村人口的转移的积极作用是非常明显的，因而它对于发展中国家极有参考价值。

巴西是一个拥有国土 850 万平方公里和人口 1.5 亿的发展中国家，资源开发和耕地垦殖的余地潜力是很大的，然而他们仅对人口千万以上的两个城市加以控制，对其余百万人口以上直到350万人口的大城市仍然有选择地发展。我国国土面积为960万平方公里，只略大于巴西，而人口数近12亿。继续合理地、有区别地发展某些大城市和新建若干大城市，对于加速实现四化和促进三种转变，不仅是理所当然的，也是势在必行的。中国城市发展的战略方针应在人口、经济、区位、资源、生态等因素的综合考察之中加以调整。必须说明，这种城市发展战略的核心，并非提倡漫无限制地发展大城市，而只是强调不应不看条件、一概排斥大城市的发展。对于那些拥有优良区位、丰富资源、巨大经济潜力和特殊功能条件的大城市，可以不必仅仅因为人口规模越过百万就不敢继续发展，应该充分发挥大城市的各种潜力，以便推进经济发展和农村人口的转变。当然在一般情况下，则应注意把新建的工业项目分布于中小城市，以此引导农村剩余劳动力进入中小城市。

此外，还应加强现有城市的基础建设和市政管理。多年以来，城市的居民住房、水电供应、交通工具、医疗条件、服务设施、文化场所都很不足，环境保护和污染治理更嫌缺乏，不仅早已不能满足城市现有居民的需要，而且更难以为日益增长的流动人口提供必要的服务。在许多情况下，城市拥挤的现象不单是人口过多，而且也是上述各种设施条件相对不足造成的。因此，应广开财源，增加城市基础设施，把现有城市建设好、管理好。

（十）封闭式人口向开放式人口的转变应列入中国人口发展战略

人口出生、死亡和迁移同是人口的三大过程。迁移虽属人口的社会变动，但其对于人口的自然变动有重要影响。如前所述，在人类群体的发展过程中，迁移流动与世代交替结伴同行，通过迁移拓展了个体生命栖息场所和群体物种繁衍的天地。人口在空间上的移动成为生命在时间上延长和数量上增长的必要条件，迁移是使人口相对均衡分布在大地之上的途径，也是人类得以远缘联姻从而提高人口肌体素质的重要前提。

迁移还是人类精神文明和物质文明传播的媒介。马克思在论述历史上人们的物质交往和精神交往与社会生产力发展的关系时指出："某一个地方创造出来的生产力，特别是发明，在往后的发展中是否会失传，取决于交往扩展的情况。当交往只限于毗邻地区的时候，每一种发明在每一个地方都必须重新开始……"①当然，前工业社会与工业社会相比，人口迁移和流动的频次要低得多，而且城市和农村社区之间处于高度封闭和隔绝状态之中。商品经济的发展和工业化进程，冲破了城乡之间的封闭与隔绝。前工业社会向工业社会的演变，不仅促使人口由高出生和高死亡的传统生育类型向低出生和低死亡的现代生育类型转变，并且也影响人口由封闭类型向开放类型转变，呈现出空前的城乡之间和地域之间的人口迁移和流动。

新中国成立以后，中国人口的生育类型逐渐由高出生和高死亡过渡到高出生和低死亡。这种急剧的人口增长速度，造成城市数以百万计的待业人口和农村数以千万计的过剩劳动力，形成对于社会、经济发展的极大压力。人们逐渐认识到促使人口生育类型转变的必要。为此，国家把"控制人口数量，提高人口素质"定为基本国策是完全正确的，成效卓著的计划生育政策的推行更是必要的。然而，人口封闭状态对于经济社会发展、人口自身以及民族素质的影响，还远未引起人们的重视。因此把促进人口由封闭类型向开放类型的转变，与促进人口生育类型的转变一并列

---

① 《马克思恩格斯选集》第 1 卷，人民出版社 1972 年版，第 60 页。

入中国人口发展战略是有现实意义和深远影响的。

以上十项决策建议，是根据中国的国情和参照国外特别是发展中国家的实践经验而提出的过渡性的综合治理方案。其中有些建议是治标的中短期措施，也有治本的长期发展战略；有些是促进三种转变的积极措施，也有抑制高速迁移流涌入城市的控制办法；有些是可予操作的具体方法，也有旨在提高人们思想认识的战略方针。全部建议体现经济措施与行政手段兼施，促进和疏导农村人口转移与节制迁移的流速流量并行。

具体说来，前五项决策建议和第九项决策建议是从调整城乡产业结构、发展乡镇企业、调整劳动就业政策和人口迁移政策入手，扩大现在城市容量和发展城市萌芽，在经济的稳步发展中，促进三种转变；第六、七、八项决策建议是通过经济杠杆减弱农村的推力和降低城市的拉力，以便调节迁移流速流量，避免迁移急流的波涛涌起冲击城市；第十项决策建议在于提高人们对于三种转移的历史必然性的认识，以便在我国四化建设进程中促进三种转变的实现，这是全部决策建议的总目标，也是全书的总结论。

（原载《中国城镇人口迁移》，中国人口出版社 1994 年版）

中国人口迁移的新态势

一　人口迁移和流动的新特点

　　自 1949 年新中国成立以后，社会发展持续地进行着从自然经济为主的前工业社会向工业社会的早期阶段转变。在这种转变的过程中，农村人口的产业类型转变和居住地类型转变应是历史发展的必然趋势。然而在计划经济体制下，国家运用强有力的政策干预和行政机制的干预，控制人口迁移的数量，引导人口迁移的方向。影响人口迁移的构成，强化有计划被组织的人口迁移，抑制自发型自主性的人口迁移，以便达到人口再分布（特别是城乡分布）的变化与计划经济的发展相适应，从而形成了人口迁移封闭式模型。其特点是：（1）城镇人口迁移历程呈波动性。指 40 年来城镇人口迁移数量骤升急降大起大落起伏不定。（2）城镇迁移人口构成具相似性。指各类城镇迁移人口自然构成和社会构成等惊人相似。（3）城镇人口迁移机制显现呆滞性。指计划调配指标决定迁入城市人口数量，行政筛选机制决定迁移人口素质。（4）迁移流向以工业布局为引导。指工业布局决定人口的主要流向由东向西。（5）逆城市化迁移。指多次把数以百万计和千万计的城市职工和学生迁到农村。（6）迁移的单向控制。指城镇人口迁往农村、大中城市人口迁往小城镇，内地人口迁往边疆都易获准。相反农村人口迁入城市，小城镇人口迁往大中城市，由边疆迁往内地一般不能获准。（7）户口制度和商品粮供应制度以及劳动就业制度是阻止人口自由流入城市的"栅栏"。指没有户口不得在城市定居，没有商品粮食供应无法在城市定居。

　　自20世纪70年代末中国推行改革开放政策以来，迄今十多年间由于计划经济体制逐步向市场经济过渡，使得在计划经济体制下所形成的人口迁移封闭式模型的各种特点多数已经消失。人口迁移呈现出若干新特点。

（一）带户口正式迁移人口略降、流动人口猛增

　　由于城市粮食统销配给制度取消，政策放宽城市暂住人口限制，使得流入城市的人口骤增。如今流入城镇人口虽不能获得城市户口成为市民，但可允许无限期居住，且粮食市场开禁，得以自由买卖，流入人口不再多虑口粮。因此流动人口[①]日增。据1982年中国人口普查数据表明，离开本人户口所在地外出一年以上，暂住外地而未迁户口的人数为553万人，而1990年人口普查数字显示此类流动人口的数量已经上升为2161万人，8年之间增长近4倍，而外出一年以下的流动人口为数更大。另据有关部门统计1985年全国每天的流动人口为5000万人，1988年为7000万人，1995年为8000万人，其中4400万人为在公安机关登记的暂住人口，3600万人为在途中及过境的流动人口。例

---

　　① 中国公安部门对于流动人口的统计范围是离开本人户口所在地，到外地公安机关登记的暂住人口（时间不限），和正在旅途中的人口。

如北京市一地的流动人口，1979 年每天为 50 万人，1983 年为 80 万人，1984 年为 102 万人，1988 年为 232 万人，1995 年为 329.5 万人。在 329.5 万流动人口中，暂住人口为 325.1 万人，中转过境者为 4.4 万人。在暂住人口中有 63.2% 以上来自农村。

近 10 年来全国办理户口迁移登记手续的迁移人口数量较过去历年的平均迁移人口数量增长幅度较小。从 1954 年到 1984 年 31 年中，其中每年迁入迁出人口各为 3000 万—3300 万人的有 4 年；每年迁入迁出人口各为 2000 万—2900 万人的有 6 年；每年迁入迁出人口各为 1000 万—1900 万人的有 18 年；每年迁入迁出人口各为 500 万—600 万人的有 3 年；1954 年到 1984 年平均每年迁入迁出人口各为 1900 万人。

而 1990 年的人口普查数据显示，1985 年 7 月 1 日到 1990 年 7 月 1 日普查时的全国迁入迁出人口各为 3300 万人。5 年之间的积存量仅相当于 1960 年的全国人口迁移数量。1992 年的全国人口迁入迁出数量分别为 1800 万，1993 年仍然维持 1992 年的水平。携带户口迁移人口没有明显增长的原因，是由于粮食开禁和暂住人口开禁，使得许多本该办理户口迁移的人认为办理户口迁移无大必要。而公营以外的大量各种所有制企业自外地所招收的职工，以及由外地涌入城镇的个体经营者，只被允许暂住又未取得正式户口。因此呈现出流动人口增幅高于迁移人口的状况。

（二）自发性自主性人口迁移数量日增

在计划经济体制下，人口迁移多是由计划统一调配的，如国家各级机构人员的调动，大学专科和中等专科的招生和毕业生的工作分配。复员转业军人的安置以及国家和集体所有制企业向农村征调劳力等；其他社会原因引起的人口迁移如随同户主迁移或婚姻迁移，虽系个人行为，但城镇每年对此类迁移也有限额。并非一切皆由自定，所以也是准计划型的人口迁移。

　　市场经济发展以后，内资、外资、合资经营的多种所有制企业和个体企业大量发展，新招收的员工绝大多数来自逐渐形成的人才和劳力市场。求职的劳动者不像过去那样计较公营和私营的差别，抑或是国营和集体所有制的差别，其着重考虑自身对职业特点的适应性和收入水平的高低，就是大学专科和中等专业学校毕业分配，也有相当部分不再通过计划分配，而是通过人才市场的"双向选择"（用人单位选择符合条件的毕业生，毕业生选择专业对口的工作单位）双方面谈议定的。至于务工经商的个体经营者的迁移和流动更不受国家计划的限制，他们只根据经济信息决定自己在城乡之间或省内外的流向。这种动向可以从1990年的第四次人口普查数据中得到印证。表1显示在迁移原因中，无论省际迁移或省内迁移，务工经商比例均占各种迁移原因的首位。既然就业已有自主选择的余地，于是从业人口的迁移和流动，也就自然成为自发和自主的行为。

表1　　　　　省、自治区、直辖市人口迁移原因　　　单位：（人），%

迁移原因	省区市际迁移		省区市内迁移	
经济类型				
调动工作	1674277	14.8	2379728	10.3
分配录用	501324	4.4	1553473	6.7
务工经商	3260438	28.9	5302947	23.0
学习类型				
学习培训	928716	8.2	3211636	13.9
社会类型				
投亲靠友	1155616	10.2	2206274	9.6
退休退职	164262	1.5	369519	1.6

续表

迁移原因	省区市际迁移		省区市内迁移	
随迁家属	1203074	10.7	2355888	10.2
婚姻迁入	1512768	13.4	3241164	14.1
其　　他	881490	7.8	2405105	10.4
合　　计	11281965	100.0	23025734	100.0

资料来源：《中国 1990 年人口普查资料》第 4 卷，第 425 页。

（三）人口流动持续东向回归和只进入城镇

建国初期由于当时的国际环境和生产力分布相对平衡理论影响之下，国家把经济建设的生产力布局有计划地安排在中部和西部地区较多，由此决定了人口迁移的态势。自 1949 年直到 70 年代末改革开放伊始，人口迁移的总走向是：东部人口向中部迁移和流动；东部和中部人口向西部迁移和流动；而西部向东部迁移数量极少；西南部和西北部地区之间的人口迁移数量也极少。70年代末改革开放以后，东部特别是沿海省市由于拥有优越的经济地理区位，先后建立经济开发区和经济特区，大量外资随之涌入，外向型经济纷纷投产，据估计迄今全国吸收外资约在 2000亿美元以上（包括意向性协议额）。仅在"八五"期间，实际到位的外来资金即达 1500 亿美元。其中相当部分投入东部沿海省市和沿海口岸，如此巨大的资金投入，必将吸引中部和西部大量劳力的跟进。可见生产力布局的改变，导致人口流动的东向回归。

1990 年中国人口普查数据显示：自 1985—1990 年东部沿海11 省市中，除浙江和河北两省以外，都是人口净迁入省市，其中尤以北京、上海、天津、广东和辽宁五省市的迁入与迁出人口比例最高，分别为 5.41、4.37、3.62、4.66 和 1.90。而净迁入人口最多的省市则分别是广东、北京、上海、江苏、辽宁和天津。中部地区除湖北和山西两省有少量净迁入人口以外，余皆为人口净迁出省。西北地区除青海、宁夏、新疆略有为数不多的净迁入人口以外，其余皆为净迁出省份。中部人口流出最多的省份是黑龙江、安徽、湖南等省。西部人口流出最多的省是四川、广西、贵州和甘肃。由此可以明显看出人口流动的东向回归态势（见表2）。

表2　　　　跨省、自治区、直辖市迁出迁入人口　　　　单位：人

	迁出人口	迁入人口	迁入迁出比	净迁入
东部				
辽宁	272310	517260	1.90	244950
北京	123310	666740	5.41	543430
天津	86190	312080	3.62	225890
河北	665160	469140	0.71	-196020
山东	523320	611800	1.17	88480
上海	150470	657740	4.37	507270
江苏	588480	839690	1.43	251210
浙江	626270	323200	0.52	-303070
福建	227630	296250	1.30	68620
广东	250250	1165330	4.66	915080
海南	111690	133730	1.20	22040
中部				
黑龙江	594270	332400	0.56	-261870
吉林	345840	253990	0.73	-91850
内蒙古	277930	239540	0.86	-38390
山西	226750	269240	1.19	42490
河南	577570	495190	0.86	-82380

续表

	迁出人口	迁入人口	迁入迁出比	净迁入
安徽	538220	34440	0.64	−193820
湖北	348470	412340	1.18	63870
湖南	503520	248610	0.49	−254910
江西	277020	226310	0.82	−50710
西南				
四川	1287350	443240	0.34	−844110
贵州	309320	199420	0.64	−133920
云南	272090	236130	0.87	−35960
广西	548770	157980	0.29	−390790
西藏	48590	—	—	—
西北				
陕西	332250	304330	0.92	−27920
甘肃	268580	161130	0.60	−107450
宁夏	55690	78020	1.40	22330
青海	98240	104600	1.06	6360
新疆	273240	336430	1.23	63190

资料来源:《中国1990年人口普查10%抽样资料》,中国统计出版社1991年版。

值得说明的是地处东部沿海而且经济比较发达的浙江省为什么人口净迁出量如此众多?这是因为那里人多地少,人口密度很大,人们从来有外出经商的传统。早在20世纪70年代末改革之初,那里的农村人口即已成群结伙外出从事修理和服务行业,足迹遍全国。随着经济发展,他们进而外出推销沿海新兴工业和乡镇企业的产品,甚至在外建立家庭作坊,就地制作就地出售。有些大都市如北京市郊业已形成数以万计的"浙江移民村"。80年代末浙江流散在全国各地的务工经商人员估计在200万人以上。

近 15 年来人口流动就地域而言持续东向回归是极明显的，而就城乡分布而言，由农村持续进入城镇的态势也是极明显的。1990 年人口普查资料表明，在省际人口迁移中，由农村迁出人口中的 51.9% 迁入城市，21.4% 迁入建制镇，只有 26.7% 迁到外省的农村。在省内跨县市人口迁移中，由农村迁出人口中的 61.9% 迁入城市，17.5% 迁入建制镇，只有 20.5% 迁入省内其他农村。总起来说由农村迁出的人口中，约有 2/3—4/5 的人口迁入市和镇，只有 1/3—1/5 是农村之间的迁移，农村人口面向城镇的大迁移的势头与日俱增，方兴未艾，势不可当（见表 3 和表 4）。

表3　　　　　　　　　　　省际人口迁移　　　　　　单位：人

迁入地 \ 迁出地		市	镇	乡
总计	10836260	2743800	1501160	6591300
市	6261090	1959380	879150	3422560
镇	2321960	472380	441120	1408460
县	2253210	312040	180890	1760280

资料来源：《中国 1990 年人口普查 10% 抽样资料》，中国统计出版社 1991 年版。

表4　　　　　　　　　省内跨县、市人口迁移　　　　　单位：人

迁入地 \ 迁出地		市	镇	乡
总计	23004350	3545690	4868790	14589870
市	14623080	2303670	3283510	9035900
镇	4473260	770980	1145920	2556360
县	3908010	471040	439360	2997610

资料来源：《中国 1990 年人口普查 10% 抽样资料》，中国统计出版社 1991 年版。

(四) 限制迁移数量模型的消失

上述封闭式迁移模式的若干特点已经变化，而限制农村流入城市人口的数量方程也已失效。

马克思在《剩余价值理论》中论述过社会上从事非农产业人口的数量限度时说过："如果撇开对外贸易，……那么很明显，从事加工工业等等而完全脱离农业的工人（斯图亚特称为'自由之手'）的数目，取决于农业劳动者所生产的超过自己消费的农产品的数量。"① 显然这段话在任何社会形态中都是不可违背的真理。然而在计划经济体制下，实际上把限制农村劳力移入城市数量制约因素只限于：（1）就业岗位。（2）商品粮食。因为城市每增加一个工业人口，不单需要以人均固定资产投入和人均生活设施为前提，而且还需要以人均口粮相对应。特别是在政府掌握的积累资金和商品粮二者的数量不相协调时，工业扩大再生产的幅度，还需依照二者之中的低者进行。因此城市工业每年新吸收劳动力的最大限度，在不考虑技术进步和劳动生产率提高等因素影响下，仅把投入资金和商品粮二者作为制约农村劳力进入城市的变量。

而马克思对上述范畴的考察，都是就社会总产品的再生产着眼进行论证的。他所说的"农业劳动者超过自己消费的农产品的数量"也是指"整个社会农产品总量"超过农民自己消费以后的剩余量而言的。学术界却往往把马克思在这里说的"整个社会农产品剩余量"等同于政府手中所能掌握的商品粮数量。这是一种理论上的误解。

---

① 马克思：《剩余价值理论》，《马克思恩格斯全集》第26卷第1册，人民出版社1974年版。

　　显然，整个社会在一定时期内（如一年）的农产品剩余总量远大于政府每年从农民手中征收和征购的农产品数量。这是因为，农民每年向国家缴纳和交售农产品限额以后，扣除自己消费量还有余额。因此，整个社会每年可供非农产业人口消费的农产品总量，绝不应仅限于缴纳和交售部分，还应包括农民缴纳交售部分和扣除自己消费量后的余额。

　　同样，整个社会每年可用于非农产业扩大再生产的资金，也远大于政府每年通过税收和上缴利润所得的扩大再生产基金。因为城乡居民在向政府缴纳各项税款并扣除自身消费部分以后，手中仍持有以现金或储蓄形式表现的货币余额。因此，每年非农产业扩大再生产的资金来源不应仅仅是税收与工商业利润，还应包括城乡居民扣除自己消费部分以后货币余额。

　　可见忽视运用农民手中的剩余农产品，忽视城乡居民手中的持有的货币现金，后果必然是束缚着非农产业发展的手脚，堵塞非农产业扩大就业岗位的机会，以及延缓农村剩余劳动力的转移进程。

　　如今阻止农村人口迁入城市的制约因素完全失效了，因为自20世纪70年代末推行改革开放政策以来，逐渐开放城市，取消粮食统销、允许农民从事非农产业，打开了过去阻拦农民进城的"栅栏"，使得农村劳力得以进入城镇务工经商，既不依赖于政府出售的商品粮，也无需等待满足城市劳力就业以后的剩余就业机会，更无需只去全民或集体所有制企业任职。他们从市场自由购买食物，在私营或个体经营单位寻找工作，抑或自立门户经商和从事第三产业，从而促进了农村人口在产业类型上的转移。

（五）民工潮的出现

　　随着农民大量流入城市，又出现"民工潮"现象。20世

80 年代末期我国经济发展因追求表面上的高速度，由此带来生产领域中的比例失调和物资资金的紧张。于是政府采取收缩生产规模和整顿乡镇企业等措施缓解经济过热状态。结果数以千计的工程中途停建，数以百万计的民工被辞退。被辞退的工人乃由东南沿海城市北上，希求在北方寻觅工作无着，又复西行，所到之处都难找到就业机会。被辞退的民工尚未找到落脚的地方，而新由农村外出打工的劳力又已上道，两股人流交会于途，一时滞留大都市，拥塞交通枢纽，后经大力疏导人流方渐退潮。以后每届春节沿海和各大城市打工民工返乡过年和节后回厂，又每每造成人流高峰。加之流入城市人口每年递增，特别是东南沿海城市更是人口流入的热点。例如 22 座沿海城市 1992 年的净迁入人口高达 279 万，超过全国城市净迁入人口 117 万的 1 倍以上。因此农村大量劳力流入城市在带给城市积极效益以外也已冲击了城市的正常生活秩序，社会治安和生态环境。

国家劳动部门对于解决"民工潮"的办法是实施一项"民工跨地区流动有序化工程"，这项工程设想为适应市场经济发展，建立市场信息系统、组织管理机构和服务网络，使跨地区劳力流动成为有组织、有管理、有服务地合理有序流动。具体要点是：(1) 劳力输出地区建立机构负责通过合法渠道有组织地输出劳力；(2) 劳力输入地区建立劳力市场规则和劳力管理监察制度；(3) 建立机构负责劳力流动的全程服务；(4) 劳力流动的重点地区建立劳力市场供需监测体系，藉以进行劳力流量调控；(5) 春节劳力流动高峰时期，建立有效疏导措施等。以上这些措施都只是治标的办法。旨在完善劳力市场和强化跨地区劳力流动的组织和管理，逐步形成"信息导向、按需流动、凭证管理、全程服务"的流动人员就业体制。这种措施的推行对于调节流动人口数量，不使流入地区过度超载，以及强化城市治安、保持城市正常生活秩序和保护城市生态环境都会起积极作用。

此外，政府对流入城市人口还将实施登记发证办法强化管理，笔者认为对于入城经商的流动人口，应有守法、文化、技能、资金等项要求，符合要求条件方可取得居留资格和营业执照，对于长期无业流动人口应该限期令其返乡。

有些学者以为在市场经济体制下，对于劳动力的自由流动不宜加以限制和干涉。其在城市劳力市场上寻求就业岗位，如果长期难以找到就业机会，他们将会自行流向他方另寻出路，抑或返回农村继续务农。然而笔者注意到在发展中国家、特别是像我国这样人口众多且农村剩余劳力巨大，而国内统一的劳力市场尚未形成，劳力需求信息不灵，城乡收入十分悬殊等情况下，往往流入城市的农村劳力，即便长期无业也不肯离去而宁愿滞留城市，成为危害治安的温床。市场规律对于他们的影响作用是微乎其微的。因此笔者以为对于滞留城市的无业农村人口的适当控制是必要的，这些控制措施是不会影响到城市开放和城乡流通的。

上述针对流动人口的种种措施，都属于应急治标办法。而农村蓄积的 1.2 亿剩余劳力的产业转变和每年新增 1200 万以上的劳动年龄人口的就业安排，也不是十年八年短期可以解决的。农村剩余劳力产业转变的根本解决办法，还依赖于发展现代产业的同时，要向农业的纵深进行开发，持续发展乡镇企业和发展小城镇建设等。

关于缓解春节人流高峰除去采取种种临时性疏导措施以外，还应采取如下根本解决的办法：（1）不再使劳动密集型经济企业兴建在大都市，特别是沿海新兴城市。已设在大都市内的劳动密集型企业也可考虑逐步扩散迁建在小城镇，藉以避免大城市过多吸收农村劳力。（2）对于流入沿海新兴城市和内地城市的农村人口，经过检查核实凡有相当年月的固定职业和固定住所者，均宜给予城市正式户口，准其永久定居安家立业，使其产业类型转变和居住地类型转变二者统一。藉以减少每届春节回乡探亲，缓解节日性的人口往返大流动。(3) 消除交通动脉上的"瓶颈"。在短短十多年中数百亿美元投资于东南沿海口岸城市和经济开发区，投资在时间和空间上高度集中，由此吸引了大批内地劳力陆续涌入。在开发区内水、电、气、管线网络和主干、支干道路敷设完善，但通往省外交通设施未能同步增建，特别是交通大动脉的枢纽如广州和武汉等地，每届春节人流汇集形成"瓶颈"。因此加大客运载量，拓展水、陆、空运输能力也是当务之急。

(六) 过渡性迁移模型

由计划经济体制采取循序渐进方式向市场经济体制转变，与此相应人口迁移由封闭模式向开放模式转变，也应采取循序渐进的过渡性转变模式。

所谓开放型迁移模式的核心是三种转变的统一：(1) 相当数量的农业人口由农业转变到非农业，在产业类型上的转变；(2) 相当数量的农村人口由乡居到城居，在居住地类型上的转变；(3) 城乡两大社区之间由封闭到开放的转变。当今我国的非农产业虽然多年高速发展，然而短时终难吸尽数十年积累下来的庞大农村剩余劳力，因此城门的开启也应有一渐进过程。城乡隔绝的结果是堵塞社会经济生机。而四门大开一拥而入又会使带动社会发展的经济文化中心 (城市) 陷于困境。因此在全封闭控制迁移与全开放自由流动之间，应有一过渡性模式。这就是宏观协调下，运用行政机制控制与经济功能调节相结合去影响人口迁移和流动的逐步开放模式，以期达到人口迁移模式转变与经济体制转变相适应。前述诸种迁移的新特点都是这种过渡性迁移模式的反映。直到经济体制转变的完成，过渡性的迁移模式方告结束。那时人口迁移方可达到三种转变的统一，而无须行政机制的控制和干预，从而呈现出人口的自由迁移和自由流动。

二　社会普遍关心的几个问题

（一）流动人口是否会与市民在就业中发生冲突

由农村进入城市的流动人口势将与原在城市待业的市民以及国营企业下岗的职工，发生寻找职业岗位的矛盾和冲突。这是社会普遍关心的问题之一。

其实在笔者看来，这个问题大可不必多虑。

众所周知，职业对于劳动力的选择，决定于岗位特性对劳动力素质的要求。劳动力对于职业的选择往往决定于劳动力自身条件对于岗位特性能否适应和收入的高低。一般说来，农村劳动力的平均文化素质低于城市的劳动力，因此他们在许多行业和职业领域里并不是城市劳动力的强劲的竞争对手。发展经济学家西奥多·塔多罗的迁移模型认为，发展中国家农村劳动力进入城市就业的经历，一般是首先进入所谓"城市传统部门"就业，如充当个体商贩、非熟练服务人员、非熟练手工业者、非熟练建筑工人等。经过一个时期以后，其中部分劳动力才转向现代工业部门。由此可见，农村劳动力进入城市的经营活动，往往是城市某些行业的补充。因此，为避免由农村流入城市大量无业游动人口以及影响城市社会生活的安定，应该采取措施限制那些没有生产技能和经营条件的农民进入城市。但不可以一概禁绝农村人口进入，形成城市封闭。这样不仅杜绝了一部分拥有技能和资金以及经营能力的农民进城自谋生计的门路，而且也使城镇长期陷于缺乏第三产业服务。

中国农村劳力流入城镇后的职业变化是西奥多·塔多罗迁移

模型的再现。据中国社会科学院农村发展研究所 1986 年对全国百村劳动力情况调查结果和中国公安大学人口研究所 1992 年对中国 50 个乡镇流动人口调查结果，都显示由农村流出的劳力的职业变化，其中 50%—60% 劳力的新就业岗位是：服务、建筑、运输、经商、采购、保姆和手工业等部门（见表 5、表 6）。

表5		1986 年 100 村劳力流出后的就业构成						单位：人、%
	合计	农业	工业	建筑	交通邮电	商业	饮食服务	其他
人数	26993	2179	4593	8596	1655	1204	1045	7721
百分比	100	8.1	17.0	31.8	6.0	4.5	3.9	28.6

资料来源：庾德昌：《全国百村劳动力情况调查资料集》，中国统计出版社 1989 年版，第 32 页。

表6				1992 年 50 乡镇流出人口流出前后职业变化									单位:%
	合计	务农	务工服务	手工匠	建筑	运输	经商	采购推销	干部	教师	学生	保姆	其他
流出前	100	78.59	2.85	4.48	0.38	0.86	0.90	1.48	0.60	0.25	7.83	0	1.78
流出后	100	12.86	35.96	7.82	7.90	2.73	9.07	4.61	0.56	0.20	4.69	0.56	13.04

资料来源：张庆五：《中国 50 乡镇流动人口调查研究》，中国人民公安大学出版社 1994 年版，第 112、114 页。

另据北京市政府 1995 年对北京市流动人口调查结果，同样说明流入本市的经济活动人口 60% 分布在建筑、商业、餐饮和家庭保姆等职业（见表 7），特别是 15—44 岁的青壮劳力中的 80% 大都务工经商，相当部分劳力从事马路清扫、公厕保洁、建筑施工、搬运杂工等项重活、累活、脏活等。还有部分从事缝纫、修理、弹棉花、饮食、保姆等项职业。所有这些职业是一般市民所不愿从事的。可以说农村劳力在城市能够进入的职业，绝大多数是那些劳动条件比较艰苦而经济收入相对较低的、城市劳力所不愿从事的生产服务领域，也可以说是城市劳力所退让出来的市场经营空隙。可见农村适量劳力流入城市的经营活动，往往是城市一些所缺行业的补充。目前从他们的文化和技能素质来看，还不致于发展为与城市劳力争夺就业岗位的冲突。但是应该清醒的是，应使农村劳力的流入数量不要超过城市所能容纳的限度。

表7　　　　　　北京市1995年流动人口的流入原因构成　　单位：%

合计	经济原因						非经济原因				
	经商	建筑	餐饮服务	工业	保姆	农业	探亲访友	治病或结婚	开会学习	旅游中转	其他
100	29	24.4	5.9	5	1.9	0.9	12.5	1.7	4	2.3	1

资料来源：1995年北京市流动人口调查报告。

（二）流动人口是否冲击计划生育

社会舆论常常谴责那些为逃避计划生育管理，而离开家乡流窜外地进行计划外生育的妇女，因为超生促使多胎率增多。

在流动人口群体之中，的确混杂着一些打算超生的妇女，她们流出的目的就是为了超生。但就流动人口总体而言，其中多数人流动目的是进行经济活动。这类从事经济活动的流动人口的流动目的与前述打算超生的流动人口截然不同。其生育率一般低于流出地的农村人口生育率，而略高于流入城市的生育率。这种现象早已为世界许多国家的实际调查数据所证实。包括中国在内的一些发展中国家的迁移和流动人口的生育率也是这样。笔者所主持的1986年中国74城镇人口迁移调查数据和1990年中国第四次人口普查数据也都显示，农村迁移和流动妇女的平均生育子女数低于农村未曾迁移和流动妇女的平均生育子女数（见表8、表9）。

表 8　　　农村非迁移妇女和迁移妇女平均生育子女数比较　　　单位：个

年龄组（岁）	非迁移妇女	近 5 年来农村迁移妇女
20—24	0.580	0.315
25—29	1.620	0.984
30—34	2.260	1.386
35—39	2.930	2.214
40—44	3.680	3.054
45—49	4.310	3.495

资料来源：农村非迁移妇女生育数引自《1987 年全国 1% 人口抽样调查》，农村迁移妇女生育数引自《中国 1986 年 74 城镇人口迁移抽样调查资料》。

表 9　　　上海市流入妇女与流出地妇女的平均子女数比较　　　单位：个

年龄组（岁）	流入上海妇女	江苏省妇女	浙江省妇女	安徽省妇女
20—24	0.289	0.457	0.394	0.546
25—29	1.159	1.209	1.162	1.611
30—34	1.611	1.534	1.682	2.170
35—39	1.924	1.882	2.168	2.706
40—44	2.279	2.452	2.726	3.380
45—49	2.837	3.095	3.303	3.986
50—54	3.115	3.632	3.896	4.383
55—59	3.413	4.118	4.342	4.575
60—64	3.058	4.194	4.418	4.148
标准化年龄后存活子女数	2.187	2.508	2.677	3.056

注：（1）流入上海妇女为 1990 年普查时在上海居住不满 1 年，而离开本人户口所在地 1 年以上的流动人口。

（2）流入上海妇女 86.6% 来自农村，80% 来自江苏、浙江、安徽三省，因此选用该三省妇女生育普查数据与之相比较。

资料来源：周应根：《人口迁移流动与生育》。

　　流动人口比非流动人口有较低的生育率，对于这种带有规律性的倾向，人口学理论解释：一是认为流动人口多数未婚或者是已婚未育的青壮年人口，文化和技能普遍略高于农村非流动人口。他们头脑灵活，对新事物敏感，较易接受较低的生育意愿。往往在流动以前他们的生育率就低于当地人口的平均生育水平。或是因为他们打算外出，所以有意识地控制自身的生育，总之促使他们外出流动的积极因素，正好成为选择抑制生育的积极因素。理论上称之为选择模式。二是流动人口在流动过程中一直处在紧张和不安定的生活环境之中，心理上承受很大压力。往往自动推迟婚期和生育且在流动途中往往夫妻暂时分居，这些因素干扰流动妇女受孕机会，从而降低生育水平。理论上称之为干扰模式。其三是农村人口流入城市以后，经过一段城市生活方式的熏陶和影响，逐渐改变其传统的思想观念，开始追求个人生活质量，重视提高子女的智力投资，自动限制生育孩子的数量，最后使其生育水平接近市民的生育水平。理论上称之为适应模式。可是人口迁移和流动对于降低妇女生育率有积极作用，似不必过分忧虑流动人口会带来大量的超生现象。准确和恰当地判断事态真相是制定和推行政策的基础。流动人口中始终都夹杂着蓄意超生的妇女。因此对于流动人口的计划生育管理仍然不可放松。

（三）　当代流动人口不是危害社会的破坏力量

《第三只眼睛看中国》一书的作者把当代中国流动人口与古代流民相提并论，认为中国"历代王朝无一例外地都毁于流民之手"，而当代的"流民潮"就是社会的一个大火药筒，"中国社会如果再一次发生大的动荡，无业的农民一定是动荡的积极参加者和破坏的主要力量。"[①] 尽管该书作者有意识地让人们重视

---

① 王山：《第三只眼睛看中国》，山西人民出版社1994年版，第26、28、62—63页。

和积极安置好农村剩余劳力的就业工作，以便减少他们因长期无业在四处游荡中可能发生犯罪和破坏作用。这些提示对社会是有益的。但是作者还是把当代中国流动人口和中国古代"流民"，这两种不同性质的人口流动现象混为一谈，而且对于当代流动人口危害作用的估计，也显然夸大其词了。

1. 流民的定义

该书将"流民"定义为"流民，即失去土地或不安于土地的农民"①。这个定义与中国历史上所称的"流民"含意是不同的。"流民"一词最早见于《汉书·食货志》。中国历史上许多朝代都曾发生过流民现象，发生的原因是多种多样的，但是大都并非是如该书作者所称是因为"失去土地或不安于土地"。大体上说流民形成的原因，主要是天灾人祸、暴政和战乱等迫使农民背井离乡流徙于途。中国史书对这类史实的记载俯拾皆是。他们流徙的目的是躲避灾荒和迫害。只要灾害已过，战乱已止，暴政解除，他们仍然会迁返故里继续耕作生息。如《食货志》载公元22年"北边及青徐地，人相食，洛阳以东，米石二千……流民入关者数十万……饥死者什七八"。又谓"诏帝时流民稍还，田野益辟，颇有积蓄。"② 说明灾害是产生流民的原因，灾害一旦过去，流民就会逐渐返回家园，不仅恢复耕作而且拓展土地，获得丰收。可见迫于外力，农民离开土地只是暂时的。

中国出版的《辞海》对"流民"一词的解释是："谓因穷困转徙于外之人民也，犹言流人。"③ 这个解释把转徙于外的人只归因于穷困，而未进一步指明引起穷困的多种导因，解释未免过

---

① 王山：《第三只眼睛看中国》，山西人民出版社1994年版。
② 《汉书》、《食货志》，中华书局，第791页。
③ 《辞海》，中华书局。

于简单笼统。梁实秋主编的《最新实用汉英辞典》（远东图书公司出版）对流民一词的解释是："被迫身临险境（指洪水、战争、政治迫害等）的人".① 比较而言《最新实用汉英辞典》对流民的定义比辞海的定义全面而接近史实。而《第三只眼睛看中国》一书作者对于流民一词的定义则显见偏颇，有失史实。

2. 流民与农民起义

中国历史上许多王朝的确亡于农民起义，但是绝不能说是"中国历代王朝都毁于流民之手"，尽管流民往往是农民起义军的积极参加者和主要组成部分。要知农民起义的萌发和酝酿根植于封建社会的阶级矛盾。这种不可调和的阶级冲突的能量积蓄到极点时，就会爆发农民的武力抗衡进而导致农民战争。而揭竿而起的时机也往往发生在适逢大规模的灾害降临之时。如《通鉴》记载的汉代赤眉起义的背景是："法令烦苛，民摇手触禁，不得耕桑，徭役烦剧，而枯旱蝗虫相因，狱讼不决。吏用苛暴立威，旁缘莽禁，侵刻小民，富者不自保，贫者无以自存。于是并起为盗贼……"② 又如明史记载的明代李自成和张献忠的农民大起义的社会背景是："壮烈之继统也，官僚之党局已成，草野之物力已耗，国家之法已坏，边疆之抢攘已甚。……"且"崇祯性多疑而任察，好刚而尚气，……苛刻寡恩，急剧失措……加以天灾流行，饥馑洊臻，政繁赋重，外讧内叛。……卒致宗社颠覆，徒以身殉。"③ 这些记载都说明暴政迫使人民群起反抗，而天灾更为农民起义的蔓延增添势焰，往往因灾荒而流徙于途的流民就是农民起义军的参加者。《明史》认为"是故明之亡，亡于流贼，

---

① 流民一词《最新实用汉英辞典》的英译是：Refugees，Person who has been forced to the danger（e. g. from floods，wars，Political Persecution）.

② 《通鉴纪事本末》第二册，中华书局，第441页。

③ 《明史》第二六册，中华书局，第7948页。

而致亡之本，不在于流贼也。"[①] 见解是极有道理的（这里所谓流贼，当然指的是农民起义军）。

此外，中国历史上由于外族（相对中原民族而言）入侵或藩镇割据势力之间的争夺，也都曾引发连年战乱。如北方匈奴民族起兵灭西晋，晋京洛阳倾覆，晋室南渡偏安江左。唐代"安史之乱"，帝京被陷，天子入蜀。宋代"靖康之乱"金兵攻陷宋京开封，宋室南迁临安。上述历次战乱都曾使得数以百万计的流民追随中原政权流徙于江南各地。而最终这些王朝的灭亡，也并非亡于流民之手。

中国史实说明，历代王朝的灭亡既非一概亡于农民起义，更非亡于流民。

3. 当代流动人口并非历史上的流民

从人口学意义上说来，当代中国流动人口与古代流民现象，都是一定人口群体在一定空间上的机械变动，即人口的迁移和流动现象。但是两者形成的原因和性质是完全不同的。发展经济学认为，在前工业社会向工业社会转变过程中，传统农业部门比重逐步缩小，现代工业部门比重日益增大，这种转变必将导致大部分农村人口转变为工业人口和城市人口。也就是说，社会经济结构的变化，引起农村人口在产业结构类型和居住地类型上的变化。而相当众多的农村人口需要通过迁移和流动去完成上述这两种转变，与此相联系的是工业化和城市化的同步发展。可见当代中国人口流动既是产业结构转变的结果，又是实现产业结构转变的条件。当代中国人口流动的性质属于社会经济结构转变型，而古代流民则多属于灾变型，二者成因和性质有原则差别，不可相提并论。

---

① 《明史》，第二六册，中华书局，第7948页。

　　当今农村人口流入城市，在生产、流通和服务等领域里为社会带来明显效益以外，如果超过城市负荷过量农村人口流入城市，也会造成一系列社会问题。诸如干扰市民正常生活秩序，城市生态环境质量下降，社会治安恶化等。这些都是极应治理的不可等闲视之的大问题。但是无论如何当今中国的流动人口不同于历史上的流民，也不都是无业游民。他们和原籍家乡土地紧密联在一起，有些进行"亦农亦工"的经营，在城乡之间进行季节性流动，有些家人务农，本人长年出外务工经商，周期性往返于城乡之间。据全国百村劳动力情况调查资料显示，东部沿海上海、江苏、浙江、福建、河北等五省市的 69 村外出劳力总量之中，常外出的仅占 20.7％，而季节性外出的则占绝大部分，为79.3％。[①] 尽管农村人多地少，终归农村有份家业；尽管劳动投入的边际效益很低甚至是零，促使剩余劳动力全然脱离农业，外出寻找营生，但无论如何家里总会有份口粮。就是遇到水旱灾荒也有社会赈济。当代流动人口完全没有历史上荒民饥民响应农民起义的那种历史条件[②]。因此，《第三只眼睛看中国》的作者认为，"中国社会如果再一次发生大的动荡，无业的农民一定是动荡的积极参加者和破坏的主要力量"的说法，不仅混淆了流民和流动人口的性质，而且忽视了二者发生和存在的历史条件，因而是不符实际的。该书进而还把当今的流动人口视为"社会的一个大火药筒"，则更是危言耸听了。

　　　　　　　（1996 年参加"德国科隆大学人口流动国际会议"论文）

---

　　① 庚德昌：《全国百村劳动力情况调查资料集》，中国统计出版社 1989 年版，第 30 页。

　　② 《明史》第二六册：明末"陕西大饥，延绥缺饷，固原兵劫州库……陕北诸贼并起，饥民应之。"中华书局，第 7949 页。

74 城镇人口迁移调查回顾

——兼论代表性选点与概率抽样相结合的调查方法

1986 年课题组承担国家"七五"社科研究重点项目《中国人口迁移和城市化研究》，并与 16 个省（市、区）协作单位合作进行 74 城镇人口迁移调查。调查前举办过三次讲习班，培训骨干，聘请国内外学者讲授迁移理论和调查方法；召开协调会议讨论调查方案，组织进行试验性调查。由准备到实施前后两年。1986 年底完成调查，1987 年和 1989 年先后召开两次调查数据分析学术会议，最终以提交《调查报告》和出版专门著作《中国人口迁移和城镇化》完成项目任务。岁月匆匆迄今已逾 10 年，当时除在《调查报告》和专著中简略概述调查方案和实施过程以外，未曾详及设计思想和实施体验。兹借离退之便，回顾当年组织课题实施的得失，想会有所补益。本文兼论代表性选点与概率抽样相结合的调查方法，并对 74 城镇调查的一些误解予以澄清，谨此就教于同道。

一　迁移的定义

（一）74 城镇人口迁移调查所引用的迁移定义，是国际学术界广泛引用的美国人口资料局编印的《人口手册》对迁移所下的定义。即"迁移是以改变定居地为目的而越过规定边界的人口移动行为"。其原文是："Migration，The movement of people across a specified boundary for the purpose of establishing a new permanent residence."①

引用的这个定义判断迁移行为的两条标准：一是移动空间必须越过规定的地域界线；二是移动目的必须是改变原定居地和建立新的永久居住地。同时兼备上述这两条标准，方可确定为是迁移行为。国外学术界衡量改变原居住地和建立永久新居住地的标准，除去越过规定的地域界线以外，一般是用移动者入住新居住地的时间长短来判断，通常以入住一年及以上者，即被判定为迁移人口，入住不足一年者皆被视为流动人口。

我国户口登记制度对判断迁移行为的两条标准：一是迁移者须越过市、镇、乡（社）的界线；二是迁移者须随迁户口。根据随迁户口已可判定入住者是在入住地建立永久新居住地，所以没有入住时间长短的规定。同时必须兼备这两条标准，方可认定是迁移行为。

显然我国户口登记制度规定的衡量迁移行为的两条标准，与我们引用的美国《人口手册》的迁移定义对迁移行为规定的两

---

①　*Population Handbook* International Edition，p. 9. The Population Reference Bureau，Inc. Washington D. C. U. S. A. 1980. 也可直译为："迁移是以建立新的永久定居地为目的而越过规定边界的人口移动。"

条标准大同小异。

在中国 74 城镇调查中，我们结合中外成例，把衡量迁移行为的两条标准具体化为：（1）迁移者须越过市、镇、乡（社）的地域界线；（2）随迁户口不论入住新居住地时间长短，或者是并未随迁户口，但是离开原居住地后，已在入住的新居住地连续住满一年及以上者。同时具备这两条标准方可认定是迁移行为。如果只具备第一条或第二条，那就被认定是流动行为，而不是迁移行为。上述迁移的两条标准和迁移与流动的区分，我们在74 城镇《调查手册》和《中国城镇人口迁移》一书中都有列表说明如下：

迁移和流动定义的内涵

类　别	空间变动	时间变动	户口变动
迁移			
法定迁移	越过市、镇、乡（社）地界	不论时间长短	随迁户口
事实迁移	越过市、镇、乡（社）地界	在非户口所在地连续居住一年以上	户口未动仍在原地
流动			
长期流动	越过市、镇、乡（社）地界	离开户口所在地一年以上	户口未动仍在原地
短期流动	越过市、镇、乡（社）地界	离开户口所在地一天以上，一年以下	户口未动仍在原地

（二）《关于人口迁移调查设计问题的讨论》[1]（以下简称

---

[1] 《关于人口迁移调查设计问题的讨论》，《人口研究》1997 年第 2 期。

《问题讨论》）认为："就本次调查而言，《调查手册》关于迁移的定义似欠准确。首先，迁入或迁出非样本市镇的人不是本次调查的对象；对于这样的人和地方，迁移与否没有意义。"这种议论是不对的。

任何定义都是对于某一事物的最本质的简明概括，因而定义具有稳定性和普遍适用性。迁移定义在全国各地城乡进行的户口登记、人口机械变动统计、人口普查抑或人口迁移调查之中，皆应普遍遵循。正因为有此统一的迁移定义，不论是抽取哪个城镇进行抽样调查，都可取得判断迁移行为的统一标准。因此绝不能说统一的迁移定义对于"迁入或迁出非样本市镇的人和地方没有意义"，进而把迁移定义的普遍适用性任意修改为"样本市镇抽样区"。如果按照《问题讨论》的逻辑续推，还可以说迁移定义对于样本市镇抽样区内的未被抽中的人也是没有意义的，因而还要进一步修改迁移定义，那就更为不妥了。因此在迁移定义中写入"迁入或迁出市镇抽样区……"等类文字就不啻是多余的了。

况且，抽样调查的目的在于以抽取的样本数据去推论（统计推论或判断推论）总体的相应指标，但前提是局部样本和总体必须是同质的。只有同质的事物，才可比较，才可推论。定义既是对同一事物本质的规定，那么迁移定义对于概率抽样调查或非概率调查，无论是抽中或未抽中样本的市镇人口都普遍适用。如此才谈得上使用抽中的样本市镇人口去推论或判断包括未被抽中的市镇在内的全部市镇人口。如果按照《问题讨论》所说的"迁移定义"只对"迁入或迁出样本市镇有意义"对"迁入或迁出非样本市镇的人和地方没有意义"，那么以一个样本市镇定义明确的迁移人口，又如何去推论或判断众多非样本市镇无明确定义规范的人口呢?! 推论和判断都已失去前提，那么抽样的目的和意义又何在呢？《问题讨论》在此不是陷于逻辑上的矛盾和混乱了吗？

（三）《调查讨论》所谓："只是'越过'而非定居（即过客）也难以发现……"的说法同样是错误的。

为观察人口迁移和城市化的迁移调查设计，有两种基本类型可循，一是调查城镇迁入和农村迁出，通常称之为"两点一线"；一是只调查城镇迁入和迁出，通常称之为"一点两线"。二者都能达到观察上述目的。而我们研究项目的着眼点在于城镇人口迁移，所以，74城镇人口迁移调查采取后者。且设定只是入户调查，车站空港的中转人员不在调查之列，只在入户逐一调查全部常住和暂住、有户口和无户口人口。按照迁移定义两条标准检验，必须查清无迁移行为人口、迁移人口和流动人口（包括所谓"过客"），怎么能说所谓"过客"难以发现呢？

（四）《调查讨论》所提出的迁移定义"以改变定居为目的而迁入或迁出样本市镇抽样区的行为"。显然这段文字的表述并未对迁移行为的另一本质特点，即"越过规定边界"包括在内。因此这还不是迁移的定义。

如前所述衡量迁移行为的两个标准（即越过规定界线和离开原居住地后在入住地建立新居住地），必须包括在迁移定义之内。二者缺一即不能成为迁移行为。显然《调查讨论》提出的定义只有以改变定居为目的的移动，却遗漏了另一标准，即必须越过规定的地域界线。要知道，没有越过规定地域界线的移动，即使是移动以后改变了定居地，这种同一地域界线范围之内的移动行为仍然不认为是迁移行为，而只是流动行为。

总之《调查讨论》提出的迁移定义，未能完整准确概括出迁移行为的本质特点，这个定义的缺陷：其一是混淆了流动行为和迁移行为的界线；其二是离开了明确的抽样目的。如前所述抽样调查的目的就是使用抽中的样本去推论总体，迁入、迁出样本市镇的抽样区的行为，就代表总体中迁入、迁出所有市镇的行为，如果总体和抽中的样本不能使用同一定义，那么后者如何推论前者？因此，迁移的定义无论是对于样本或是总体都是适用的。

二　代表性选点与概率抽样相结合的调查方案

（一）调查方案的制定

调查方案的制定须根据调查研究的对象和实现调查任务的人力和物力条件。

"人口迁移和城市化"课题调查研究的对象是我国农村人口面向城市的迁移行为及其对城市化的影响。设想进行适当规模的城镇人口迁移调查，借以观察建国以始迄至调查时的城镇人口迁移状况。课题经费 15 万元，课题成员 7 人，16 所协作单位（包括省、市、区社科院和大学研究机构，其中多数单位只一二人，极少数单位为五六人）自愿参加协作，只望结合所在地区进行调查研究。这就是实施调查研究的人力和物力条件。据此共同商定就在 16 所协作单位所在省（市、区）选择 50 座左右城镇进行调查。这种选择是出于如下考虑：（1）是协作单位希望研究各该所在地人口迁移问题的愿望应该满足。（2）是协作单位易于取得所在地的支持和配合，这种优势应该重视发挥。（3）是协作单位以其微弱人力和有限经费补助，远途跋涉前往外省城镇入户调查是不可能的。显然在全国范围内用随机方法抽取调查城镇的方案是不可取的。（4）是由熟悉当地情况的 16 所协作单位在所在省（市、区）选定一组有代表性城镇系列，同样可以满足我们调查的目的要求。

选择城镇的要求是：以省（市、区）为单位发挥各自谙熟当地历史和现状的优势，选出一组特、大、中、小城镇系列，还须兼顾不同功能类型，如新老城镇、政治经济文化中心、工矿、商贸或农牧城镇、交通枢纽或旅游城镇等等。计划调查城镇总数为 50 座左右，样本总量为 20000 户—25000 户，总抽样比为 2‰户，不同规模市镇采取不同抽样比，并以分层、随机、等距等原则抽取样本供协作单位参考。

综上所述，调查的城镇不是使用随机方法从全国城镇中抽取出来的，而是通过人为选定的，或者说是由经验判断选择的有代表性的典型城镇。而对城镇区内的迁移人口调查则采取概率抽样。这个调查方案在调查实施前和调查结束后，我们都曾在有关书面材料和调查报告中直言不讳加以说明，并且宣告调查数据不能从统计学意义上推论全国。[①] 我们的调查方案不是纯概率调查，因此不能给定精度，从而确定样本数量，进而估计抽样误差和确定可信间距。而是根据财力和调查城镇数量，以经验判断确定样本数量。

（二）代表性选点与概率抽样相结合的调查方法

众所周知，调查方法有多种，按调查范围分类，分全面调查（如普查）和非全面调查（如抽样调查和典型调查）。

1. 抽样调查的概率样本可以推论总体，但也是有限度的。从统计学角度来看，概率抽样只能推论"调查总体"，因为概率抽样样本和"调查总体"之差是随机抽样误差，再往上的总体

---

① 《人口迁移和城镇化研究 1986 年正式调查提要》（油印本），1986 年 4 月；《中国 50 城镇人口迁移和城镇化调查研究》（工作会议纪要）1986 年 4 月；《样本的选择和抽样方法》（油印本），1986 年；《中国 74 城镇人口迁移调查研究报告》，1987 年。

和样本之差已不是抽样误差，而是系统误差了。所以"调查总体"向上继续推论"框架总体"、"目标总体"最后到"推论总体"的推论已不属于统计学范畴，而是属于经验判断范畴了。因此概率抽样样本应用于实际推论时，也常包含经验判断的推论。

在使用抽样方法时，应明确理解和把握抽样误差的含义。所谓抽样误差只不过是所有可能抽到的样本的误差值的一个平均值。不管抽到哪一个样本，计算出来的抽样误差，都是平均误差数。用它来代表所有可能抽出来的样本，并不等于说它就是具体抽出样本的误差数。因为实际抽到的样本，只是所有可能抽到的样本中的一个。因此概率抽样抽到的样本只不过是统计意义上与总体相接近（近似），而并非就是总体的确切代表。

在使用抽样方法时，了解上述概率样本推论不同层次总体的差别和概率样本近似总体的关系两点是十分重要的。

2. 典型调查（也称案例调查）无法计算抽样误差，因而从统计学意义上来说也不能推论总体，但是具有代表性的典型调查和非概率样本仍然可以从经验判断意义上进行推论。而且知识丰富的人进行的经验判断意义上的推论往往并不亚于统计学意义上的推论。

可见概率抽样调查和非概率典型调查各具特点，各有局限，各有用途，应根据调查对象和调查者的主客观条件加以选择使用。不问研究对象和调查者的主客观条件，一味追求概率抽样，并不一定能够获得质量高的调查数据。采用概率抽样还是采用典型方法要视情况而定，能用典型调查解决问题就不必使用概率抽样，并不是任何调查皆要使用概率抽样才是最好的方法。

我们根据需要与可能，主观条件和客观条件，人力和物力等因素所确定的，由 16 省（市、区）协作单位研究人员按经验人为选择一个有代表性的调查城镇群体，按抽样调查方法调查这些选定城镇中的迁移人口。就每个被挑选的城镇的调查而言，可以说都是各该省（区）的典型调查，而 74 个城镇的典型集合成群，更宜叫做代表性的选点调查。因此，这样的调查方案的恰当称谓应是：代表性选点和概率抽样相结合的调查方法。

此前，在本项调查的酝酿准备阶段，联合国人口基金驻华前顾问默顿斯博士和美国布朗大学哥斯坦教授曾经建议我们的调查方案也是选点调查，即选择若干省、就其中每省各选两个发达城镇和两个欠发达城镇，进行人口迁移和流动调查。其后我们修改了他们建议的方案，经与协作单位协商制定 50 城镇调查方案。

（三）代表性选点和概率抽样相结合的方法在我国的广泛使用

其实这种代表性选点和概率抽样相结合的调查方法，并非是我们的创造。这种方法早在 20 世纪二三十年代我国学术界就曾使用，迄至八九十年代仍然广泛流行。

1. 1929 年到 1931 年金陵大学美籍教授卜凯（J. Lossing Buck）和乔启明等一批中国教授，在我国长江南北选定 16 省 186 县并在其中人为划定 119 个调查区（有些区可跨县）进行人口调查，调查区不论居民多少，一律就中选定一村或毗连数村进行调查。[①] 当时调查和统计手段相对现今，无疑比较简单，但该项调查数据迄今还被著名人口学者柯尔等用来分析我国 30 年代农村妇女生育状况。[②]

---

①　卜凯主编：《中国土地利用》，金陵大学农学院出版，1937 年。

②　Ansley J. Coale (1976), A Reassessment of Demography of Traditional Rural China Population Index, Vol. 42—No. 4.

2. 1980 年到 1981 年美国斯坦福大学人类学学者阿瑟·沃尔夫博士来华选定京、闽、浙、苏、鲁、陕、川七省市进行老年妇女生育回顾调查，七地当局各选一个县的一个公社大队供沃氏亲自入户调查，前后耗时 7 个月，共计调查问卷 546 份，各地多少不等，沃氏即用此项数据追述 30 年代我国农村妇女生育问题。①

3. 1982 年中国社会科学院社会学研究所联合京、津、沪、宁、蓉五大城市 10 所研究单位，在各自所在城市选定有代表性居民点（居委会或街道）1—3 个不等，进行家庭、婚姻和生育率的整群抽样调查。② 老一辈著名社会学家雷洁琼教授在她为《中国城市家庭》一书所写的《前言》中，把中国五城市家庭的调查方法称之为："抽样调查相结合的调查方法。"

4. 1987 年人大、南开、复旦、华师、北京经院五大学、中科院地理所、社科院和国家计委等八单位所属人口研究机构，自选京、津、辽、冀、鲁、沪、苏、浙、粤九省市，就在其中各选有代表性的四镇，每镇各选 300 户，进行"沿海小城镇经济发展与人口迁移的抽样调查"。③ 这项调查方案设计是在联合国人口基金前驻华代表拉昆博士亲自指导下确定的。

5. 1987 年中国社会科学院农村发展研究所在我国东、中、西三大地区，选择经济发展水平不同的 58 县 230 村，采用分层选点或称分类抽样选点方法对农村劳动力按村进行整群调查。④

6. 1991 年到 1992 年中国公安大学在我国东、中、西三大地

---

① 阿瑟·沃尔夫 1980 年到 1981 年在我国七省市调查取得调查问卷份数如下：北京 51 份、福建 81 份、浙江 81 份、江苏 88 份、山东 80 份、陕西 75 份、四川 90份。

② 《中国城市家庭》，山东人民出版社 1985 年版。

③ 《中国沿海地区小城镇经济发展和人口迁移》，中国展望出版社 1990 年版。

④ 庹德昌主编：《中国百村劳动力情况调查资料集》，中国统计出版社 1989 年版。

区20省（市、区）选择经济发展程度不同的、具有代表性的50个乡镇，进行流动人口的整群调查。[①]

上述这些调查地区都是非随机、非概率抽样抽出的，他们分别称之为"选点抽样"或"分层选点"或"分类选点"或"立意整群"等。由于出自有经验人士选择的有代表性的地点，所以我们也称之为"代表性抽样"（Representatively Sampling）或者"判断抽样"（Judgement Sampling）。上述这些调查在某种程度上也包含着"专家抽样"（Expert Sampling）的特点，因为这些调查选点大都出自各该领域专家之手。调查资料当然不可以从统计学意义上推论总体，但是仍可从经验判断意义上推论总体。

基于上述这些看法，我们选定一个有代表性的城镇群体进行调查，其目的并不仅限于了解这些城镇人口迁移状态。典型调查也好，代表性调查也好，目的都是以对部分的观察来了解更大范围的事物变化，目标都是以局部去估计判断全局。

上述这些调查的组织者和参与者对抽样调查方法不是一无所知，然而他们都并未采用纯概率抽样，却采用"代表性选点和概率抽样相结合的方法"。原因都很简单，就是从实际出发，而不是从条条出发。他们大都考虑到，"调查经费极为有限，不具备随机抽样调查条件，只能采取分层选择有代表性地点进行调查，尽管难免有一定主观成分，但就其可行性而言，权衡利弊仍以分类选点方案为最佳方案……"[②]《百村劳动力调查》作者说得十分恰当：重视可行性，重视代表性，重视调查的目的性以及

---

① 张庆五主编：《中国50乡镇流动人口调查研究》，中国人民公安大学出版社1994年版。

② 《中国50乡镇流动人口调查研究》，中国人民公安大学出版社1994年版，第4页。

重视调查资料的系统性和完整性，调查结果必然有一定代表性。① 如此众多领域纷纷采用"代表性选点和概率抽样相结合的调查方法"绝非偶然，在没有条件进行纯概率抽样情况下，显然此法简便节省易于操作，也可满足调查的要求。甚至有条件进行纯概率调查，但采用其他简便调查方法也可满足研究的目的要求，那么也未必一定采用纯概率调查。

与此相对应的是：20 世纪 80 年代以后我国若干领域也曾做过全国范围纯概率抽样调查，如：1984 年全国粮食农药污染调查、1985—1987 年人体测量抽样调查、1990 年中国妇女地位调查、1991 年中国 5 岁以下儿童死亡抽样调查、1991 年全国办公自动化设备抽样调查、1993 年国家卫生服务总调查和 1993 年人口变动情况抽样调查等。所有这些调查多是国家职能部门，如卫生部、商业部、农牧渔业部、国家统计局、国家标准局、国家环保局、全国妇联等组织进行的。这些机构无疑均具备有效分支机构和充裕调查经费，得以统一实施抽样调查。由此可见，本文前述那些学术单位因不具备行政分支机构体系和财力条件，不易组织相当规模的纯概率抽样调查，不是一目了然了吗？

（四）讨论问题应该口径一致

74 城镇人口迁移调查所采取的调查方案，从开始就清清楚楚写入课题调查计划的有关文件之中：（1）选择有代表性的 50 城镇；（2）在各协作省（区）各选一个特、大、中、小镇系列；（3）在每城镇中采分层、随机、等距等抽样调查方法；（4）确

---

① 《中国百村劳动力情况调查资料集》，中国统计出版社 1989 年版，第 291—292 页。

定总样本量为 2 万—2.5 万份左右；①② （5）在调查结束以后，再次声明此次调查城镇的选择，既非主观武断臆定，也非随机抽样选取，而是采取"偏依性随机方法"（Bias Random）确定的（所谓偏依性随机方法也就是非严格抽样方法）。③ 调查数据不能全及本省城镇和全国城镇。④

　　以上这些要点经过长期的酝酿讨论，在多次协作单位的协商会议上确定下来，形成文件写成方案，这是所有与会的课题成员（包括《问题讨论》一文的作者）和协作单位与会者人所共知的事实。那么为什么 10 年以后却有人撇开当时参加会议共同设计方案于不顾，以纯概率抽样方法去斧正我们所称之为的"代表性抽样和概率抽样相结合的调查方法"，这岂非南辕北辙，越说越远吗？

　　事实上，当时课题组成员（包括《问题讨论》的作者）无论新老对于使用抽样方法都不熟悉都无经验。然而其中不乏出身社科院研究生院或留澳、留美人口专业的毕业生。他们虽非精通抽样方法，而较之非本专业出身半途改行者略高一筹，如果让这些成员依据抽样方法课本，"按图索骥"，或"照葫芦画瓢"，也可草拟一个纯粹随机的抽样调查方案。但是我们量力自知其不可为。所以决计舍弃此道，毅然采取"代表性选点与概率抽样相结合"的调查方案。这种决心是出自两个正确的判断：一是我们和 16 个协作单位都不具备采用纯随机抽样的主客观条件；二是采用"代表性抽样和概率抽样相结合的调查方法"也可满足

----

　　①　《人口迁移和城镇化研究 1986 年正式调查提要》（油印件）1986 年。
　　②　《中国 50 城镇人口迁移和城市化调查研究》（油印件）1986 年。
　　③　《中国城镇人口迁移》，中国人口出版社 1994 年版，第 36 页。
　　④　《中国 74 城镇人口迁移调查研究报告》，《中国 1986 年 74 城镇人口迁移抽样调查资料》，《中国人口科学专刊（2）》，1988 年，第 3 页。

我们调查的目的要求。

讨论、切磋、斧正一种方法论，也要讲求方法论，这就是方法的口径要一致。例如，有 A、B、C 三种方法，如果切磋 A 种方法在应用过程中的长短，那么就须使用 A 种方法的规范；如果使用 B 种方法的规矩去校正 A 种方法的方圆，结果是口径不对，永远不能合铆。

三　调查时期的设定

（一）　调查时期的上限

课题组和 16 个协作单位长达一年的酝酿中，最初曾经设想把被调查户内，各个时期（不论建国前或建国后）全部有迁移行为的人口尽皆记录入卷。经多时考虑深感调查分量过大，乃决计放弃建国以前阶段，只保留建国以后迄至实施调查时的全部迁移人口。我们和协作单位达成的共识是"建国以后"即是从 1949 年元月开始，我们没有人提过，调查时期的上限从 1949 年 10 月 1 日开始，更没有人提过调查时期的上限从当地解放之日开始。

尽管我们的调查问卷中的调查时期上限写的是"建国以后"，由于协作单位已经对调查时期上限取得共识，所以在实施调查之中，并没有一个省（市、区）把调查起始日期定为"1949 年 10 月 1 日，或 1949 年底，或各该市镇解放之日"。例如内蒙古社科院的同志并未像《问题讨论》所说的那样：因内蒙古自治区早在 1946 年 5 月成立，就将调查起始日期填为 1946 年 5 月，辽宁社科院和哈尔滨社科所的同志未因东北 1948 年底全境解放，而将调查起始日期填为 1948 年，广东省社科院的同志并未因 1949 年广东全省尚未解放（属于该省的海南岛迟至

1950 年 4 月方告解放），而将调查起始日期填为 1950 年，调查实践反映根本没有人把"建国以后"理解为当地解放之日。

《中国 74 城镇人口迁移抽样调查资料》第三部分中表6、表7、表8、表9、表10"按迁入年份划分的各类城镇迁入人数"可以看出，1949—1950 年迁入人数略低于 1951—1952 年人数，二者相差并不悬殊。1949 年到 1958 年，历年各类城镇迁入人口均呈逐渐增长缓慢上升态势，调查记录的 1949 年到 1950 年的迁入人数并不偏低，没有漏填迹象。

如果上述判断还较粗略，课题组成员重新从记录调查原始资料的磁盘中，再现迁移人口迁入各类城镇的起始日期，结果是16 省（市、区）调查的迁入人口日期都有 1949 年 10 月 1 日以前的记录（见表1），说明协作单位在调查中并未把"建国以后"一词理解为自 1949 年 10 月 1 日开始。由此可见《问题讨论》所谓：调查起始时期"在实际调查时，有以 1949 年 10 月 1 日为标准的，有以 1949 年年底为界的，……更有以样本市镇解放日或月区别的"云云，都是些揣测之词，并非事实。

表1　16省（市、区）调查问卷中出现的 1949 年迁入最早月份

地区	月份	地区	月份	地区	月份	地区	月份
河北	1	上海	1	河南	1	四川	7
内蒙古	1	浙江	1	湖北	4	贵州	1
辽宁	1	江西	4	湖南	1	陕西	2
黑龙江	1	山东	8	广东	3	宁夏	7

（二）调查时期的下限

按原调查方案拟取得自 1949 年到 1986 年总共 38 年间的完整的城镇人口迁移数据。所以调查时期的下限定为 1986 年第四

季度。方案要求 1986 年第三季度培训骨干，第四季度完成调查。① 在调查实施中，16 个协作单位根据各自条件开始调查和完成调查时间各不相同（见表 2）。结果各协作单位所取得的 1986 年数据高低相差 1—4 个月不等。这 4 个月的差数只占 38 年（1949—1986 年）的不足 1%（0.8%），对于纵向观察 38 年的人口迁移走势应无大妨碍，可以忽略不计，这种处理方法屡见不鲜。某些大范围的统计数据，容许其中小部分数据短缺不全是常有的事。例如《中国城镇人口资料手册》（后改名为《全国分县市人口统计资料》）自 1984 年到 1991 年版本，几乎每年都有一些市镇或地区数据短缺，个别数据短缺仍不影响它作为全国性的统计资料。联合国历年公布的世界各国人口统计资料，每年都有空缺不全数据，并未因此不被视为全球性的人口统计。

表 2　　　　16 省（市、区）1986 年实施调查起止月份

地区	月份	地区	月份	地区	月份	地区	月份
河北	9—11	上海	10	河南	8—11	四川	10—11
内蒙古	10—12	浙江	8	湖北	10—12	贵州	10
辽宁	10	江西	10	湖南	8—10	陕西	9—10
黑龙江	11—12	山东	9—10	广东	9—10	宁夏	10

如果认为 1949 年调查数据不甚完整和 1986 年调查数据参差不齐，设想取得调查期限一致的整年调查数据，简单的办法是从《中国 1986 年 74 城镇人口迁移抽样调查资料》中，按迁入年份划分的迁入人口表中，删除 1949 年和 1986 年调查数据，仅计算 1950 年到 1985 年的城镇迁入人口。虽然缺少首尾两年数据，然

---

① 《中国 50 城镇人口迁移和城镇化调查研究》（工作会议纪要），1986 年 4 月。

而所显示的 36 年间城镇人口迁移轨迹与 38 年的走向如出一辙。

如果进而从记录原始调查资料的磁盘中，再现 1986 年的调查数据，我们可以只提取 16 个协作单位 1986 年 1 月到 6 月的半年登记资料，删除该年下半年的参差不齐的数据，从而使数据划一完整。也可以把各协作单位调查不满一年的数据，根据当年的各自增长幅度，调整为一年的数据，从而使调查数据成为完整的 38 年的数据。这就是说调查的数据往往是不完整的，但在分析研究中可以使用种种方法加以调整，使其完整或比较完整。这是使用数据者所应具备的功夫。

就问卷的设计方法而言，《问题讨论》所说的调查时限均应以具体年月日锁定，不宜使用"建国后"等类文字表述，以免引起误解。这个意见是对的。但是也须说清楚，我们设定的 74 城镇人口迁移调查时期的上限和下限，协作调查单位都已取得共识，即自 1949 年 1 月开始到 1986 年第四季度为止，1986 年的调查数据各地相差数月是我们预计到的（通过调整可以使其数据完整）。调查的实际结果证明，并未给调查数据带来什么危害，并不影响数据的实际应用。

四 调查地域界线的设定

（一）频繁的行政区划变动

本项调查对 1949 年到 1986 年间人口流向的观察，涉及行政区划界线。然而过去 38 年间行政区划的变动是频繁的和多样的。例如：（1）析数省部分辖区设立新省，为时不久又撤销新省，将辖区归还原省。（2）撤销省级地区或辖区划归邻省。（3）建立省级行署区，为时不久又将数行署合并为省。（4）两省先合为一省，为时不久又分为两省。（5）省区合并。（6）省（市、区）单向或双向调出或调入部分辖区。（7）改中央直辖市为省辖市，其后有的又恢复为中央直辖市。（8）改行署区为中央直辖市，后再改为省辖市。（9）改村为镇、改镇为市、改县为市，其中还有改而复撤、撤而复设等多次反复。（10）地、县、乡撤销、合并、或划出划入部分辖区，更改地名等更是不胜枚举。

　　如此频繁的行政区划变动，经常阅读报刊的人对此都会有常识性的了解，但对此全面完整的掌握那不是仅凭个人记忆所能办到的。这需要投入人力搜集编辑有关资料。迁移调查只使用行政区划变动的资料，并不涉及行政区划划分的理论和方法。1986年74城镇人口迁移调查时，即使已有此类完整系统资料问世，而在实际调查之中也难使用，因为被调查的多是年龄较大的户主，他们逐一申报户内迁入迁出人口，但是很难说出迁入迁出人口在区划变动时期的迁出迁入地的准确区划归属。调查员同样无法按户主的申报，用手工方法按区划变动资料逐个检索迁出迁入的区划归属①。

　　在38年频繁的区划变动中，变动区域面积较大者当属撤销设置时间较短的行省、行署，合并和恢复那些设置年代已久的省份。例如辽（奉）、吉、黑早在清代即已设省，民国沿袭前制，伪满设18省，1945年国民党南京政府又调整为九省。解放之初改设五省，1954年，仍恢复东三省。又如苏、皖、川也在清代设省，民国沿袭前制，迄解放以前一直未变，解放初将其分置为八行署区，1952年又合并恢复原来三省。1948年所设平原省乃析自豫、冀两省部分辖区而成，1952年撤销建制，辖区归还原

---

　　①　20世纪90年代初商务印书馆陆续出版的《中华人民共和国地名词典》，每省一卷。中国华侨出版社出版的《中国历代行政区划》（公元前221年—公元1991年），两书系统编辑分省、分市、分县、分镇区划变动沿革。设想将此洋洋巨著所列行政区划变动编成软件，确非一日之功。

省。甘、宁两省之合而复分为时只有 4 年。热、察、绥、康四省沿制数年而后撤并。中央直辖市之设而复撤、撤而复设等，上述这些区划变动大都发生在解放初期，为时短暂。20 世纪 50 年代中后期迄至 1986 年中国大陆省级行政区划逐渐形成 29 省（市、区）的基本格局①，相对稳定多年无大变动。海南省和重庆直辖市的建立是后来的事。

（二）调查地域界线设定以调查时的行政区划为准

鉴于 74 城镇人口迁移调查使用手工检索手段根本无法弄清那些为时短暂的区划变动，因此，我们设定的调查区域十分清楚，调查问卷所印调查地区编码即明确表明，就以调查年份 1986 年的行政区划为准，建国以后的省级区划变动和省际辖区的调整一概搁置不论。这样的设定同样可以满足我们调查的目的要求。因为 1986 年的行政区划是绝大多数年份的稳定格局。

74 城镇人口迁移调查的重点是：建国后人口迁移及其对城市化进程的影响，观察市、镇人口机械增长数量，了解市、镇迁入人口的特征和流向，按 1986 年中国大陆地区 21 省、5 自治区、3 直辖市的区划格局完全可以满足上述调查研究要求。省以下县与县、乡与乡的迁移，并非本次调查的研究对象，县与乡两级地区不设编码汇总数据，因此频繁的省内各级区划变动，不致对调查结果有影响。在行政区划变动频繁的条件下，设想进行回顾性有限变量的迁移调查，只有两种选择，即要么是放弃调查；要么是参照区划变动，另行设定调查区域。舍此以外，别无其他妙法。以多年无大变动的相对稳定行政区划为调查区域是最佳方案，是可行方案，也是惟一方案。

① 不包括台湾省。

其实对于少数年份行政区划变动忽略不计,采取多数年份的稳定行政区划的方法,也多见于历年人口统计资料。例如,《中华人民共和国人口统计资料汇编》所列 1954—1984 年各省(市、区)历年人口迁移状况数据表中(第 980—1008 页),省级区划设定即按编书当时的区划现状 21 省、5 自治区、3 直辖市共 29 个省级单位为准。对于各个时期的部分省(市、区)的区划变动,一律忽略不计。例如,热河省、西康省在 1955 年 7 月撤销前仍然属省级建制,但上述历年人口迁移状况表中,已不列省,更无 1954—1955 年 7 月的数据。又如宁夏省 1954 年 8 月撤省并入甘肃省改为专区,1958 年 10 月又分出建立自治区。1954 年 8 月到 1958 年 7 月,历经 4 年不属省级,但是上述历年人口迁移状况表中,宁夏仍然位列省级建制,所列自 1954—1985 年历年人口迁移数据一年不缺。这里对于宁夏有 4 年不属省级建制的经历已经忽略不计。再如天津市 1949 年设直辖市,1958 年改为省辖市,1962 年 12 月又恢复为直辖市。同样经历 4 年不属省级建制,但上述历年人口迁移状况表中,天津市同列省级建制,所列 1954—1985 年历年人口迁移数据一年不差。这里对于天津市也有 4 年不属省级建制的经历也已忽略不计。除去举出的一省一区一市实例以外,还有绥远省、辽东省、辽西省、松江省、重庆直辖市等省市均在 1954 年 6 月被撤销合并他省或改为省辖市。虽然这些省市在 1954 年上半年仍然属于省级建制,但已不被列入上述各省历年人口迁移状况表中。所有这些更动依据的原则,是对实行时间较短的行政区划忽略不计,并按"现行行政区划"加以调整的。这种调整的出发点是数据的实用性。

74 城镇人口迁移调查的地域界线设定的出发点,既考虑到实地调查的可行性,也考虑到调查数据的实用性。《问题讨论》既然也认为"鉴于年代久远,难以得到有关行政区划变动的原始资料",《问题讨论》也没有提出一个地域界线设计更好的具

体方案。而只泛泛提出人所共知的行政区划变动，这又于事何
补？那么进行回顾性调查，除去采用多年相对稳定的行政区划以
外，还有什么更好的方案？

五 数据汇总与发布

（一） 两种系列数据汇总表

数据汇总全部委托国家计委计算中心分为两级处理：第一级
16省（市、区）协作单位将调查问卷交由所在各该省（市、
区）计算中心，由其输入磁盘；第二级将输讫的磁盘集中到北
京国家计委计算中心，由其按我们提供的制表方案，编制程序制
表。为适应不同需要，我们制成两种系列的数据汇总表：

一种是以市或镇为单位的数据汇总表，每个市或镇，制表
200份，74城镇共计制表14800份。早在1987年初冬即将上述
数据表分赠给16省（市、区）协作调查单位。他们根据这个系
列汇总数据分析各自调查的市镇，写出第一批论文提交到1987
年冬在京召开的"中国人口迁移与城市化学术讨论会"，随后被
收入《中国人口迁移和城市化研究》一书之中。[①]

另一种系列是按国家制定的以城镇人口规模划分的5种城镇
类型汇总的数据表。把74城镇按人口规模分别划为特、大、中、
小、镇5类数据汇总表共计448张，供分析不同类型城镇人口迁
移状况使用。

任何大范围的统计数据或调查数据，都有分级或分类等多种汇
总。如市人口既有按行政区划统计的全国的市人口、各省的市人口，
也有按建制为特征的直辖市和一般市，按计划体制为特征的14个单

---

① 《中国人口迁移和城市化研究》，北京经济学院出版社1988年版。

列市，按经济地理为特征的沿海开放城市和沿江开放城市，以及以人口规模划分的特、大、中、小城市等等。74 城镇人口迁移调查的主旨，即是研究我国城镇人口迁移的总体情况，以便把握事物的全局变化，提出相应的决策建议。城镇本身的人口规模有大中小系列，国家对不同规模城镇制定不同政策，74 城镇调查设计与此对应，要求协作单位在各自省（市、区）进行系列调查。数据汇总当然须为研究目的服务，因此分类汇总是完全必要的。

这两种系列数据汇总方法，应用较为普遍，如前述"中国土地利用"调查、"中国五城市家庭"调查、"中国沿海小城镇经济发展与流动人口"调查、"中国百村劳动力情况"调查以及"中国 50 乡镇流动人口"调查等等。这些调查所包括的若干调查地区（或市、或县、或镇、或街道居委会、或村）范围大小不一，户数不等，调查时间可同可不尽同，调查户数或人数有多有少。这些调查数据汇总除去按以调查地区为单位分别汇总以外，还有按从研究需要出发或把全部调查地区的绝对数据相加，或按地域分为南方和北方两大地域，或按东、中、西三部，或按沿海、内地、市郊 3 种类型分别汇总。

74 城镇调查两种系列数据表合计共为 15000 张以上。如果经费充裕，可以全部付印。惟因课题经费有限，只能印制第二系列数据表的一小部分，即 448 张表，印刷费用即已高达 3.9 万元。如果将两种系列数据全部付印，全部课题经费 15 万元也不足偿付印刷费用。

（二）公布 74 城镇调查实际抽样比

调查结束后课题组将每个城镇的实际调查问卷数，实际抽样比，连同各该城镇总人口、总户数等 8 项基础数据逐项列表印制成册，取名《中国 74 城镇人口迁移调查基础资料（中英文对照)》①，随同《中国1986年74城镇人口迁移抽样调查资料》分赠读者。正式出版这本基础资料的目的是提醒读者实际抽样比偏高，读者使用时可根据该册印制的城镇背景资料，按原抽样比把偏高的抽样比予以调低，结果并不影响调查数据的质量和使用。《问题讨论》却将公布实际抽样比的极为正常的做法曲解为"以为只要样本单位数足够大，就可以推论总体了，调查结束后公布实际抽样比，用意正在于此"。这是毫无根据的揣测。

（三）调查数据的发布

前已述及我们首先把分省的每个市镇的汇总数据表分赠给16个协作单位，其次把若干分市分镇的数据表和按5类城镇汇总的数据表编印成册，并将74城镇迁移调查的实际样本数量和实际抽样比例，编印附件分赠读者用户，其后又将录有16省分市分镇的数据磁带和磁盘送交国家计生委人口情报中心所属人口数据库，以市为单位的43市计算机打印数据表一套，按5类城镇汇总的计算机打印数据表一套，放置所内供人使用。分市分镇汇总数据磁带磁盘和分5类城镇汇总数据磁盘各一套，也放置所内供人使用，分市分镇汇总数据磁盘拷贝也已提交几个海外研究机构使用。至此，我们可能做到的几种形式的数据资料早已毫无保留地提供给海内外学术界广泛使用。但是《问题讨论》还问："每个市镇的原始资料数据，为何不公布？"

如上所述全部数据早已用我们能做的几种形式的信息手段公之于众，我想不出还有什么"原始数据"没有公布，还要使用什么形式予以公布。

---

① 《中国74城镇人口迁移调查基础资料》，《中国人口科学》（专刊2），1988年。

综前所述，分市分镇的汇总数据虽未印刷出版，但仍有计算机打印表可用。或以录入分市分镇的汇总数据的磁带和磁盘，任凭用户自行制表，这已是现今研究人员的通行惯例。分市分镇数据反映各个市镇信息，市镇分类汇总数据反映市镇类别信息，前者不含类别信息，后者不单独反映单个市镇信息，却包含每个市镇的共同信息，二者统计角度不同，用途各异，任凭选用。这里根本不存在《问题讨论》所谓后者掩盖前者功能，混淆前者特殊性，损失前者信息的问题。

六　数据质量检验

（一）数据质量检验

最初对调查数据只做一般性的检验，即抽出若干项调查结果与国家统计局 1984—1986 年人口变动抽样调查资料相比较。因为 1987 年 4 季度分析调查数据的国内学术讨论会召开在即，只能做此初步判断。随后，课题组成员对数据质量进行细致的检验（写成论文提交 1989 年召开的 "人口迁移与城市化国际学术讨论会"）。考虑到各市各镇内采多层多阶段的复杂抽样，没有现成计算方差的公式可供使用，因此采用随机分组法（又称交叉子样本法）计算了各市各镇的 9 个目标样本量方差，以及 5 类市镇的 9 个目标样本量方差。检验结果表明 74 城镇调查的 9 个目标量中有部分指标属于高精度指标。目标总体中的其他指标项目绝大多数[①]估计量的变异系数在 10% 以下，可以满足精度要求，

---

① 高嘉陵、冯士雍：《中国 1986 年 74 城镇人口迁移调查目标量估计方法与精度》，《中国人口科学》，1991 年第 3 期；《中国城镇人口迁移》（第 4 章），中国人口出版社 1994 年版。

而大城市和镇的目标量精度较差，某些指标精度不合格。就数据总体而言可以说调查质量是较好的。"尽管市镇抽样是非随机的，甚至是人为挑选的，然而由于所选城镇地理分布比较均匀，从而对全国仍有一定代表性，市镇内部抽样则基本上还是严格的，且各地抽样方法也不尽同，严格说来，只对74城镇的'目标总体'有意义，而对全国城镇也有参考意义"。① 这就是本项调查数据质量检验的结论。

（二）关于"漏填"的真相

调查问卷的调查栏目共计66项（封面3项正表63项），"漏填"主要集中在收入、所有制、迁移前后比较以及生育状况等栏目。调查问卷原本没有"漏填"栏目，只在数据汇总时把问卷中的所有没有填写的空白栏目一概划入"漏填"（或"没填"、"不知道"）栏下。现在看来这样处理是不妥当的。显然这里的"漏填"并不都是真正的"漏填"。绝大多数是由于被调查者对有些栏目不知道、不清楚，无法回答或不愿回答，使得调查员无法落笔填写，结果使得栏目空置。真正的漏填不会没有，但数量不大。造成栏目"空置"的原因主要是问卷设计欠周所致。

1. 在实地调查中，不能指望所有的被调查者，对问卷中的所有问题都能如实完整地回答，遇到"我不知道"、"我说不清"的答案是常有的事。特别是本项人户调查，调查员并不是面对面地对户内所有成员逐一调查，而是由户主（或不是户主）一人申报所有成员的状况。要申报人一口气报出38年来户内迁入人口、非迁人口、迁出人口、外出人口、暂住人口的种种状况是不

---

① 冯士雍：《抽样调查——理论、方法与实践》，上海科学技术出版社1996年版，第370页。

容易的。有些已被遗忘，或记不准确（如某成员迁入时在迁出地的文化、职业状况）、或说不清楚（如迁入前后比较）、或不知道（如所有制）、或不愿说出真实状况（如个人经济收入）等等。所有这些答案在试验性调查过程中，就已遇到过。针对这些可能出现的回答，封闭式问卷本应在多项问题栏目下，设"不知道"或"情况不明"等供填答案，以便反映实情。可惜我们的问卷没有这样设计。结果导致回答不清或未被回答的栏目，无法填写，只好空置，最后在数据汇总时一概误以为"漏填"。如果问卷备答栏中设有"不知道"、不能回答之类，上述这些所谓"漏填"皆可消失。

2. 生育"漏填"的数量最大，造成"漏填"的假相也最大。如特大城市迁入 15—65 岁妇女为 6658 人，"漏填"生育状况者为 1244 人。非迁入 15—65 岁以上妇女为 11634 人，漏填 4138 人。表面上看"漏填"似乎很多，其实并非如此。原来迁入 15—65 岁妇女中漏填生育状况的 1244 人中有 894 人是未婚者，15—65 岁以上非迁入妇女中漏填生育状况的 4138 人中有 3216 人是未婚者。此外其中还有相当数量的已婚未育者。未婚者和已婚未育者没有生育的状况都该填"0"，但问卷里设计的生育子女数栏目只有从 1 到 10 十个栏目，却没有设计"0"的栏目，没有生育者无处可填，只好空缺，结果造成不少"漏填"假相。[①]

3. 《中国 1986 年人口迁移调查数据资料》第四部分和第五部分文化、职业、收入、所有制等 4 个栏目漏填主要原因，同样不是协作单位在调查实施中的遗漏。调查问卷在上述栏目中，分

---

① 我国 1982 年人口普查问卷中，生育子女数栏目，设计为 0、1、2、3、4、5⁺，《中国 1982 年人口普查资料》，中国统计出版社 1985 年版。

别注明"6 周岁以上者填写"和"15 周岁以上者填写"。调查员按上述年龄段人口填写。然而在计算机制表时,却把 0—5 岁人口混入文化栏目人数之中,也把 0—14 岁人口混入职业、收入、所有制等栏目的人数之中,这两部分人混迹其中,结果把这两部分人都误认是"漏填"。只要使用手工或是计算机皆可把上述误差从数据表上删除,经过调整的数据,并不影响使用。真正漏填不会没有,但数量并不会很大。

七 结束语

我们组织协作和设计实施的 74 城镇人口迁移调查,已经过去多年,回顾其中得当之举和疏漏之处,简述如上。限于篇幅不能逐一论及,现以如下若干体会作为本文结束。

(一) 关于调查方案的设定

调查方案设计不可主观臆定,不可从一开始就不顾一切条件,先入为主地确定采用某一种调查方法,而须根据主观客观因素、人力财力条件、课题研究的需要、现实的可能等等去确定方案的选择。调查方法的选择尤应重视自身力量采用某种方法的可行性和可操作性,如果使用典型调查可以调查清楚要研究的项目,那就不必选用其他方法,同样可以获得质量高的数据资料。如果没有条件进行纯概率抽样调查,那就不必勉为其难,硬性追求纯概率抽样,那会适得其反,消耗人力财力,未必获得质量好的数据。

以中国版图之大,地域之广,设想进行某种全国性抽样调查,殊非易事。建国以来只有普查办、国家统计局、国家计生委、农业部、卫生局、政府专业调查队等拥有自上而下的调查职能体系，有此实力堪当此任。一般研究机构自己组织人马难以进行全国性的纯概率抽样调查。这也是国内一般研究机构少用纯概率抽样方法的重要原因之一。国外进行抽样调查，经费制约调查规模。在我国除此制约以外，还有行政系统的配合和支持决定如何进行调查。因此，我们置纯概率抽样方法于不顾，宁可采用代表性选点与概率抽样相结合的方法，是有理由有根据的正确选择。

（二）74 城镇迁移调查课题是全局的、综合的总体研究

74 城镇人口迁移调查的主要目的是研究"我国人口迁移和城市化"。因此课题组分析论证偏重人口迁移和城市化的全局性发展和变化。《问题讨论》所谓"重宏观轻微观"的倾向在学术领域容或有之，于此不论，如果这番议论是针对 74 城镇调查偏重全局性研究而发，那就不对了。首先，74 城镇（或全国城镇）与一个城或一个镇的关系，不是宏观与微观的关系，而是全局与局部的关系，所以在此我不使用宏观与微观这两个词，而使用全局、总体与局部、个体叙述问题，因为研究一城一镇不能说是微观研究。

第一，本课题立项研究的主要对象，就是全国人口迁移和城镇发展变化的全面状况，而不是仅仅研究某一城镇自身及其人口迁移的发展变化。

第二，74 城镇调查是以 16 省挑选出来的若干城镇集合而成的群体为目标，而不是仅仅以某省（区）某一有代表性的城或镇为目标。

第三，典型调查或代表性调查的特征或妙用，就在于通过分析局部去观察总体。不妨称之为以小看大。如果是只止于分析个别局部事物，那是未能充分发挥这种调查的作用。

第四，课题组所在的中国社会科学院的主要任务，是承担具有综合性、全局性、总体性、战略性的经济和政治、社会和人文、历史和现实等多方面的理论和政策的研究。因此我们课题研究重点无疑也应置于全局和总体之上。

第五，一般说来局部研究和总体研究同等重要。但是每个单位每个研究人员在局部研究和总体研究的选择上，应该有所侧重，有所分工配合。我们并未规定课题组成员和所有协作单位，一律从事局部研究或总体研究。但是必须毫不含糊指明的是课题组的主要力量和主要成果均应放在总体研究之上。因此，《调查研究总报告》和按计划完成的最终成果（专门著作《中国城镇人口迁移》）的撰写，立足于局部而放眼于全局的、综合性的总体研究是完全正确的。

（三）对协作单位应有的基本估计

16个协作单位都是自愿前来参加合作研究的，以微薄的调查经费资助，却承担74城镇全部调查任务，取得大量数据资料，表现出很高的热情和极大的积极性，成绩应该肯定。

协作单位希望多调查几座城镇，取得更多本地区的数据资料，以便对所在地区做出更多贡献的想法和做法也是无可非议的。

在调查中出现的缺陷，如抽样比增高、问卷中一些栏目漏填误填等。对此，应该实事求是地寻找原因，加以调整。具体说来，除问卷设计方面的原因和组织协调方面的原因以外，调查实施中的原因主要是由于协作单位人手不足，聘请借用外力（如学生和当地民警干部等做临时调查员），又因经费限制对调查员培训时间不足，由此出现误填是难免的，况且误填经过复查，多已消除。

任何人都不应该只从坏处着眼，依照自己的思路揣测协作单位的动机和心态。《问题讨论》说："在确定调查各参调市镇样本量时，各省竞相要求组织者多给自己问卷，以为问卷越多越能推论总体……"希望多领问卷是事实，但是多要的目的和想法却未必是《问题讨论》说的那样："以为问卷越多越能推论总体。"大不应该这样看待协作单位同志，又说："合作单位……有一个共同特点，专挑有特色（移民多）而又方便（有熟人和/或距离近）的市镇"进行调查……云云。这种说法显然不确，按调查方案要求选择被调查的城市须有商贸城镇，那里的移民自然多些。有熟人提供行政支援的条件应该运用，这并不是什么缺点毛病。关键是看城镇选择是否得当。只要看看 16 个协作单位选择的 74 城镇的分布和功能构成，就知道上述种种说法不是事实了。

又说："有的市、实施者担心抽到郊区会受车船劳顿与不能每日回城中家里之苦，于是舍远求近排除位于郊区的几个区，将问卷全部投入到市区……"这种说法也不近情理，协作单位既能自行决定增加调查城镇数量和调查问卷份数，离开所在城市前往边远小镇旷日经久进行调查，那么一点往返城乡之苦，又何足道?!

又说："问卷中填报有误的地方，到上机汇总时才发现"，"登录错误极多……"云云，我没有听到这类问题的传说，不知该文作者从何得悉，况且，16 个协作单位调查问卷送交所在省（市、区）计算中心上机输入过程，课题组并无成员前往现场，16 个协作单位输好数据的磁盘送来北京后，交由国家计委计算中心集中汇总过程，课题组有二位成员参加；数据汇总表制出以后，由课题组二位成员做了有限的调整即付发行。事实上这几位课题组成员在汇总时只接触过磁盘和打印表，根本不曾接触到

16省问卷。那么所谓："研究人员和汇总人员……尽量把不合格问卷修补为合格品，……修改问卷的工作量很大……"云云，就更难以令人置信。

该文作者只去过一两地的调查现场，并未曾参加数据录入汇总工作，所做上述种种描绘却未提出实据，只是单从消极和不健康角度估量协作者的心态和动机，这不是实事求是的客观公允态度。

（四）组织实施课题的两个困难

在组织课题设计和实施调查的整个过程中，组织者遇到的较大困难，并不是调查方案的设计，因为问卷设计、确定误差、精度、样本量、抽样比等皆有书本公式可循，细心求索并不是难事。

真正遇到的较大困难是两个：一个是我们和协作单位在组织上的松散联合状态，导致不易号令统一，步伐整齐。16个协作单位都是分散在全国各地的独立研究机构，有限次数的协调会议使得共同商定的各项任务，未必都已取得共识，在实施调查中出现变化，组织者不能及时发现予以协商解决；另一较大的困难是课题组当时没有熟练设置程序软件的成员和操作计算机的成员。汇总制表完全委托外力，费用很高，制表有限，只能满足部分需要。现今科研领域，研究人员大都使用现成软件和自编程序开发原始数据，提取课题所需数据资料。我们编印的单个城镇和分类城镇的数据表所能提供的信息量是有限的，难以满足各方需要。而研究人员又无力亲自开发使用录入磁盘的数据，致使调查数据的效益未能充分发挥。

在我国进行较大规模的实地调查，足够的经费保证和行政体系的配合与支持保证以外，还需要严密的调查组织保证，以及拥有掌握现代计算手段的人员配置，这些都是不可或缺的。

（五）本项调查的基本评价

回顾调查方案设计，迁移定义引用、调查城镇及样本选取方法、调查时期设定、调查地域范围设定以及问卷数量确定等皆无大不当。调查实施中协作单位对抽样方法的运用基本符合协议方案要求。凡此大端也无大不妥。

调查设计和实施并非完善无缺，不足之处，如设计方案除给出市镇抽样比以外，如再逐市逐镇给定市镇调查问卷的具体数量，由此当可避免抽样比偏离原来设计。又如，问卷设计中未曾设计"情况不明"、"未回答"、"0"等类栏目，结果使得若干栏目的答案出现空白。此外问卷所设 66 个栏目也有待精简和压缩。铅印数据表中，也可增印部分属于分市、分镇数据，适当压缩 5 类城镇数据。以及在调查实施中协作单位对临时聘用调查人员培训不足，以致影响部分问卷填写准确。某些栏目数据质量不好原因估计在此。有限经费有限人力，如果紧缩战线，少调查些城镇，少调查些问卷，结果会取得更好成效。

这项调查的设计和实施其得当和不当之处兼有，成绩和缺陷俱在，数据检验结论对本项调查质量已经做出客观评价（见本文"六　数据质量检验"）。当然现在和今后还是可以再评价。然而，《问题讨论》所提各节，是事实或不是事实；是正确或是错误；真真假假、是是非非，还未讨论清楚，却贸然给该项调查结论为"不成功的调查"，显然是轻率的，也是根据不足的。

（六）讨论问题应尊重事实、以理服人

讨论问题要尊重事实。本文在回顾 74 城镇调查和澄清误解之中深感尊重事实的重要，例如，调查方案和调查问卷都是先经

几个成员拟定，后经课题组全体成员（包括《问题讨论》作者在内）与16个协作单位负责人，在几次协商会议上讨论决定的。当时未见有人提出异议，《问题讨论》作者也未提出任何异议，是在取得共识后一致通过的。共同协商的合作调查方案，丝毫没有强加于任何人，而《问题讨论》却说，有的问题"……在课题设计论证阶段，即有人提出，调查结束后又受到质疑。"云云，所说并非事实。对协作单位的种种批评，也多非事实。

不论是调查以前，或是调查以后，凡是不同意见都可以讨论。但是当时没有提出异议，这是有《工作会议纪要》可资查证的。调查以后直到现在提出异议也是可以讨论的，但是不能把调查以后的异议说成是课题设计论证阶段即有异议。当时我并未听到有关方案的异议，因此不能抹煞事实，应该尊重历史。

商榷问题更宜以理服人。课题组成员所擅长的专业各有优势，而对于抽样调查理论方法都属新学，都不熟悉，边学边干而已，调查结束10年以后，任何人对该项调查的缺陷和不足，提出评述或问题讨论，课题组成员都应欢迎，认真听取。对不同看法或被误解之处，也当陈述已见加以澄清。

《问题讨论》既然标明讨论调查设计，理应陈述调查方法的个人见解或说明74城镇调查设计的正误。而问题的是非还未讨论分晓，事情真相还未弄清，《问题讨论》却使用诸如："缺乏这方面的知识"、"认识不足"、"未能真正弄懂"、"缺乏足够认识"、"还不死心"、"不知所云"、"已属滑稽"、"各显其能"、"职业道德"等类言词评述课题参与者，读者读后也会要问《问题讨论》的作者，是否已对调查理论方法"认识足了？""真正懂了？"，那么该文作者又如何以对？

我以为还是摆事实、讲道理商讨问题，交换看法为好，所提意见正确，别人会接受，所提意见不正确别人不会接受，凭借想象使用上述许多与讨论问题无关的言词，并不能增强论据的分量，也不能显示知识高下，更不能挫人锐气，驳倒对方观点。以此论事，则偏离事实、有失客观，以此对人则非以理服人、欠存公正，这不是中国传统治学待人之道，也与所谓"更爱真理"的精神相悖，远离事实，就难接近真理。我以为还是不用这些与讨论问题无关的言词为好。

（原载《人口研究》1999 年第 1、2 期）

人口发展与家庭结构变化

30 年代我国农村生育率与家庭规模

一 七地调查缘起

30 年代在我国出版的《中国土地利用》一书，问世已经半个世纪了，迄今国内学术界很少有人提到它。但是这本书的某些章节和附录调查资料，在国外一直受到学术界的重视。

1929 年到 1930 年前后，南京金陵大学农业经济系教授卜凯（J. Lossing Buck）组织该系师生在我国南北 22 个省，近 200 个县的广大地域之内，对 38256 户农家进行了广泛的调查研究。搜集了地势、气候、土壤、土地、作物、家畜、农村工副业、农村劳动力、物价与赋税、农产运销、人口、食物营养、农民生活水平等大量资料，最后编写成本，题为《中国土地利用》。书中辟有专章论述农业人口，"人口调查材料及生命统计调查所辖范围，凡 16 省 119 地区，……搜有材料及已经分析者，凡 46601 家。"[①] 卜凯邀请诺斯坦（Frank A. Notestein）教授根据调查材料写成人口专章。概述人口密度、城乡分布、家庭成员、每户平均

---

① 《中国土地利用》中译本，第 496 页。

人口、农民职业构成、农民教育构成、年龄和性比例、婚姻、初婚平均年龄、结婚率、生出性别比、生育率、死亡率、自然增长率、人口迁徙等等。用现在人口学发展的水平来衡量这本书所论述的人口状态，显然是粗略的，但是由于搜集资料的规模比较广泛，在国外它成为研究我国30年代农村人口状况的重要参考书。

70年代前后美国普林斯顿大学人口研究所的四位学者寇尔（Ansiey J. Coaie）、斯托托（Stoto）、巴克利（Barcly）以及图斯尔（Trussell）试探使用战后20多年发展起来的对不完整资料数据进行分析研究的一整套新方法，对卜凯当年调查所得的资料数据重新加以计算和评价，他们的研究成果发表在美国普林斯顿大学人口研究所和美国人口学会联合出版的《Population Index》1976年10月号杂志上，题为《重新评价旧中国农村人口之研究》，他们认为卜凯当年调查所得材料仍然是研究中国人口学的最好文件。根据这些调查材料，他们勾画的旧中国农村人口的画面是：高死亡率，中等出生率，自然增长率几乎等于零，早婚和普遍婚姻。特别使他们感动意外的是生育率低于他们预期的数值。

后来美国斯坦福大学人类学系副教授阿瑟·沃尔夫（Arthur Wolf）对卜凯当年在中国农村调查的人口方面数据以及寇尔等人对此重新研究所得的分析结论提出异议，他认为寇尔和卜凯关于生育率的数据不仅低于他本人在台湾省的调查，而且也低于30年代同期的中国乔启明教授在江苏所做调查取得的数据。他根据卜凯数据中，男女性比例不谐调的现象，怀疑有为数不少的女婴漏报；他还根据结婚形式的资料前后不一致，怀疑卜凯忽略招婿和童养媳的存在，未能把他们算做家庭成员，因此怀疑卜凯和寇尔等人低估了30年代中国农村人口的生育率。

1981年9月，沃尔夫根据中美文化交流协议，申请来华调查"中国农村家庭婚姻和生育率问题"，经中国社会科学院和有关方面批准，并派笔者与中国社会科学院社会学研究所林仪真两人协助沃尔夫共同调查，从 1980 年 10 月到 1981 年 7 月，先后在北京郊区四季青公社，福建龙海县角美公社，浙江绍兴县上旺大队，江苏扬州湾头大队，山东安丘县凌河公社，陕西礼泉县烽火公社，四川大邑县安仁公社等七地进行调查。除北京作为试点以外，其他六地的选择是因为当年卜凯在这些省份做过大量调查，由是在这些省份再次调查便于比较对照。具体调查地点，即县、社、队则由省市主管部门选定。在每个调查地点调查 55 岁以上老年妇女 80 位左右，要求她们是居住在同一个自然村落或者是同一生产大队或小队的居民。除年老记忆衰退，或重病卧床不起，无法应对，以及离家远出访亲探友者以外，其余符合年龄要求的妇女全部进行调查，不使有被遗漏。如果人数不足，则由毗邻的村落或队中补充，满额为止。因上述原因未被调查的人数，七地多少不一，大约相当于被调查人数的 1/10 左右。

在整个调查过程中，我们和沃尔夫两方各自填表记录，结果两份资料大同小异而略有出入。我们的记录和问卷经过整理以后，现将有关数据和一些初步分析概述如下。

二 关于生育率

生育率的调查采用回忆法，在 7 个调查地点共对 500 多位 55 岁以上老年妇女逐一询问，得到的年龄别生育率、年龄别婚生率、总和生育率、总婚生育率，都略高于寇尔等对卜凯调查资料所作的重新估算数据。

表 1 所示年龄别育龄妇女生育率对比，明显地说明 7 个地点的 6 个年龄组的生育率，除 15—19 和 40—44 两个年龄组之中有半数以上地点低于寇尔重新计算的数据以外，其他 4 个年龄组的

生育率几乎全部高于寇尔重新计算的数据（只有福建20—24年龄组除外），这里值得注意的是这4个年龄组中前3个年龄组，一般说来是育龄妇女的生育旺盛时期，因此七地的所有生育旺盛时期的几个年龄组的年龄别生育率都较高，这种一致性看来不是偶然的，这只能说明寇尔数据是偏低了。

表1　　　　　　　　　年龄别生育率

	调查妇女人数	15—19	20—24	25—29	30—34	35—39	40—44
寇尔对卜凯调查数据重新调整计算所得数据		0.099	0.247	0.241	0.203	0.143	0.068
四季青	(51)	0.118	0.278	0.349	0.251	0.188	0.043
角　美	(73)	0.099	0.230	0.263	0.260	0.167	0.063
上　旺	(81)	0.096	0.299	0.304	0.230	0.168	0.059
湾　头	(86)	0.056	0.295	0.288	0.267	0.158	0.063
石家庄	(90)	0.042	0.251	0.287	0.247	0.204	0.089
烽　火	(81)	0.138	0.277	0.252	0.230	0.178	0.057
安　仁	(90)	0.076	0.247	0.300	0.251	0.189	0.109

表2所示年龄别婚生率对比，更明显地说明除去极个别例外（如山东的15—19岁组，北京、江苏、陕西40—44岁组略低于寇尔估算的数据），七地其他各年龄组的年龄别婚生率全部高于寇尔估算的数据，这种一致性也非偶然。

由此推算七地的总和生育率和总婚生育率也必然高于寇尔的数据，这也是无疑的（见表3）。寇尔的总和生育率为5.01，总婚生育率为5.64，而七地平均的总和生育率和总婚生育率分别

高于寇尔的数据 0.62 和 1.18。七地的婚生率和总和婚生率和乔
启明在江苏省的调查结果和沃尔夫在台湾省调查结果也是相近的
（见表4）。在这里着重指出的是，七地调查结果都比寇尔估算的
数据略高，但也并不是沃尔夫原来想象的那样高。

表 2 年龄别婚生率

	调查妇女人数	15—19	20—24	25—29	30—34	35—39	40—44
寇尔对卜凯调查数据重新调整计算所得数据		0.160	0.263	0.251	0.215	0.153	0.080
四季青	51	0.224	0.310	0.362	0.277	0.207	0.047
角 美	73	0.252	0.272	0.316	0.307	0.214	0.092
上 旺	81	0.195	0.330	0.327	0.255	0.187	0.068
湾 头	86	0.205	0.326	0.299	0.280	0.173	0.071
石家庄	90	0.153	0.307	0.301	0.261	0.224	0.100
烽 火	81	0.212	0.281	0.253	0.234	0.187	0.061
安 仁	90	0.186	0.264	0.310	0.265	0.209	0.134

表 3 总和生育率和总婚生率

	总和生育率	总婚生率
寇尔对卜凯调查数据重新调整计算所得数据	5.01	5.64
四季青	6.14	7.14
角 美	5.41	7.27

续表

	总和生育率	总婚生率
上　旺	5.78	6.81
湾　头	5.64	6.77
石家庄	5.60	6.73
烽　火	5.66	6.14
安　仁	5.86	6.84

表4　　　　　　　　　年龄别婚生率与总婚生率

	年龄别婚生率						总婚生率
	15—19	20—24	25—29	30—34	35—39	40—44	
乔启明在江阴调查所得1932—1935年材料	204	349	335	272	227	96	7.42
沃尔夫在台湾调查所得1926—1945年材料	298	302	271	241	171	74	6.79

资料来源：乔启明：《中国生命统计登记的一项试验》，第45页（表32）；沃尔夫：《中国农村生育率和家庭》，1978年。

三　关于流产、死产、怀孕次数和子女死亡状况

在调查生育行为过程中，还得到为数不少的流产和死产的材料（见表5），统计材料反映福建、浙江、江苏、四川调查地点的流产数和死产数要比北方3个调查地点的数目高得多，前者几乎是后者的6倍。原因是南方是水稻种植区域，那里的妇女经常赤脚下田，插秧割稻，打谷挑担，在泥水里操劳；劳动条件远比北方更为艰苦，所以容易招致流产或胎儿在腹中死亡。

表5　　　　　　　　　　流产数和死产数　　　　　　　单位：个

	流产数	死产数
四季青	8	0
角　美	46	7
上　旺	35	8
湾　头	51	23
石家庄	7	5
烽　火	14	1
安　仁	41	10
总　计	202	54

　　七地流产和死产总数为256年，将近活产总数2951的9%，如果把流产、死产和活产数总计在一起，总共怀孕次数为3207次，平均每个妇女的怀孕次数是6.18。这个数字比平均生育数5.69，要高将近0.5。这说明如果劳动条件有所改善，从而减少流产和死产的机会，即使生活条件没有什么显著改善，南方农村妇女的生育率还可略有提高。

　　关于死亡状况我们收集到调查对象的子女的死亡材料，说明所有抽样地点的婴儿死亡率和儿童死亡的数量都是很大的（见表6）。这里统计的不是在一年之内各年龄组死亡的人数，而是按子女死亡年龄归类统计的人数。这个表虽不能精确地反映婴儿死亡率和分年龄别死亡率，但可概括地反映出我国农村55岁以上妇女子女的死亡状况。由（表6）看出，她们未满周岁的婴儿死亡数占出生总数2951的122‰，5岁以下儿童和婴儿死亡数占出生总数的225‰，而出世以后未到成年就已夭折的子女超过1/4（即256‰）。由此推知30年代农村儿童死亡率是相当高的。

表6			按子女死亡年龄统计的死亡数						单位：人
	一个月以下	一月以上一岁以下	1—5	6—9	10—14	15—19	20—24	25—29	死亡年月不明
四季青	27	30	16	2	1	0	2	0	12
角 美	19	31	31	10	3	6	0	2	12
上 旺	20	33	60	12	4	1	4	1	15
湾 头	14	31	34	6	2	1	1	0	27
石家庄	12	31	21	4	1	0	1	0	35
烽 火	27	12	44	6	2	3	2	1	14
安 仁	31	43	96	15	8	6	3	3	11
总 计	150	211	302	55	21	17	13	7	126

四　关于性别比

沃尔夫怀疑卜凯调查的生育率偏低的理由之一是卜凯调查的某些数据中性别比偏高，他根据卜凯出版的《芜湖：102个农村家庭的社会和经济》一书中所载芜湖郊区性别比如下：

表7	安徽芜湖郊区性别比			
年龄组	0—9	10—19	20—29	30—39
性别比	151	221	94	94

指出在20岁以前的0—9和10—19两个年龄组的性别比如此之高，显然可能是漏报了溺女婴的数字的结果，而到婚年的性别比又富有戏剧性的发生大变化降到正常性别比以下，显然可能是漏报了婚年男子外迁的结果。特别是漏报女婴必然直接导致生

育率计算偏低。

其实不仅沃尔夫从性别比着眼怀疑卜凯调查的生育率偏低，就是当年卜凯编著的《中国土地利用》书中第十三章专论人口的撰稿人诺斯坦以及后来对此重新进行估算的寇尔等人，也都从同一角度怀疑卜凯当年调查所得的生育率是偏低的。

诺斯坦在该书中援引旧中国当时的全国经济委员会卫生实验处，就 227 所医院出生的 54743 个婴儿计算，性别比为 108.5，以此和卜凯调查的性别比（中国北方为 112，南方为 113）相比较，他认为显然是由于女子出生数被漏报，使得性别比偏高。[①]

寇尔等在重新估算时，也发现卜凯调查的性别比偏高，6 个年龄组的儿童平均出生性别比无一不高于 1.06，由此表现出来的低生育率隐含着的问题，可能是杀婴被全部隐瞒，甚至 0 岁组有高达 20% 死亡的婴儿和儿童被隐瞒。[②]

寇尔选择中国台湾省 1906—1940 年之间的 11 个年份的出生性别比[③]（见表 8）和卜凯调查的性别比[④]（见表 9）相比较，显而易见台湾省 11 年的出生性别比从 1906 年到 1940 年降到 1.05—1.06 范围以内，这个比例是正常的，而卜凯调查的中国大陆农村的 6 个年龄组性别比都在 1.10 以上，特别是 15—19 岁年龄组的性别比竟高达 1.2706，就是很不正常的，他认为中国大陆地区不会有这种高的性别比的特征。

寇尔把卜凯调查的按母亲年龄划分的男孩出生数当做是正确数字，按照 1.06 的正常性别比，把对应的女孩出生数加以调整提高，用来补偿漏报的女孩数字（见表 9），从调整后的结果看

---

① 《中国土地利用》中文版，第 537—538 页。
② *Population Index*，1976 年 10 月号，第 624 页。
③ 同上书，第 611 页。
④ 同上书，第 612 页。

到，即使是按照正常性别比经过调整以后的40—44岁年龄组的妇女平均生育数，也不过是稍高于5（即5.1236），这说明中国农村生育率仍然不是最高的。

表8 　　　　　台湾选择年份登记的出生和出生性别比 　　　　单位：人

年份	男	女	出生性别比
1906	62120	56987	1.090
1907	63290	58466	1.083
1908	61993	57807	1.072
1909	65666	61620	1.066
1910	68042	64099	1.062
1915	70855	66814	1.060
1920	72704	68609	1.060
1925	81659	77764	1.050
1930	101632	96554	1.053
1935	116122	109858	1.057
1940	126718	119973	1.056

资料来源：台湾省（1946）《过去51年统计摘要》，表78。

表9 　　　　按母亲年龄申报的出生孩子性别比，与调整
性别比后的出生孩子数

	15—19	20—24	25—29	30—34	35—39	40—44
卜凯在大陆调查的出生孩子性别比	1.2706	1.1307	1.1248	1.1012	1.1022	1.1283
寇尔调整出生性别比后的出生孩子数	0.1692	1.1877	2.4850	3.6171	4.3910	5.1236

寇尔把产生这种现象的可能性，归因于申报时隐瞒了全部杀婴数字。①

现在再看看我们从七地抽样调查所得的出生性别比（见表10），除江苏江都湾头一地的性别比（0.94）低于正常比例以外，其他六地的子女出生性别比，以及七地总的子女出生性别比（1.14）都高于正常的比例，这个数字接近前面说过的卜凯调查的性别比（即中国北方为1.126，南方为1.130）。

表10　　　　　　　　　　生育子女的性别比

	调查妇女数	生育子女总数	平均生育数	其中男性	其中女性	性别比
四季青	51	313	6.14	172	141	1.22
角　美	60	312	5.20	167	145	1.15
上　旺	81	468	5.78	266	202	1.32
湾　头	86	485	5.64	235	250	0.94
石家庄	80	456	5.70	239	217	1.10
烽　火	71	390	5.49	212	178	1.19
安　仁	90	527	5.86	282	245	1.15
总　计	519	2951	5.69	1573	1378	1.14

七地性别比偏高该如何解释呢？沃尔夫仍然怀疑可能是漏报女孩和隐瞒溺死女婴，但是我们在整个调查过程中没有听说过溺女婴的事，在福建龙海角美公社仅有一位妇女在她本人出生以后不久，因为家贫她的父母把她放在一个瓦缸里，放在河

---

① *Population Index*，1976年10月号，第624页。

中任其漂流而下，并且写明女婴生辰生身父母姓名和住址等，后被渔民捞起收养。此外四川大邑安仁镇居民反映，当地一个大地主曾把生下来的第五个儿子丢在马桶里，由于大儿媳及时发现，方免溺死，那一带有钱的家户之中的旧俗认为儿子娶妻生子以后，婆婆继续怀胎生育乃是极不体面的事，所以产后不论男女都要弃置。这些传闻为数极少，我们和老年妇女交谈时，从她们脸上流露出来的对子女疼爱的神情，让我们无法怀疑在她们手上曾经干过溺女婴的事。当然我国有些地区确有溺女婴的恶俗，但无论如何溺婴绝不是我国农村的普遍现象。倒是那些年事已高而又生育较多的妇女忘掉她们死去的儿女是普遍常见的事，特别是由于重男轻女的思想影响，那些出生几天或年幼夭折的女儿就更容易被遗忘。往往最初一位老太太回答说她一生总共生过6个或7个子女，可是经过仔细询问，最后可能是10个以上。我们从初婚年龄问起，细算胎次间隔，与夫同居时间，停经年龄，不孕或停孕原因，丈夫去世年龄等项，从调查方法上尽量不使被调查者的生育情况有所遗漏，但是老年妇女毕竟年事已高，几十年的往事确已记忆不清，虽绝不是说调查结果毫无遗漏，但笔者认为遗漏数字不会很大，所以七地调查的出生数基本是可信的，而性别比之所以过高，我以为还可能是由于调查样本略少所致。

　　现在再从性别比问题回到生育率问题上来，即使上述六地（江苏除外）偏高的性比例反映女婴数字有遗漏，如果我们以六地男婴为正确数字，按正常性别比1.06调整女婴数以后的数字，由此而计算出的七地500多位妇女平均生育数，也不过是5.94（见表11），这样的结果，仍然说明我国农村生育率不是想象的那样高，倒可以说生育水平是比较正常的。

表11　　　　　　按1.06性比例调整女孩数后妇女生育孩子数

	调查妇女数	生育男孩数	按1.06性别比调整后的女孩数	男女孩合计	平均每个妇女生育儿女数
四季青	51	172	162	334	6.55
角　美	60	167	158	325	5.42
上　旺	81	266	251	517	6.38
湾　头	86	235	250	485	5.64
石家庄	80	239	226	465	5.81
烽　火	71	212	200	412	5.89
安　仁	90	282	266	548	6.09
总　计	519	1573	1513	3086	5.94

五　关于婚姻形式

　　沃尔夫怀疑寇尔以及卜凯对于中国大陆地区农村生育率估算偏低的另一个理由,是他从婚姻形式的差异中联想起来的。50年代他从人类学角度研究过我国台湾省北部农村的婚姻形式,他从9个村子中收集到生于1891—1910年的1491个妇女的婚姻资料,她们的婚姻形式一是女嫁男家,二是招女婿,三是童养媳,这三种形式在她们之中各占比例为42.7%、42%和15.4%。那里居民的先辈绝大多数是从海峡对岸福建省迁移来的,这些大陆移民后裔的婚俗当然也是由祖籍带去流传下来的。

　　中国大陆地区解放以后,新婚姻法公布实施期间,沃尔夫又读到我国一些省份的地方报纸揭露和批判童媳的报道。例如,广东北部丰顺县,兴宁县客家居住地区,福建西北部顺昌县和江西南部盛行童养媳婚制,那里的妇女百分之八九十是童养媳。

　　但是,卜凯的两本主要著作之一《中国农村经济》中,对七省 3456 家的调查统计，只列出童养媳 7 人，招女婿 2 人，而在他的另一著作《中国土地利用》中所列二者频数稍高，但与前者差别也不太大。在诺斯坦手中未经出版的统计材料表明，在 35976 个家庭之中，有女儿 25117 人，儿媳 13980 人，而童养媳只有 943 人，招婿只有 194 人。由此沃尔夫怀疑卜凯在统计材料中忽略了计算童养媳和招女婿，因此影响到其他数据的准确程度。

外国人不大清楚中国大陆地区的主体婚姻形式并由此产生其他的联想和怀疑是不足为怪的。其实，中国人十分清楚，旧中国大部分区域内的主体婚姻形式是女子嫁入男家，同时星星点点地存在着童养媳和招女婿。一般说来，招婿和童养媳这两种婚制在广大地区是不太光彩、受人歧视的。北京郊区流行的民谣："小子无能，情愿随妻更名改姓，替人养老送终、顶丧架灵。"反映在封建宗法观念里，更名改姓替别人当孝子打幡送葬是为人所不齿的，而童养媳大都是由于生活无着年幼时即被卖出，稍长即要从事家务和生产劳动，挨打受骂，忍饥受冻，所以童养媳是穷困和可怜女子的同义语。除此而外，在一些县份，那里收童养媳不仅限于穷苦人家，就是地主富商有钱人家，同样收养，甚至富裕人家也把自己的女儿送给别家作童养媳，许多人家两家互换女儿作童养媳，往往出生几天或几个月还在襁褓之中的女孩就被抱到婆家当童养媳。他们认为吃婆婆的奶长大的媳妇听话而且孝顺。有的人家没有儿子也抱童养媳，长大了再把她嫁出去，或者给她招进一个女婿来，以便为断了子嗣的门户延续后代。这种婚制在那里已经相延成俗不以为怪。

七地的婚姻形式调查结果表明（见表 12），绝大多数的婚姻形式是女嫁男家，福建龙海县角美一带童养媳和招婿较为盛行，为数也不过将近 1/2，江苏扬州湾头为数不到 1/5。其他几个地方为数较少。从调查的结果看来，童养媳和招女婿这两种婚姻形式在大陆上的分布，可以说是大分散、小集中，这两种婚姻形式不是我国婚姻形式的主体。卜凯的数据即便是忽略统计童养媳和招婿的数字，也不至于对整个中国农村的生育率的统计有很大的影响。所以把卜凯调查所得生育率数据偏低的原因，看做是忽略对童养媳和招女婿数字的统计，笔者认为理由似乎是不够充分的。

表 12　　　　　　　　　　　婚姻形式　　　　　　　　　单位：人

地点	调查人数	女嫁男家	招婿	童养媳
四季青	52	49	0	3
角　美	58	31	9	18
上　旺	81	78	1	2
湾　头	88	73	2	13
石家庄	80	78	0	2
烽　火	71	68	0	3
安　仁	90	89	0	1
总　计	520	466	12	42

六　关于初婚年龄

调查的对象都是已婚妇女，她们的娘家和婆家以及现在的家庭，没有发现过终身未婚的老年女子，结婚以后离婚的情况绝无仅有，只发现 1 例（四季青）。中青年丧偶以后才有二婚，而中年守寡不再结婚的为数也是不少的，至于终身未婚的男子，在他们父辈之中只零星遇到过，为数不算太多。可以说农村中的男女结婚是比较普遍的，而且也是早婚的，最小的初婚年龄，男是

11 岁，女是 10 岁，15 岁以下结婚的约占被调查总人数的 1/10，
15 岁以下结婚的尤以安仁、烽火和上旺为多，总的说来男的初
婚年龄大于女的。而山东安丘有大妻小婿的风俗，我们的调查材
料中，有近 1/3 是这样，有的妻子要比丈夫大 10 岁。七地平均
初婚年龄和七地总平均初婚年龄（见表 13）。

表 13 　　　　　　　　七地平均初婚年龄 　　　　　单位：岁

地点	男	女
四季青	22.04	17.98
角　美	23.62	18.33
上　旺	22.37	17.76
湾　头	21.52	19.11
石家庄	23.10	19.78
烽　火	21.63	16.41
安　仁	20.92	18.05
七地总平均	22.08	18.23

表 13 所示七地总平均初婚年龄男的是 22.08 岁，女的是
18.23 岁。这个数值要比寇尔重新估计数值（男 21.32 岁，女
17.52 岁）要高一些。而七地观察到的男女合计的初婚年龄分布
曲线的峰值和凹部也和寇尔重新估计的有所不同。

以初婚年龄的人数为纵坐标，而以初婚年龄为横坐标，绘出
初婚年龄分布曲线图，其所示男女合计的初婚年龄分布曲线的峰
值是 18 岁，曲线峰间出现的凹部，是 19 岁，而寇尔绘制的曲线
图的峰值是 17 岁，凹部是 18 岁。只有 1 岁之差，表明调查数据
是很相近的。

寇尔认为凹部正好出现在 18 岁的原因，他从某些人类学者在

台湾调查得知，中国南方方言中"九"字和"狗"字发音相近。人们认为把结婚这样的喜庆大事和狗联系在一起是不吉利的。因为此 19 岁结婚的男女，宁愿把他们的婚龄说成是 18 岁或 20 岁。对于虚龄 19 岁的忌讳，结果造成初婚年龄曲线在虚龄 19 岁点上出现凹部。如台湾省居民初婚年龄曲线即显现出上述现象。

而七地所得数据的凹部却在实龄 19 岁（虚龄 20 岁），而峰值恰在实龄 18 岁（虚龄 19 岁）。这说明人们现在对于九字或狗字并不像有什么太大的厌恶。广东、福建等地方言中九、狗二字发音确实相近，但是我国地域辽阔，并非南北各省都是九、狗同音，即便某些地区对此忌讳，由此而影响申报婚龄，也不至于改变整个 20 个省的统计数字。

七　关于农村家庭规模

寇尔在重新估算旧中国农村生育率以后，发现生育率低于中国家庭传统规模所预期的数值，他说："中国农民申报的出生，不论是以老年妇女胎次的形式或是以上一年出生数的形式，即使是经过了调整，也并不提供证据来支持传统的大家庭规模。"[1]

那么旧中国一般大多数家庭的规模究竟有多大呢？通常所说的五世同堂的那种几十口同住在一起的大家庭，并不是旧中国家庭结构的普遍形式，只在城镇里富有的大户人家才拥有这样的规模。至于古典文学和古典戏剧中经常描述历史上忠臣良将因权臣奸相陷害而被满门抄斩数百余口的故事里所说的"满门"已不是大家庭而是大家族了。20 世纪 30—40 年代，在苏州还有个明代传下来的大宅子，里面住着近百个同族的子孙，当然同宅居住

---

①　*Population Index*，1970 年 10 月号，第 613 页。

的所有家庭成员并不是在一个大锅里吃饭，换句话说家族只是有血缘亲属关系的团体，而不是有共同经济关系的生活或劳动生产单位。我们所说的家庭就是既有血缘和婚姻关系，又有经济关系的生活单位（可能同时也是生产单位）。这样的家庭规模在旧中国农村不是很大的，我国学者认为："每户的平均人数，据已有的农村调查说，是从 4 个人到 6 个人。[1] 而卜凯的调查结果也说明我国农村家庭规模不大，北方家庭平均每家 5.5 人，南方平均5 人"[2] "在全部调查中四口之家较为常见，三口至六口之家，约居总数三分之二"，"十口以上仅占 6.4%"。[3]

在 7 个地点调查所得的材料表明，508 位妇女在她们初婚那年的娘家和婆家的家庭成员情况，如表 13 所示，在 1016 家中，将近 2/3 的家庭只有两代，一家三代的不到 1/3，一家四代的不到 1%，而五世同堂的根本没有遇到。

表 14 　　　　　**按拥有代数统计的家数**　　　　　单位：家

调查家数	一代	两代	三代	四代
调查对象的娘家共 508	17	356	129	6
调查对象的婆家共 508	50	291	163	4
总计 1016 家	67	647	292	10
占总家数的百分比	6.6	64	28.7	0.98

其次，表 14 所示在 1016 家中，一家有 3 人到 5 人的家数最多，约占 1016 家的一半以上；而 10 口以上的家数不到其中的

---

① 费孝通：《生育制度》，第 86 页。
② J. L. 卜凯：《中国土地利用》，第 506 页。
③ 同上书，第 512 页。

表 15　　　　　　1016 家按拥有人数多少分类统计

每家人数	1	2	3	4	5	6	7	8	9	10—14	15—19	20—24
按拥有人口数分类的家数	27	92	156	139	158	117	107	82	40	81	15	2
占 1016 家的百分比	2.6	9.1	15.4	13.7	15.6	11.5	10.5	8.1	3.9	7.9	1.4	0.19

表 16　　　　　　　　平均每家人口数　　　　　　　　单位：人

	家数（家）	共有人口	平均每家人口数
娘　家			
四季青	50	285	5.70
角　美	58	285	4.91
上　旺	80	470	5.88
湾　头	84	538	6.40
石家庄	78	436	5.59
烽　火	68	473	6.95
安　仁	90	480	5.33
婆　家			
四季青	50	292	5.84
角　美	58	216	3.72
上　旺	80	467	5.84
湾　头	84	449	5.35
石家庄	78	490	6.28
烽　火	68	346	5.09
安　仁	90	440	4.89
总　计	1016	5667	5.58

1/10。1016家中平均每家人口为5.58人（见表15），而每地平均每家人口数大致是4—6人不等。这个数字和当年卜凯调查的结果是近似的，因为长期束缚在封建经济枷锁中的农民，一小块土地提供不出足够的养料去繁衍人口众多的大家庭，更何况儿辈娶妻生子以后，还可能分裂出去另立门户了。这一切都说明我国农村家庭的规模或人口数字并不是很大的。寇尔认为我国中常的生育率没有给传统大家庭提供佐证。如果这是合乎逻辑的话，那么我们反过来是否也可以说我国农村规模不大的家庭也没有给高生育率提供证据。由此可见，我国30年代农村生育率不是最高而是中常的论点还多少是有道理的。

八　结束语

前面我们已经把7个地方的抽样调查的主要数据和卜凯调查的结果以及寇尔重新估算的数据进行了比较，显然卜凯和寇尔计算的我国农村20世纪30年代生育率都是偏低的。笔者看来，偏低的主要原因不在于调查者忽视童养媳和招婿或者是调查对象有意识地隐瞒了溺婴。其根本原因主要是30年代生活在水深火热之中的中国农民，他们在政治上和经济上与官府都是对立的，当官吏或洋学堂派来的大人先生来到农村向她们调查时，农民未必给以足够的合作和支持，加之由于传统的封建礼俗的约束，农村妇女对于同房、月经、怀孕、流产、生育等事视为隐私，平时绝少谈论，当众更难启口，因此她们对待这类调查只能应付了事。这种矛盾是致使官方调查不易取得真情，真正妨碍社会调查取得完满效果的原因。社会调查是人了解人的活动，调查人和被调查人之间如果不是相互了解的，埋藏在内心深处的往事，谁肯和盘托出？就是直到现在，当我们调查时，少数妇女提起她们自己被拐骗出卖的悲惨身世，或是提起她们的父辈孤苦无靠冻饿致死的不幸，或者提到病魔夺去她们众多亲生儿女的遭遇时，她们仍然忍不住伤痛得泪水夺眶而出，更何况当年生活在愁苦岁月里，她们哪里有闲心去和陌生人絮叨那些令人悲愤的往事呢？

解放 30 年来，我国广大妇女的政治地位和精神面貌发生了很大的变化，从而她们对我们的调查给予通力合作，说出她们过去所不愿说出来的事，而且，还有基层干部和乡亲邻里帮助回忆，所有这一切都是使调查取得比较真实可靠材料的社会条件。从妇女们回答调查时的诚实和认真的神态，以及她们提供的合乎规律的生育过程，我们相信她们回答的内容是比较真实的。虽然如此，我们还不能说调查的结果是百分之百的准确。因为这类调查毕竟是从人的记忆中寻找答案，而垂暮之年的老年妇女的记忆不能说是绝对无误的。我们遇到过一些老妇人，对于她们自己的子女年龄，子女数目，以及伯仲叔季长幼顺序，就已经记忆不清了，更不必说她们流产和婴儿死亡的详情。因此我们的调查结果，只能说是近似实际，但比起卜凯调查的结果要准确一些。

其次，我们调查的结果能否代替卜凯或者寇尔重新估算的调查数据呢？从局部来说，笔者以为 7 个地方的抽样调查结果，代表该区域的人口状况是相当可信和比较准确的。但是不足的地方是 7 个地点的调查涉及地域太窄，取得的 500 多个样本也嫌太少。所以从整体来看，以 7 个地点调查结果来代表整个中国农民的生育状况，显然是不够的。此外设计调查对象的年龄起点也嫌稍低，55 岁左右的妇女在解放时，年龄约在 25 岁左右，她们的生育期大多半是在解放以后度过的，因此，她们的生育史难以作为 20 世纪 30 年代我国农村生育状况的缩影，所以涉及若干亿人口和整整一代人的生育率问题，要做出更全面更准确的结论，还有待于进一步做更大规模、更多样本和对更高年龄（例如 60 岁或65岁以上）老年妇女的抽样调查。

再次，解放以后，随着我国政治、经济和社会结构，思想观念和道德风尚等方面的翻天覆地的变化，我国家庭结构，婚姻形式和人口状况也发生了极大的变化。人口学在研究社会主义社会人口的质和量的特点与人口规律，以及研究各种社会变量对人口状况的影响时，不能离开我国人口发展变化的起点和基线。因此对于我国20世纪30年代和40年代社会大动乱、大变革时期中的社会因素，家庭结构，婚姻形式，人口模式的研究，同样是人口学、人类学和社会学应予重视的领域，旧中国没有给我国留下完整的统计资料，而许多这方面的宝贵历史材料，流传民间，储存在老年妇女的头脑之中。因此对于60岁或65岁以上的老年妇女进行访问调查从而取得可信的资料是极有价值的。从这个角度来看，已经进行过的7个地方的调查从内容到方法是有意义的。

（1982年）

农村家庭结构的变迁

一

家庭是以血缘关系为其自然基础的社会生活组织形式，它的职能是繁衍后代，在私有制度下，它是私有财产的占有单位，也是为财产的占有和继承服务的社会生活组织形式。

个体生产者（如农民）家庭，既是生产单位，同时也是家庭成员共同的消费单位。

旧中国的农民家庭对于地主阶级有从属关系，在宗法传统观念统治之下，农民家庭内部普遍存在着父亲说了算的家长统治。

在社会主义制度之下，由于生产方式的变革，使男女在政治、经济、社会方面完全处于平等地位。家庭性质、家庭关系、家庭结构、家庭的职能，以及与之相联系和相适应的伦理观念和法律观点，也都发生了很大的变化。

本文着重从北京郊区、福建、浙江、江苏、山东、陕西、四川7个地方①实地调查材料，来研究家庭结构的变化，比较两代

---

① 这7个地方是：北京四季青公社东冉村大队、福建龙海县角美公社、浙江绍兴县上旺大队、江苏扬州湾头大队、山东安丘县凌河公社石家庄大队、陕西省礼泉县烽火公社烽火大队、四川省大邑县安仁公社。

人家庭结构的差异，从而探讨家庭发展中带有规律性的变化，并且展望未来家庭发展的趋势。

二

解放以前，在人们的传统观念里，对于家庭结构的模式，大多崇尚多代同堂的大家庭。许多西方学者也以为我国家庭结构的模式都是大家庭，并且还以中国较高的人口出生率，作为大家庭结构的佐证。这当然是一种误解，实际上，无论在农村或是在城市，多代同堂的大家庭并不是我国家庭结构的主要的普遍模式。通常所说的那种五世同堂的几十口人住在一起的大家庭，并没有多少。只是在城镇里富有的官僚地主大户人家才拥有这样大的规模。至于古典文学和古典戏剧中，经常描写的忠臣良将因被权臣奸相陷害惨遭满门抄斩数百余口，这些历史故事里所说的"满门"已经不是大家庭而是大家族了。费孝通教授写的《生育制度》一书中提到在20世纪30—40年代，在苏州还有个明代传下来的大院子，里面住着近百个同族的子孙。然而同院居住的所有家族成员并不在一个大锅里吃饭。换句话说，家族只是有血缘亲属关系的团体，而不是具有共同经济关系的生活单位或生产单位。我们所说的家庭则是以婚姻和血缘亲属关系为基础，又有共同的经济关系的社会生活单位，也可能同时又是生产单位。

在旧中国的农村里，实际上既有许多规模并不太大的几代家庭，同时也有大量的一对夫妻及其子女组成的小家庭。一般说来，地主富户多属大家庭。但也有不少劳动农民的家庭属于三代同堂的大家庭。

一种家庭结构不是一成不变的，大家庭可以继续延续为大家庭，也可能分裂为小家庭。同样小家庭可以延续为小家庭，也可能繁衍为大家庭。

例如，一个三代同堂的大家庭在祖父母去世以后，可能发生叔伯兄弟分家，把一个大家庭分裂为几个小家庭。又过十年八年，或者十多年以后，几个小家庭的儿辈长大成人娶妻生子以后，便又发展成为祖孙三代的大家庭，如此不断变化。当然这种变化并不是循环往复地由大变小，再由小变大，再由大变小。在一定的社会制度下的家庭结构变化的因素是多方面的，但主要取决于家庭经济状况的变化和家庭主要成员特别是家长对于维系家庭结构的态度。在社会制度发生根本变革的情况下，生产方式和意识形态的巨大变化，也都直接或间接对于家庭结构的变化施以重大影响。

首先，使用社会学一般划分家庭结构的四分法[1]，对于我们在上述七地调查过的这 500 多位 55 岁以上老年妇女初婚时（大致在 1920—1940 年左右）娘家和婆家的家庭结婚进行分类。从表 7 可以看出：直系家庭占 43%，联合家庭占 23%，小家庭占 30%。也就是说大家庭占 2/3，而核心小家庭只占 1/3 弱。但是直系家庭和联合家庭的规模有多么大，小家庭的规模是多么小，四分法本身不能表示，所以我们还要进一步了解所有家庭中的具体人数。

其次，508 位妇女当年的娘家和婆家，拥有两代的户数最多，分别为 356 户和 291 户，共计 647 户。拥有三代的户数其次，分别为 129 户和 163 户，共 292 户。拥有一代的户数占第三位，分别为 17 户和 50 户，共 67 户。拥有四代的户寥寥无几，合共只有 10 户。也就是说，在娘家婆家合共 1016 户中，将近 2/3 只有两代，一户三代的不到 1/3，而一户四代的不到 1%，

---

[1]　社会学一般把家庭类型分为：(1) 核心家庭，也就是小家庭，同一对夫妻和未婚子女组成。(2) 直系家庭，由一对夫妻和一对已婚儿子儿媳组成。(3) 联合家庭，由一对父母和多对儿子儿媳组成。(4) 其他，如没有双亲，而在一起生活的兄弟姐妹，或是祖孙相依为命的隔代家庭。

五世同堂的根本没有（见表1）。

表1		按拥有代数统计的户数		单位：户
户 数 ＼ 代数	一	二	三	四
调查对象的娘家共508户	17	356	129	6
调查对象的婆家共508户	50	291	163	4
总计　　1016户	67	647	292	10
占总户数的百分比	6.6	64	28.7	0.98

　　再次，从每户拥有的人数来看，一户三口到五口的户数最多，约占1016户的一半，而一户十口以上的户数不到1016户的1/10（见表2）。我们从表3还看到，1016户每户平均人口5.58人。

　　总起来说，旧中国农村家庭结构2/3是直系家庭和联合家庭。2/3的家庭只有两代，而半数的家庭只有3—5口人。平均每家人口为5.58人。我们调查所得的旧中国农村家庭规模的数据和过去中外学者的见解大致是一致的。例如，费孝通教授认为："我国农村家庭每户的平均人口，据已有的调查说，是4个人到6个人。"[①] 陈达教授著《现代中国人口》一书，转引调查材料，说明10处（江阴、句容、江宁、定县、邹平、长寿、兰溪、呈贡、四川三个县，云南的一市三县一示范区）的家庭平均人口为4人到6人。由此可见，虽然旧中国农村家庭的结构从类型上看有2/3是大家庭，但是家庭的规模和人口数字并不是很大的。

　　旧中国的贫下中农约占农村人口的80%。长期被束缚在封

————————————

　　① 我们没有调查女儿夫家的家庭结构，所以本文论述的材料只限于儿子婚后的家庭结构变化。

建经济枷锁中的农民，由于一小块土地提供不出足够的养料去繁衍人口众多的大家庭，所以纵然有比较高的生育率，但是高死亡率抵消了高出生率，结果农村家庭始终是维持着一个适当的不大的规模。

表2　　　　　　　　　　按拥有人数多少分类统计　　　　　　单位：户

人　数 户数	1	2	3	4	5	6	7	8	9	10—14	15—19	20—24
按拥有人口数 分类的户数	27	92	156	139	158	117	107	82	42	81	15	2
占1016户的 百分比	2.6	9.1	15.4	13.7	15.6	11.5	10.5	8.1	3.9	7.9	1.4	0.19

表3　　　　　　　　　　　　平均每户人口数　　　　　　　　单位：人

	户数	共有人口	平均每户人口数
娘家			
四季青	50	285	5.70
角　美	58	285	4.91
上　旺	80	470	5.88
湾　头	84	538	6.40
石家庄	78	436	5.59
烽　火	68	473	6.95
安　仁	90	480	5.33
婆家			
四季青	50	292	5.84
角　美	58	216	3.72
上　旺	80	467	5.84
湾　头	84	449	5.35
石家庄	78	490	6.28
烽　火	68	346	5.90
安　仁	90	440	4.89
总　　　计	1016	5667	5.58

三

从这 500 多位妇女初婚时日起直到现在，已经过去了 30—50 年。这 500 多位妇女的长辈绝大多数已过世。如今她们是自己家庭里的长者，其子女也已长大成人，结婚生育，家庭结构已经发生了很大变化。我们仍然用四分法来分析她们现在的家庭结构。从表 9 中我们看到小家庭、直系家庭和联合家庭分别占家庭总数的 36%、55% 和 3%。用这个比例和她们的上辈相比较，小家庭和直系家庭都有明显增长，联合家庭大幅度减少。

我们再从这 500 多户现在所拥有的代数来看（见表 4），有一代的户占 14%，有两代的户占 35%，有三代的户占 48%，有四代的户占 3%。这和她们初婚时的娘家和初来到的婆家相比（见表 1），其中显著的变化是三代家庭明显增多，而且四代家庭也略有增多，这当然是由于解放以后社会安定，生活水平和医疗条件提高，从而人们平均寿命有所提高（已从解放前男女平均 35 岁提高到现在的男 67 岁、女 69 岁）使得 60 多岁的人在家庭里增多了，从而祖孙三代家庭也增多了。而一家只有一代人的户，也有所增加（从 6% 提高到 14%）。这是因为儿辈婚后离开父母，另建新家的趋势加强，留下一代老人，单独过活的家庭数目增多所致。

表 5 所示这 500 多位妇女现在家庭的人数每户以 4 口（18%）、5 口（15%）、6 口（16%）最多，而家庭最多的人口数目不过 12 人。比起上一辈来，一家拥有最高人数多达 24 口的家庭在我们调查的范围内始终没有发现。而且每户平均人口数目为 4.98 人，比起她们初婚时娘家和婆家的规模也略有缩小（见表 6）。

解放以后，平均寿命延长，每户平均人口应该较解放前增多。而这里表现出家庭规模反而略有缩小。主要原因，一是联合家庭的数量大大减少；另一个原因是儿辈婚后纷纷离开父母另立新家的趋势加强，所以导致原来家庭人口规模略有缩小。

表4　　　　　按现在每户拥有代数统计的户数　　　单位：户

户　数 ＼ 代　数		1	2	3	4
四季青	48	3	22	23	0
角　美	58	8	15	31	4
上　旺	80	12	31	34	3
湾　头	84	18	31	35	0
石家庄	78	9	30	38	1
烽　火	68	1	20	43	4
安　仁	90	18	30	40	2
合　计	506	69	179	244	14
占506户的百分比		14	35	48	3

表5　　　　　按现在每户拥有人口数统计的户数　　　单位：户

户　数 ＼ 人　数		1	2	3	4	5	6	7	8	9	10	11	12
四季青	48	1	3	8	12	6	8	7	2	1	0	0	0
角　美	58	4	4	5	9	6	13	6	5	3	0	1	2
上　旺	80	7	6	11	16	10	17	9	4	0	0	0	0
湾　头	84	4	15	9	17	13	15	3	3	4	1	0	0
石家庄	78	1	9	5	10	14	11	14	5	5	2	1	1
烽　火	68	0	1	7	13	10	10	15	5	4	2	1	0
安　仁	50	8	18	9	12	15	7	11	4	6	0	0	0
合　计	506	25	56	54	89	74	81	65	28	23	5	3	3
占506户的百分比		5	11	11	18	15	16	12	6	4	1	0.5	0.5

| 表6 | 现在每户平均人口数 | 单位：户、人 |

	户数	每户平均人口
四季青	48	4.80
角　美	58	5.43
上　旺	80	4.49
湾　头	84	4.46
石家庄	78	5.69
烽　火	68	5.84
安　仁	90	4.43
合　计	506（2519人）	4.98

四

　　从前后相距几十年的两个不同时点，来观察家庭结构的变化，也就是用两个不同时期的家庭结构进行静态的对比，当然从中也可以观察和分析它们前后的发展异同。但是，这种粗略笼统的对比，还不足以看清楚在新的社会制度下，第二代人的分离活动引起的家庭结构变化。因此，进一步对当前农村家庭结构进行深入的动态的分析，才能了解到各类家庭在发展变化中所处的阶段和地位，结构类型的性质和特点，以及发展的前途和趋向。

　　我们从第二代子女婚后的分离活动进程来看，会发现：（1）相当多家庭的第二代婚后的分离活动已经完成了。结果新建立了大量的第二代小家庭，留下的父母形成了不少老人家庭，此外，还出现了一些祖孙三代家庭。（2）相当多的家庭正处在分离过程之中，这类家庭结构多样，各有特点（后面还要述及），其发展趋势和变化结果与前面分离活动已经完成的家庭是一样的。（3）比较少的家庭处在还未分离的阶段，这是因为第二代子女还较幼小，仍然和父母共同生活在一起。距分离活动还有一段时间。（4）还有一部分家庭是属于不会发生分离活动的稳定状态的家庭。

稳定性的家庭一部分是第一代老夫妇无儿无女，无从发生分离活动。而另一部分则是第二代是独生儿子，虽然已经娶妻生子，但是绝大多数不愿从原有家庭分离出去。

除第四种稳定性的家庭以外，其他处于已变、在变和将变的三种阶段的家庭，其主要发展趋势和变化前途，则是第二代儿女离开父母独立建立自己的小家庭。因此当前农村家庭结构的主要特点，集中表现在：（1）第二代婚后普遍地分离另立。（2）独身生活的老人家庭增多。（3）独生儿子和最小的儿子娶妻生子以后和父母保持祖孙三代家庭。

（一）小家庭的分离另立

从表8看出，在506个第一代老年妇女的家庭中，已经有486个儿子婚后分离出来，建立了第二代小家庭，迁到自建的新居，或是仍然住在父母的院子里，但在经济上已经严格分开，另起炉灶各自吃饭。

这种分离过程远未结束，现在还在进行，许许多多已婚和未婚的儿子随后还要接踵而去。第二代另立的小家庭数目，最终大大超过第一代父母家庭506户是毫无疑问的。

解放以前，在农民家庭中，儿子婚后分家另过的情况，一般是在父母年老不能操持家务时，由父亲主持分家，或是在父亲去世后，由母舅等近亲主持下进行的。而父母健在的情况下，儿子分家另过的情况是比较少的。我们调查的老年妇女初婚时的家庭，有些户不仅儿辈婚后未分，就是他们的父辈几个伯叔兄弟婚后依然生活在以祖父母为首的大家庭里。而现在第二代的分离特点，是父母仍在壮年，而且不必等到所有兄弟都已完婚，就已先后相继分离另立了。

大家庭的瓦解和小家庭的分离另立，主要原因一方面是生产关系变革改变了父权在家庭中的绝对地位，另一方面则是由于土地改革、集体化道路解放了生产力的结果。在比较富裕的家庭中，父亲维护多儿孙大家庭就是维护几代聚积的财富，不愿儿辈分家另过，也就是不愿财产化整为零。田地房产的所有权归属父亲名下，儿辈无权过问。即使婆媳、兄弟、妯娌之间的矛盾重重，只要父亲在世，就不能轻言分家。在比较贫苦的家庭中，土地很少，其他生产资料也很缺乏。例如三个儿子五亩地，如果硬要分家，也许还不如不分家，在一个大家庭共同劳动，共同消费，日子会过得稍好一些。极少的生产资料无法再分割，而且兄弟几个劳动力在一起便于组织协作，形成生产力。因此，规模适当的家庭，也是适应较低的生产力状况而存在的。土地私有制的改革，使得维系大家庭的物质基础不复存在了。家庭中劳动成员在生产和分配领域中拥有的平等权利和地位，促使分家另立成为可能。兄弟不再被禁锢在父亲的小块土地上劳动，而直接在社队集体的指挥之下进行生产。一户兄弟被派往的生产岗位不同，各房媳妇劳动轻重各异，从而经济收益多少不等。加上或多或少的婆媳不和，妯娌怄气，在这种情况下，仍把众多的儿孙强制拴在一起吃大锅饭，显然在生活上会带来不便，对生产也是不利的。分家另过势所必然，从适应社会发展的角度上说，这也是一种进步。

（二）独自生活的老人家庭增多

儿子婚后留下父母分开另过的结果之一是，出现了许多独自生活的老人家庭，表8所示在506户中有64户是这类老人家庭，其中有的是老夫妻，有的则是鳏夫或寡妇。她们有的是有几个儿子婚后全部分出另过的，也有的甚至是独子婚后也已分出另过了。再加上无儿有女、女已出嫁的老夫妻（9户），和无儿无女的老人10户，合共83户（占506户的16%）。当然这后两种情况并不是由于儿子婚后分出另过的结果，但是由于状况相同，我们在这里合在一起论述。

在这些老年人之中，少数是退休职工，按月有固定退休金可领。他们的生活是最有保证的，不仅老夫妻生活无虞，而且孙儿还时常前来沾光。其次是有儿女按月或按年给他们寄钱赡养的，或是儿女按季供给钱粮的，他们也不愁日常花费。还有一些老人虽然年迈，但有一技之长。或是五匠，或是饲养能手，劳动收入足够两口花费，无须子女照顾。至于那些完全没有劳动能力的老夫妇，他们有的是一个随大儿吃饭，一个随二儿吃饭，有的是大儿管米，二儿管菜，还有的是按年、按月或按旬轮流到大儿和二儿家里去吃饭，他们的情况不算太好，可以说是饭有得吃，但是缺少零花钱，更说不上享受家庭的天伦乐趣。北京四季青公社实行的退休金制度，福建角美公社对独自生活的老人实行的口粮代发代扣的办法（公社直接发给老人的口粮在儿子名下扣除），对于保证这部分老人的基本生活资料起了很好的作用，值得研究推广。随着第二代婚后分离另立的趋势加强，独自生活的老人家庭还会增加。对于这种家庭的生活安排，应该引起社会的重视。

（三）相对稳定的祖孙三代家庭

在第二代儿辈婚后分离另立的浪潮中，除去出现了大量小家庭和独自生活的老人家庭以外，还出现了一种祖孙三代家庭，这种家庭结构的形式较多（见表8）。

第一种是大儿、二儿、三儿……婚后分离出去以后，最小的儿子娶妻生子以后仍然和父母生活在一起，组成祖孙三代家庭。这种家庭在506户中有66户（从这66户中已经分离出111户小家庭）。

第二种是最小的儿子和几个兄长婚后分离出去了，而婚后留在家里和父母组成祖孙三代家庭的一个儿子是大儿子，或是二儿，抑或是三儿。这种家庭在506户中有17户（从这17户中已经分离出22户小家庭）。

第三种是几个儿子婚后都分离出去了，父母跟随女儿、女婿、外孙组成祖孙三代家庭。这种家庭不多，只有一户。

第四种是没有儿子的老夫妇。和女儿、女婿、外孙组成祖孙三代家庭。这种家庭有18户。

第五种是儿子婚后分出去了，老夫妇各随一个儿子，组成两个祖孙三代的家庭。这样的家庭有2户。

此外，独生子娶妻生子以后绝大多数都没有离开父母，和他们在一起组成新的祖孙三代家庭。独生子婚后形成的三代家庭和以上五种三代家庭形成的原因是很不相同的，它不是儿子婚后分离另立的结果，而是在不发生分离情况下，由父辈小家庭发展繁衍形成的。这种家庭在506户中有114户。

这六种祖孙三代家庭合起来共计218户，约占第一代506户的43%。

儿女婚后分离另立小家庭的浪潮，对于联合大家庭的冲击最大，对于独生子女的小家庭影响较小，五世其昌的传统观念已大为削弱。为长的儿子婚后分离出去，直到剩下最小的儿子，分离运动才会终止。在新形成的祖孙三代家庭里多少仍然保留着敬老养老的伦理风尚。父亲和独生子或最小的儿子在经济上没有多少矛盾，婆母和惟一的儿媳在生活上互相协助，抵消了相处中的某些不和，父亲和小儿子及媳妇下地生产，母亲在家做饭、喂猪，照看孙儿，两代合作，自然分工，相得益彰。这种家庭形式在农村有它存在的条件，因此还会保留相当长的年月。在孙儿还没有长大成人这一段大约20年的岁月内，家庭不会发生新的分离。所以我们称之为相对稳定的三代家庭。

（四）过渡性的家庭

以上三种家庭结构大都是在第二代分离行为结束以后，形成的比较稳定的家庭结构。所谓"比较稳定"是说在相当年月内家庭结构不会发生新的变化。除此以外，还有为数不少的家庭处在分离已在进行还未结束，或是处在分离将要开始的阶段。这些过渡性的家庭形式也是多种多样的。

处在分离已在进行还未结束的家庭有以下两种：

一种是有几个儿子婚后都分离出去了，只留下未婚的弟妹和父母生活在一起。新的分离活动有待以后弟弟结婚时才会发生。这种家庭往往是父母健壮，家中劳动人手众多，不需要为长的儿子婚后留在家里照顾。表8所示这种家庭在508户中有91户（从91户中已分离出171户小家庭）。

第二种是大儿子婚后分离出去了，二儿子婚后还留在家里，或是大儿二儿婚后分离出去，留下三儿子婚后和未婚弟妹以及父母生活在一起，直到未婚的弟弟婚后再行分离。这种家庭往往是父母年迈体弱，弟妹年幼，需要有个成年的儿子婚后暂时留在家里照顾。表8所示这样的家庭在506户中有27户（从这27户中已分离出36户小家庭）。

表8所示处于将要分离的家庭，也有两种形式：

一种是大儿结婚以后，没有立即分离出去，仍然和未婚的弟妹以及父母生活在一起，分离行为还未开始，要待幼弟成家后，再逐一先后分离出去，或是同时分离出去。这种家庭和前一种家庭情况相仿，或是父母年迈，或是弟妹幼小，缺少劳力，所以婚后暂不分出。这种家庭在 506 户中有 38 户。

第二种是为长的两三个儿子婚后都未分离出去，仍然和未婚弟妹以及父母生活在一起。或是所有的儿子婚后都和父母生活在一起，一个也没有分离出去。这种团聚只能是暂时的。因为这种为数不多的家庭往往是因为没有房子乔迁，只得暂时挤在一处，就待新居建妥，分离过程就要开始。这样的家庭在 506 户中只有15 户。

以上这几种处在分离运动已经开始还未结束，或是分离运动还未开始将要开始的过渡性家庭，在不长的年月内，它们迟早就要从现在的家庭形式变成为年轻的小家庭，或独自生活的老夫妻家庭，或一个儿子娶妻生子后和父母组成的祖孙三代家庭。

（五）家庭内亲属关系简化

第一代妇女初婚时娘家和婆家的家庭成员，除去直系亲属以外，还有一些旁系亲属共同生活在一起，例如伯祖父母、叔祖父母、舅爷舅奶、姑爷姑奶、伯父伯母、叔父婶母、姑父姑母、舅父舅母等。有这些旁系亲属的家庭，在 1016 户中约占 1/4 以上。而在第一代的现在家庭中，三代以上的旁系亲属如伯、叔祖父母、姑祖父母、舅祖父母等已经完全绝迹。而现在旁系亲属如伯父母、叔父母、堂兄弟、堂姊妹等，只在 15 户中仍然存在。前面已经说过，这 15 户兄弟婚后仍然和父母在一起共同生活的联合家庭，不是稳定的家庭结构，只待条件成熟还要分离另立，所以这种家庭结构中出现的旁系亲属同在一户的状况，也只是暂时的现象。

可见，家庭内部旁系亲属的消失，亲属关系的简化，部分原因是由于联合家庭减少的结果，部分原因是社会后备基金负担了那些没有直系亲属的老人的结果。旧社会孤苦无靠的老人依附旁系亲属勉强度日，而现在无儿无女的老人列为五保户，衣食由社供给，不必投亲靠友寄人宅下。这种变革既消除了亲属间的依附关系，也减少了家庭内部的纠纷。因此家庭内部亲属关系的简化，不是人和人之间关系的疏远，而正是人和人之间的社会关系上的进步。

五

通过以上两代人所处的家庭的对比，我们明显地看到，解放30年来我国农村的家庭结构发生了很大的变化。促使发生这些变化的因素，当然首先是由于社会制度的根本变革以及由此而来的经济关系的大变革，使劳动者不论男女在政治上、经济上都有平等的权利。而历次政治运动和社会主义教育的开展，新婚姻法的推行，文化教育事业的发展，以及精神文明的提倡，这一切都不能不直接或间接地影响着家庭的多数成员对于旧的家庭结构进行重新估价，他们需要从方便生产，方便生活，和适应新社会的伦理道德观念等方面，来考虑改变他们的家庭结构。

当前我国农村家庭结构变化的主要特点，是第二代小家庭的普遍发展，老人家庭的增多，以及形成许多以独子和幺儿（即最小的儿子）组成的祖孙三代家庭。在年青一代小家庭和老人小家庭大量产生的同时，仍旧保留了许多的祖孙三代家庭的原因，一方面，是由于小家庭分离浪潮对于传统大家庭结构猛烈冲击的结果；另一方面，则是民族传统习俗和宗法观念抵御分离浪潮的袭击而退守的最后阵地。分离浪潮和传统势力之间的较量，暂时停留在一个相持的局面，所以祖孙三代家庭，还有其存在的条件，还能保持相当长的年月。

表7		按家庭类型统计的户数			单位：户
地　点	娘家婆家户数	小家庭	直系家庭	联合家庭	其他
四季青	各48	41	34	20	1
角　美	各58	46	49	15	6
上　旺	各80	49	73	34	4
湾　头	各84	41	72	48	7
石家庄	各78	39	80	36	1
烽　火	各68	37	51	39	9
安　仁	各90	52	77	36	15
总　计	各506	305	436	228	43
百分比	100	30	43	23	4

　　可是，也应看到，就是在目前，独子婚后分离另立，留下父母独自生活的也大有人在。这种分离的原因，多数是由于独子不务农业，从事其他职业，因此工作岗位远离家乡（在外县或是在外省）。可以想见，由于工业化引起的农业人口向非农业人口转移的过程之中，不论是大儿子，小儿子，或是独生的儿子，只要他们被招雇到外地工厂或是矿山充当工人，他们就不得不远离家乡，就地成家立户。于是分离运动还会加剧，老人家庭也会相应增多。

　　当然，农村的多数剩余劳动力会被当地的社队企业吸收，可以不必远离家乡，但是他们当中的许多人，工作岗位即使是在距离村子不过十来里的镇上，或者是几十里外的县城，他们还是不可能把父母带去一起生活，很可能在当地另立新家，而把父母留在故里。所以家庭分离的势头仍然是不会停止下来的。

　　然而在目前，农村生产责任制实行以后，一家一户有包产的责任田、自留地和家庭副业等项，这些都需要有较多的劳动力聚

表8　　　　　　　　　　家庭分离状况

家庭分离运动状态		四季青48	角美58	上旺80	湾头84	石家庄78	烽火68	安仁90	总计506
第二代已完成分离的家庭	小家庭								
	从506户中分出的第二代小家庭	56	24	86	84	87	70	79	486
	老人家庭								
	儿女婚后分出,父母独自生活的老人家庭	6	4	8	16	12	0	18	64
	女儿嫁出,没有儿子的老人家庭	0	3	2	1	0	1	2	9
	祖孙三代家庭								
	幺儿娶媳生子和父母仍在一起生活的祖孙三代家庭	7	2	9	17	9	16	6	66
	几个儿子婚后分出,只留一个儿子(不是幺儿)和父母组成祖孙三代家庭			2	2	2	9	2	17
	儿子婚后分出,父母和女儿女婿组成祖孙三代家庭				1				1
	没有儿子的父母和女儿女婿组成祖孙三代家庭			7	2	3	3	3	18
	儿子婚后分出,父母各随一儿		1					1	2
第二代处在分离和将要分离过程中的家庭	过渡性家庭								
	儿子婚后分出,未婚弟妹和父母在一起	11	10	17	11	15	13	14	91
	儿子婚后分出,留下一个已婚儿子和未婚弟妹与父母在一起	7	1	5	3	5	3	3	27
	大儿子婚后和未婚弟妹以及父母暂时在一起生活	3	8	4	6	6	3	8	38
	几个儿子婚后暂时和父母以及未婚弟妹在一起生活		3	2	2	5	0	3	15
还未分离的家庭	小家庭								
	儿女都还未婚、仍和父母在一起生活	2	1	7	14	2	3	5	34

续表

家庭分离 运动状态		四季青 48	角美 58	上旺 80	湾头 84	石家庄 78	烽火 68	安仁 90	总计 506
稳定的 家庭	老人家庭								
	无儿无女老人家庭	3	4				1	2	10
	祖孙三代家庭								
	独子娶妻生子和父母在一起组成 祖孙三代家庭	9	21	17	9	19	16	23	114

集在一起进行集约化经营。这种局面是否会阻碍家庭分离的趋势，还有待从以后的实践中得到答案。

最后，展望20世纪末的家庭结构发展的趋势。届时轮到第二代的子女，也就是第三代成家立户了，他们绝大多数是独生子女，即使他们婚后全部不离开一方父母（男方父母或女方父母），那么整个社会上还会出现半数老人家庭，何况总有不少的新婚夫妇分离另立。因此，伴随一户新的小家庭的建立，同时就产生两户中年夫妇家庭进而逐渐步入老年家庭。因此巩固祖孙三代家庭，是涉及维护社会伦理和建设精神文明的一件大事，当前和今后若干年后都应该引起整个社会的重视。

除此之外，为应付未来产生的大量老人家庭，现在就应该着手办理农民退休金制度，农民社会保险事业，农民生活服务设施以及农村文化娱乐设施。还要办好现在已经举办的敬老院等项事业，大力兴办社会福利事业，不仅使现有老人老有所养，并且也使现在的年轻人解除后顾之忧，这对于巩固和发展计划生育，落实每对夫妇生育一个孩子的政策，是有积极意义的。

表 9

地　　点	现在家庭户数	小家庭	直系家庭	联合家庭	其　　他
四季青	48	19	28	0	1
角　美	58	16	34	3	5
上　旺	80	28	43	2	7
湾　头	84	36	41	2	5
石家庄	78	28	42	5	3
烽　火	68	19	49	0	0
安　仁	90	34	44	3	9
总　计	506	180	281	15	30
百分比	100	36	55	3	6

（原载《人口探索》1982 年第 2 期）

中国家庭户规模和家庭结构分析

　　我国 1982 年人口普查数字公布以后，使用其有关数据，探索我国人口发展变化对于家庭户规模和结构的影响；研究我国社会主义革命所导致的经济、社会和心理等方面的巨大变化，对于家庭户规模和结构的影响；研究新旧社会家庭户规模和结构的差异变化和变化的原因，把握其特点和发展的趋势，不仅在理论上是有意义的，而且对于社会主义建设也是有实际意义的。

　　我国的人口普查和户口登记制度，都把户区分为家庭户和集体户两个类型，前者是城乡居住在家里的人口登记单位，后者是居住在机关团体、企业、事业集体宿舍的人口登记单位。本文只限于对我国家庭户的规模和家庭结构进行分析。

　　在分析家庭户规模时需要对于旧中国家庭户规模确定一个恰当的基数，以便和现在的家庭户规模比较对照。

　　旧中国的官方户口统计，一般都认为全国家庭户规模在 5 人以上。下列官方户口统计资料表明从 20 世纪之初迄至新中国建立的半个世纪里，全国家庭户规模始终保持在 5.17 人到 5.38 人之间（见表 1）。

　　旧中国的官方统计数据当然是不准确的，其中遗漏和误差定然不少。但印证民间学者当时进行的抽样调查的结论，说明中国全国家庭户规模一般在 5 人左右是大致不差的（见表 2）。

解放以后新中国在经济基础和上层建筑的各个方面进行了巨大的社会改革，从而使经济结构、社会关系和意识形态等方面发生了巨大的变动。影响所及家庭结构和户规模跟着出现了很大的变化。

表 1　　　　　　　　　　　旧中国户平均规模

年份	户数	人口数	户平均规模	资料来源
1911	71268651	368146520	5.17	引自 1934 年中国经济年鉴
1912	76366074	405810967	5.31	前内务部户口统计
1928	83855901	441849148	5.27	前内政部户口统计
1933	83980443	444486537	5.29	统计提要编列
1936	85827345	479084651	5.38	前内政部报告编列
1947	86637312	463198093	5.35	前内政部人口局统计

表 2　　　　　民间学者调查所得旧中国家庭户平均规模

年份	调查人和调查地点	调查户数（户）	平均规模	资料来源
1930	李景汉教授河北定县社会调查	5255	5.80	李景汉著《定县社会调查》
1931	金陵大学农经系美籍卜凯教授在 22 省广大地区调查	46601	5.21	卜凯著《中国土地利用》
1933	陈达教授综合十个地区调查材料	－	4.84	陈达著《现代中国人口》
1930—1940	中国社会科学院人口研究中心 1980—1981 年在江、浙、川、陕等七地区调查 20 世纪 30—40 年代生育史材料	1016	5.58	马侠著《农村家庭结构的变迁》

一 家庭户规模的发展变化

1982年人口普查结果表明，在29个省、市、自治区总户数221173785户之中，家庭户为220100775户（约占99.5%），集体户为1073010户（约占0.5%）。家庭户规模为4.41人，但是实际上家庭户的人口规模比普查统计得出的4.41人稍微高一些。因为实际上的家庭户数比普查统计的户数稍微少一些。原因是在个别城乡交界地区，某些"工农结合户"即一户之中有的人是职工，有的人是农民，一家人有两个户口簿。其次还由于某些市镇对于集体户的人口，在粮食和副食品的供应上有优待，致使某些家庭户把实际住在家里的职工的户口，登记在工作单位的集体户口中，这两个原因的影响，使得普查所得的家庭户的平均人口规模比实际上的家庭户要小一些，可是对于广大农村和多数市镇来说，并没有这两方面的影响，所以对整个家庭户规模的影响是较小的（参见《中国第三次人口普查的主要数字》书中的几点说明）。

为了进一步核实家庭户规模的准确数字，国务院人口普查办公室、国家统计局人口统计司事后在北京、天津、上海、辽宁、山东、湖北、广东、四川、陕西等9省、市对19922个家庭户的规模进行重点核查。

核查的方法是对被核查户在1982年7月1日的每个家庭成员进行重新登记，以此实有人数和1982年人口普查登记时的数据进行对比，分析核查数和普查登记数的差异比例和差异的原因。

重新登记的原则，仍然按照"1982年全国人口普查表的填写说明"中关于家庭户填写的规定进行。即："同一家庭户的人口，居住、生活在一起的，不论是否在机关、企业、事业单位工作，不论是农业人口或非农业人口，不论是由国家供应商品粮的人口或不供应商品粮的人口，普查时均应登记为一户，不得分为两户。"

总共核查 19922 户，核实数和普查数表 3 所示。

表3　　　　　　　　　　核实数与普查数对比

核查户数	普查时在本户登记人数	普查时未在本户登记人数					普查时不应在本户登记人数	核实 1982 年7月1日户内实有人数
		总数	户籍在集体户	因系农业人口	户籍在本县市他址	其他		
19922	76442	2376	890	321	879	286	-135	78683

依照普查时登记的人数 76442 人，计算平均家庭户规模为 3.84 人；按照核实人数 78683 人，计算平均家庭户规模为 3.95 人。核实后每家庭户平均人口增加了 2.86%，以此作为调整系数，将全国市镇家庭户规模进行调整，1982 年普查为 3.84 人调整为 3.95 人；县的家庭户每户平均人口 4.57 人，不受上述因素影响，毋须调整。全国家庭户平均人数则调整为 4.43 人。

由此可见，核实的结果和普查的结果相比，城镇家庭户规模的误差是不大的，其对全国家庭户规模的影响是比较小的。

1982 年普查全国家庭户规模 4.43，与 1953 年、1964 年两次普查数字相比，呈现上升趋势。如果参照有关方面提供的个别年份的家庭户登记数（如 1973 年为 4.78）来看，表明三者普查的全国家庭户规模的变化是一条有起伏的曲线，1982 年的家庭户规模并不是曲线的最高点（见图）。

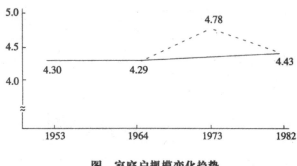

图　家庭户规模变化趋势

　　1953 年人口普查全国家庭户规模为 4.30 人，对比 1947 年旧中国家庭规模 5.35 人，下降幅度很大，这种骤然的变化不是由于全国人口数量的减少而是由于全国户数的增多，其主要原因是由于不少原来多代同堂的户，几个兄弟婚后不分家的户以及其他种种人口较多的户先后分居另过，单独组合成许多小家庭户，户数猛增使得户的平均人口骤降。1953 年家庭户数（133845988 户）比 1947 年户数（86637312 户）增加 4700 多万户，在短短 6 年之间增加这样多家庭户，在中国历史上是不曾有过的。

　　其后，经过恢复时期，生产迅速发展，生活逐步提高，社会安定，人民得到前所未有的休养生息和安居乐业的社会环境，致使人口自然增长率逐渐上升。20 世纪 60 年代初期人口自然增长率有所下降，影响所及户的平均人口规模也相应下降。1964 年人口普查全国家庭户规模 4.29 人，正反映这个时期人口发展状况。后来，家庭规模又随着人口自然增长率开始回升。在"十年动乱"期间，人口增长失去控制，人口自然增长率迅速上升。1973 年的家庭户规模高达 4.78 人，与 1953、1964、1982 年三次人口普查数字相比，1973 年是高峰。由于计划生育政策的贯彻，人口控制收到巨大的成效，人口出生率和自然增长率的逐渐降低，抑制着家庭户的平均人口的上升。1982 年人口普查的家庭户规模是 4.43 人，表明较 1973 年明显下降，估计今后还可能有小的起伏波动。但是总趋势将是缓慢下降。当然，这并不是说家庭规模升降，只与人口的增减同步变化。其实户数本身的变化也在同时影响户规模的变化。

在现实的人口变动中，影响家庭户平均规模的两个因素，即人口自然增长数的变动和户数增长的变动同时都在起作用。30 多年来我国人口的自然增长十分迅速，而户数的增长也在起伏变动，从整个家庭户规模的变化过程看来，解放以后恢复时期（1949—1953 年）由于家庭户数猛然增加对于家庭户规模的影响要大些。而 1953 年以后户数增加速度有所减慢，所以人口自然增长的变动对于家庭户规模的变化影响要大些。

二　家庭户规模的地区差别和城乡差别

从各个地区家庭户规模的差别来看，1982 年人口普查数字表明，规模最小的省、市是上海（3.6）、北京（3.7）、天津（3.9）、江苏（3.9）。规模最大的是广西、西藏、甘肃、青海、宁夏（这 5 个省区都是 5.1）、云南（5.2）。其他 19 个省、区，都在 4 人到 4.9 人之间。

由于地区之间的经济和社会发展状况的差异，民间习俗、宗教信仰和民族文化传统的差异，致使家庭户规模的大小各不相同。一般说来边远地区和某些少数民族的家庭户规模较大，而内地的家庭平均规模较小。然而 30 年来所有地区家庭户规模的变化，都反映着人口自然增长率和户数的变动对于家庭户的相关作用，以及计划生育政策的推行和家庭结构变化对于家庭户规模的间接影响。

再从家庭户规模的城乡差别来看，1982 年人口普查数字表明：市镇家庭户规模为 3.95 人，乡村家庭户规模为 4.57 人，乡村家庭户规模既高于市镇的也高于全国的家庭户规模。1982 年人口普查数字和 1953 年、1964 年两次人口普查数字相比，明显看出，市镇家庭户规模发展趋势逐渐下降，相反，乡村家庭户规模则逐渐上升（见表 4）。

表 4 　　　　　　　　　三次人口普查的家庭户规模　　　　　　单位：人

年　　份	全国	市镇	乡村
1953	4.30	4.66	4.26
1964	4.29	4.11	4.35
1982	4.43	3.95	4.57

应该指出，1953 年城市家庭户规模高于农村，这种现象是不寻常的。旧中国城乡经济、社会文化发展水平差别悬殊，从而农村家庭户的平均规模高于城市，解放前的户口统计都反映了农村户的平均规模高于城市这一特点。

表 5、表 6 表明 1928 年和 1947 年旧中国多数城市家庭户的平均规模低于所在省份的农村。那么，解放以后仅仅几年时间为什么城乡家庭户规模如此高低颠倒呢？如前所述，主要是由于社会的巨大改革影响到家庭结构上的变化，家庭户发生了分离另立的趋向，而农村特别是在土改和合作化运动后，家庭分离另立的趋势比城市更为明显。因此当时出现了农村户的平均规模低于城市的反常现象。

表 5		1928 年若干省市家庭户平均人口规模	单位：人
省名	户平均规模	市名	户平均规模
辽宁	6.637	辽阳	5.801
		沈阳	6.112
陕西	5.743	西安	4.266
河北	5.623	北京	5.071
		天津	4.873
绥远	5.452	归绥	4.844
山西	5.158	太原	4.378
福建	5.010	福州	5.375
		厦门	5.111
察哈尔	4.956	张家口	4.952
江苏	4.889	南京	5.077
		上海	4.733
湖北	4.848	汉口	4.824
新疆	4.769	迪化	3.835
江西	4.461	南昌	4.652
		九江	4.952

资料来源：前内政部统计司分省市户口调查统计。

1953 年市镇家庭户规模高于农村，而 1964 年和 1982 年农村家庭户规模反而高于城市，30 年间城乡户规模都经历了一个反向的变化过程，原因当然也是多方面的。就其主要原因来说，除去前已述及的解放后最初几年农村家庭户数大量增加以外，还由于城乡人口自然增长率的差别变化所致，1954—1963 年城市人口自然增长率一直高于农村，而 1964—1982 年却截然相反，农村人口自然增长率一直居于城市之上。

表6 　　　　　　1947 年若干省市家庭户平均人口规模 　　　　单位：人

省名	户平均规模	市名	户平均规模
黑龙江	9.43	哈尔滨	4.96
辽宁	5.93	沈阳	4.87
		大连	5.82
湖北	5.65	汉口	6.13
河北	5.60	北京	4.87
		天津	5.11
四川	5.52	重庆	4.91
山东	5.30	青岛	5.18
广东	5.02	广州	8.04
江苏	4.87	南京	5.19
		上海	5.11
陕西	4.72	西安	5.04

资料来源：前内政部 1947 年户口统计。

三　家庭户的世代和家庭结构的变化

　　1982 年人口普查家庭户规模 4.43 人比旧中国的家庭户规模显然是缩小了。这种变化还可以从人口数在家庭户的分布上看出来。1982 年人口普查 10% 抽样汇总表（45）按户拥有人口数统计的家庭户数表明：在抽样总户数 22077558 户中拥有 1 人、2 人、3 人、4 人、5 人、6 人、7 人、8 人和 8 人以上的户数分别占总户数的比重，见表 7。以此和 1930 年李景汉教授在河北省定县调查资料，1931 年金陵大学美籍教授卜凯在 22 省调查资料，以及 1980—1981 年中国社会科学院人口研究中心的生育史调查资料对比，就会看出：（1）1982 年的 3 人户、4 人户、5 人户在总户数中所占比重和解放前 30 年代大致相似，变化不大。
（2）7 人户、8 人和 8 人以上户明显地减少。（3）1 人户和 2 人
户则有明显的增加。

这种变化说明 30 多年来家庭户的人口规模缩小了。

表 7　　　　不同年代的按拥有人数统计的家庭户数的比重　　　单位：%

年代	调查人和调查地点	1 人	2 人	3 人	4 人	5 人	6 人	7 人	8 人以上	总计
1930	李景汉在河北省定县	3.60	7.64	12.84	16.21	14.80	12.67	10.16	22.00	100
1931	卜凯在 22 省调查	2.50	8.30	15.40	19.00	17.90	13.00	8.80	15.10	100
1930—1940	中国社科院人口研究中心在七地生育史调查	2.60	9.10	15.40	13.70	15.60	11.50	10.50	21.49	100
1982	人口普查	7.94	10.06	16.05	19.56	18.35	13.11	7.95	6.95	100

家庭户人口规模的缩小，还可以从家庭世代的减少取得证
明。人口普查抽样汇总表（45），表明 30 多年来家庭户的世代
构成上的变化也是很大的。

表 8　　　家庭户类型（1982 年人口普查 10% 抽样汇总表 45）

抽样总户数	一对夫妇户	二代户	三代户	一代户和其他亲属及非亲属	二代户和其他亲属及非亲属	三代和三代以上户和其他亲属非亲属	单身户
21975848	1049999	14220121	3771758	225555	603517	359146	1745752
100%	4.7%	64.7%	17.16%	1.02%	2.74%	1.63%	7.94%

把表 8 家庭户的 7 个类型，完全按世代归类重新组合为一个世代户、两个世代户和三个世代及以上户，即把一对夫妻户、一代和其他亲属及非亲属户、单身户合并为一个世代户；把二代户、二代和其他亲属及非亲属户合并为两个世代户；把三代户、三代和三代以上以及其他亲属非亲属户合并为三个世代及以上户。这样一个世代户、两个世代户、三个世代及以上户的比例，分别为 13.74%，67.45%，18.79%，以此和李景汉教授的河北省定县调查数据相比，就可以清楚地看出半个世纪以来家庭世代的变化是：（1）一个世代户和两个世代户明显地增加，20 世纪 30 年代一个世代户和两个世代户约占 51%，而现在则上升为 82%。（2）三个世代及以上户则明显减少了，30 年代三代户和三代以上户约占 50%，而现在则下降到 18.79%（见表 9）。

表 9　　　　　　　不同年份按世代统计的户数比重　　　　　单位:%

年份	调查人和调查地点	一代户	二代户	三代户	四代户	五代户
1930	李景汉教授河北定县	2.52	48.93	40.19	8.15	0.19
1982	人口普查抽样汇总	13.74	67.45	18.79（包括三代以上户）		

解放 30 多年以来由于人民生活水平不断提高，医疗保健事业逐渐改善，不仅人口的自然增长较快，同时人口的平均寿命也日益提高。65 岁以上老人逐年增多，家庭的世代相应增加，然而从户口登记和普查统计中却呈现出家庭世代的缩短，这种矛盾的现象，主要是由于社会、经济、文化、职业、心理等多种因素的变化所导致的家庭结构上的变化。例如从人们亲子关系上来看，30 年来祖孙三个世代的关系无疑是日益增多了。然而从具体的生活单位来看，一个三代大家庭往往分解在两个小家庭生活，所以这两个家庭的人口规模和世代都下降了。

那么30年来家庭结构上有哪些明显的变化呢？1982年人口普查抽样汇总表（45）可以看出，核心家庭增多了，而大家庭则大为减少了。

中国社会科学院人口研究中心所作的农村老年妇女生育史的调查表明，20世纪30—40年代农村的核心家庭占30%，大家庭占66%，其他家庭占4%，中国社会科学院社会学研究所在天津市所作的家庭婚姻生育调查表明，1981年调查时55岁以上的妇女，婚后不住婆家，夫妇另立门户建立核心家庭的占31.32%，43—54岁的妇女婚后夫妇建立核心家庭的占59.88%，31—42岁的婚后建立核心家庭的占65.04%，而30岁以下的妇女婚后建立核心家庭的占67.21%。① 用1982年人口普查数字和这些调查相对照，说明30多年来无论是城市或乡村，一对夫妇及其未婚子女组成的核心小家庭日益增多，而多代重叠的直系大家庭和同胞兄弟婚后仍不分家的联合大家庭已在大量减少。

家庭结构上的这种变化有其深刻的经济根源。旧中国90%以上的农民家庭依附于封建地主的土地之上，或者是附着在他们自己的小块土地之上，农民离不开家庭首先是他们离不开土地。比较富裕的家庭，千万百计维护多代同堂的大家庭，实质上是维护几代聚积的土地和财产。他们不希望儿孙分家另立门户，乃是不愿意看到世代聚积的土地财产化整为零。家庭的不可分离是和财富的不愿分割密切联系在一起的。在他们的社会心理反应上添人增口不仅是家室兴旺的象征，而多代同堂、人多势重，更是在社会地位上的实力象征。祖父或是父亲是一家之主，父权在家庭中有绝对地位，有父在世儿辈不敢轻言分家。在比较贫苦的家庭

---

① 引自潘允康、潘乃谷：《试论我国城市的家庭和家庭结构》，《天津社会科学》1982年第3期。

中，没有土地或是缺少土地和其他生产资料，例如3个儿子5亩地，极少的生产资料几乎是无法进行再分割，虽然土地缺少，但是父母兄弟姐妹媳妇孙儿等较多劳动力合在一起，便于组织分工协作，全家共同劳动，共同消费，勉强度日也许要比分开另过要好一些。因此，多代同堂和人口众多的大家庭不仅是适应富裕阶层的经济、社会和社会心理等因素而存在的，而对于贫困的家庭来说，适当大小的家庭规模也是适应较为低下的生产力状况而存在的。

解放以后，首先是生产关系的改革，特别是封建土地所有制的改革，使得维系大家庭的物质基础不复存在了，同时也改变了父权在家庭中的地位。家庭中所有的成员同样分得一份土地和其他生产资料，在生产领域和分配领域都拥有平等的权利和地位，从而使得兄弟间、儿孙辈分家另立成为可能。其次合作化运动以后，集体化的生产不仅改变了原来的小生产者的生产方式，而且也改变了农民生活方式的某些方面。祖孙父子兄弟姐妹不再被禁锢在地主的土地或是自家小块土地之上进行劳动，而是在社队的集中统一指挥之下，被派往不同的生产岗位，得到不同的劳动报酬，再加上或多或少的婆媳不和，妯娌怄气，在这种情况下，儿辈婚后分出另过是有其客观原因的。至于那些在工业化过程中从农村被厂矿吸收去的劳动力，远离家乡前往工矿和城镇，年日长久往往就在工作地点成亲立户，仍把父母留在农村，这是极普遍的现象。而城市居民家庭分离状况比起农村更甚，天津市一个街道452户之中核心小家庭占82.9%（中国社会科学院社会学所调查）。这是因为儿辈孙辈工作以后有固定收入，经济上的独立自主性较之农民更大，而在传统观念和社会心理上维系大家庭的意念较农民更弱，加上城市居民家庭成员职业行业，收入报酬，兴趣爱好等方面的差异，以及原有居住条件不允许多代同堂或是几房兄弟婚后同户，所以许多新婚夫妻婚后和父母分居另立，是非常普遍的。总之无论是农村或是城市，核心家庭的大量增长，大家庭的迅速减少，这种家庭结构上的变化是导致家庭户规模缩小和家庭世代减少的重要原因。

四　几点看法

综前所述，解放以后30多年来，由于社会各方面的巨大变革，家庭规模和家庭结构也发生了重大的变化。其变化特点可简单概括如下：（1）目前家庭户规模比旧中国的家庭户规模是缩小多了，30多年来经历过高低起伏的发展过程，总趋势仍是日趋缩小。（2）家庭户规模逐渐缩小的根本原因是社会制度的巨大变革，而人口自然增长率的变化和家庭结构的变化则是重要原因。（3）家庭结构的主要变化是多代重叠的直系家庭和兄弟婚后同灶合食仍不分户的联合家庭，以及联合—直系家庭的大量减少，而核心家庭却日益增多，与此同时，还保留着一定数量的祖孙三代直系家庭。

与年青一代婚后建立核心家庭同时出现的是老人家庭增多。第三次人口普查抽样汇总表（45）的4.7%的一对夫妻户和7.94%的单身户中（见表8），就包含着一些子女长大出走后留下的双亲。有的是几个儿子婚后全部分出另过，甚至也有独子婚后也把双亲留在家里，出去另立门户了。随着第二代婚后另立趋势的加强，独自生活的老人家庭还会增多，加上本来就无儿女的老年鳏夫寡妇，老人家庭还会更多些。对于这类家庭的生活安排应该引起社会的重视。

在青年一代建立小家庭的浪潮对于传统大家庭的冲击过程中，大家庭已不多见，五世同堂的观念已抵挡不住建立小家庭趋势的发展。然而在大小家庭消长和新旧思潮对峙的空隙之中，还保留着一些祖孙三代的直系家庭〔1982年人口普查抽样汇总表（45）中三代户和三代以上户和其他亲属非亲属中的一部分也属此类〕。在这样的家庭之中父母亲和儿子儿媳一般各自都有劳动收入，他们在经济上的矛盾不大，父亲、儿子、儿媳下地生产或是进厂做工，婆母料理家务照看孙儿，婆媳在生活上和生产上的相互照应抵消了相处之间可能存在的不和，两代夫妇分工合作相得益彰。这种三代家庭普遍保留着敬老养老的伦理风尚。无论在农村还是在城市，它不仅有存在的条件，而且更有存在的必要。

我国和西方国家在社会制度和民族文化传统方面都是不同的，因此家庭结构的发展趋势也不尽同。

欧美许多国家家庭户规模比我国低得多。例如西德、美国、瑞典三国家庭户规模分别为2.88人、2.75人和2.60人，其中美国家庭户规模战后下降得很快，1950年为3.37人，1970年为3.14人，1980年为2.75①。

美国家庭规模缩小的直接原因，是由于户数增长很快而增长最多的是单身户，战后初期的"婴儿潮"过去以后，从20世纪50年代中期开始，与生育率下降同时出现的是单身户数的大量增加。30年间单身户增加1倍以上（1950年单身户只占总户数的11%，1970年占19%，1980年占22.7%），总数高达1800万户以上。单身户增加的原因主要是青年人到达成年以后，纷纷离家出走，自行立户的数量大大增加（例如35岁以下男性单身户，1960年比1950年增加119%，1970年比1960年又增加144%。35岁以下女性单身户1960年比1950年增加27%，1970

---

① 《美国人口统计》，1982年7、8月号。

年比 1960 年又增加 114%)① 这是和我国不同的地方，我国户数增加较多是青年婚后自立的核心家庭户。

此外西方的直系家庭已不多见，独自生活的老人失去子女的照顾，感受不到家庭的温暖，生活在孤独和寂寞的气氛之中。相比之下，我国保留下来的三代直系家庭仍然不失其存在的价值。

（原载《人口研究》1984 年第 3 期）

---

① 《美利坚合众国人口》，国际人口学研究协会丛书。

所有制·家庭功能·生育观

前　言

　　新中国成立以后，每个人每天仍然生活在家庭中，谁也离不开家庭生活。但是在社会舆论中，家庭的功能、作用和地位，被忽视和遗忘了。家庭生活被认为是无关宏旨的个人私事，特别是在理论上，家庭的起源是和私有制相联系的，家庭是私有单位，或个体单位。在新旧社会交替过程中，仿佛家庭会妨碍集体事业的进行，甚至要求人们减轻"家庭观念"，对于非劳动者家庭更要与之划清界线等成为思想建设的重要内容。于是家庭几乎成为公共事务的对立物。从局部看虽有些微道理，但从宏观而论，家庭在两种文明（即社会主义精神文明和物质文明）建设中和两种再生产（即物质资料再生产和人口再生产）中都占有重要地位。因此，在现阶段，特别是在农村发挥家庭固有的生产经营功能，教育子辈、赡养父辈的功能，更是十分必要的。长期以来被人们忽视和遗忘的家庭功能和作用，应该给予高度的重视。

　　在 20 世纪 40 年代末，中国革命取得胜利以后，一场政治大革命伴随着社会经济基础和上层建筑各要素的大改革，或者说社会政治制度的大突变，要以社会其他因素的逐步渐变相衔接。

家庭既不属于经济基础，也不属于上层建筑，然而家庭是在社会经济制度发展到一定阶段的产物，人类社会生活的细胞。家庭的发展变化有其自身的规律，其发展没有突然的骤变，只有缓慢的渐变。30多年以来，中国的社会经济制度发生了翻天覆地的变化，受其影响的家庭功能、家庭规模、家庭结构、家庭成员关系、家庭观念（意识）等方面自然随之发生相应的变化。家庭多方面的变化对人口数量和素质也不能不产生重大影响。

一　家庭变化对人口再生产的影响

（一）家庭经济功能变化的影响

旧时一个小生产者家庭就是一个物质资料生产的基本单位，大约90%以上的农民和手工业者的生产资料（如土地、工具、牲畜、铺房等）或租佃他人或属自有。小生产者全家成员在家长指挥下，分工合作，共同生产，共同消费。在土地上耕种或在院房里制造商品，他们消费大部分劳动果实，出售多余产品，或全部产品，以便换取所需物品。在小生产者的经济活动运行中，家庭起着组织生产、交换、分配、消费各个环节的作用。

农业和手工业实行社会主义改造以后，特别是在合作化和公社化以后，生产资料不再属于一家一户所有，社会主义集体所有制代替个体所有制，小生产者成为合作社或公社的社员，他们大都在公社的集体统一组织和指挥下进行生产劳动，按劳取酬。每个家庭除了出售少量自留地产品外，几乎没有商品交换活动。因此家庭的经济功能大部分消失，保留下来的只有家庭成员在一起共同消费的功能。

家庭的物质生产功能的消失不能不逐渐间接影响人口再生产。众所周知，在以手工劳动为基础的自然经济条件下，一个家庭组成一个个体生产单位。一家人免于冻馁，或为发展成小康水平，小生产者都懂得增添人手是最为重要的条件。又由于高出生和高死亡之原因，自然增长率依然很低，促使妇女生育几乎达到生理的最高界限。所以多生多育既是当时生产力发展水平决定的，也是家庭发挥其经济生产功能的实际需要。当时多生多育并不是某一民族的习俗和妇女的偏好，而这里显示了家庭的经济生产功能对人口再生产的影响。

然而农民和手工业者家庭在合作化以后，其家庭的经济生产功能消失了，因而对人口多生多育的推动影响也就逐渐减弱了。

（二）家庭结构变化的影响

中国从 1911 年旧民主主义革命推翻帝制时起，直到 1949 年中国新民主主义革命取得胜利，前后 30 多年之间中国家庭人口规模一直浮动在 5.3 人上下，起伏变化不大。由帝制改为共和制度，社会制度虽有微小改变，但终因未曾触动封建土地制度，因此与土地脐带相连的农民家庭结构也就无从变动。然而自建国以后 30 多年以来，家庭规模已由 5 人以上缩小到 1982 年的多 4.43 人（见表 1），下降幅度很大。这种变化的原因不是由于全国人口数量的减少，而是由于全国户数绝对量的增多。土地改革以后，许多多代同堂的家庭、已婚兄弟同灶合食的家庭、以及其他人口众多的家庭成员在分得土地以后，分别各带份地另立核心家庭。家庭成员分解的过程就是家庭结构变化的过程，家庭户数增多的过程就是家庭规模缩小的过程。这些变化的进程几乎是同步的，但因果逻辑序列则有不同。在土地制度变革的外因影响下，必然导致原有家庭结构的解体，以及家庭世代构成和家庭规模的变化，即社会经济制度的变革引起家庭模式的变化。迄今中国家庭发展的特点和总趋势是，核心家庭日益增多，直系家庭略有增多，但联合家庭和直系联合家庭则大为减少，家庭规模也明显缩小。

表1　　　　　　　　　　　中国家庭户规模　　　　　　　　单位：人

年　　份	平均户规模	资料来源
1911	5.17	《1934年中国经济年鉴》
1928	5.27	前内务部户口统计
1936	5.38	前内政部报告编列
1947	5.35	前内政部人口局统计
1953	4.30	1953年人口普查
1964	4.29	1964年人口普查
1973	4.78	1973年公安部户口统计
1982	4.43	1982年人口普查

大家庭里原有成员分解、家庭规模缩小、家庭世代缩短、家庭亲属关系简化的根本原因是社会经济制度的变革，而使家庭成员内向聚集力减弱的直接原因是家庭经济生产功能的消失。而家庭规模、结构、世代、亲属的变化最终还会影响到人口再生产的变化。在核心小家庭成长起来的一代新人，习惯生活在小天地，他们不会奢望重返累世同堂多代重叠的大家庭生活，也不会原封不动地继承多生多育的生育观。家庭规模和结构的变化也会影响人口再生产。

（三）家庭观念变化的影响

家庭既是人口自身繁衍成长的摇篮，也是姻亲和血亲共同生活的园地。在私有制度下，家庭还是物质资料生产的单位，财富和权势的附着体，它不仅是人们物质生活的栖身所在，也是人们精神世界享受天伦之乐的天地。人们依靠家庭抚育和赡养，分享成员的欢乐，分担同胞的愁苦，相互取得支持和慰藉。家庭在人们心目中占有重要位置，对一般人说来是不可缺少的，几乎每个人都希望有一个美满的家庭。

随着家庭经济功能的变化，家庭规模和结构的变化，家庭观念（或称家庭意识）也逐渐发生变化。

这里说的"家庭观念"不是指人们对家庭下的定义，而是指家庭在家庭成员心目中的地位和成员对家庭的企望。除去姻亲、血亲之间感情交融上的满足是家庭观念中比较共同渴望得到的目标以外，家庭观念中其他因素就不是任人尽同的和一成不变的。不同时代不同阶级的人对于家庭的企求是不一样的。皇族贵戚视家庭（甚至扩大为家族）是神圣的，家庭和家族的殊荣爵禄，世袭罔替是他们的最高企望。达官显贵企求跻入名门望族，巨商富贾乡绅大户渴望永保万贯家财。士大夫以书香门第自命清高，指望诗书传家或者学优而仕。至于中常人家只望保守祖传家业维持小康生计，市井劳动人民但求全家温饱，不虞冻馁，岁岁平安，免遭灾祸足已。财富的追逐、权势的猎获往往不是单独一个人所能达到的目的，而需要兄弟的支持和儿辈的帮助。所以财富和权势的攫取从开始就带有家庭的色彩，由近亲同姓家族，扩大到外姓姻亲，结成社会网络，对于扩展和巩固家庭和家族的政治经济地位更为有利。历代皇室分封王子和官宦人家的政治联姻，都显示着扩大家族成员努力谋求家族政治经济利益的意向。

人作为一种生物物种，本能地要求自身繁衍永世不断。而当作为社会的人生活在官僚地主富商之家时，上述家庭观念更会强化他们的生育观念成为儿孙满堂。一般劳动人民对于家庭无高奢望，对于子女无高奢求，他们不会幻想子孙成龙变虎耀祖光宗。但是出于增添劳动人手的需要，多子多福的生育观念也是较为普遍的。

在社会政治制度和生产关系大变革以后，家庭不占有大型生产资料，不经营大型物质生产，从而无从聚积大量财富，加上封建家族势力的清除，门第血统观念的批判，使人们在家庭观念里逐渐排除或减少了对于财富、权势、门第的追求，比较完整地保留下来的是把家庭当做亲属休养生息、情感交融的共同体。这种家庭观念的变化会影响生育观念的改变。笔者于 20 世纪 80 年代初，在若干省份调查农村青年男女的生育意愿所得的结论是：70%—80% 的青年普遍希望生养一儿一女。一代新人希望有男有女不仅是追求子女性别齐全，从而获得心理上的满足。他们更为实际的考虑是，生育男孩可承担繁重体力劳动，生育女孩出嫁后，父母可走亲串门，开辟交际场所。生男基于经济上的考虑，生女出于社会交往需要。在目前农业仍然处于繁重体力劳动，农村仍然处于封闭社区的情况下，这种考虑虽然有其合理之处，但是从整个国家的经济发展水平和人口发展速度不相适应的现实来看，国家制定的"晚婚晚育、少生优生"的人口生育政策是正确的。新一代青年的生育观念已从传统的追求多子女转变为替换数字。正是因为"一对夫妇只生育一个孩子"的号召和"替换数字"比较接近，加之人民物质文化水平的提高，以及计划生育政策的宣传，因而广大新一代青年对于一对夫妇"只生一个孩子"的号召比较容易接受。若没有家庭变化这一中介因素的影响，只凭宣传号召，看来是难以奏效的。当人们分析我国人口生育观的转变时，只注意到经济、文化和政策等因素的影响，忽视家庭变化作为中介因素对于生育观念的影响是不全面的（见图）。

把家庭诸种因素对于生育意愿的影响绘成框架图，从图中可以看出，除了被人们议论较多的物质生活水平、文化教育水平、社会观念、各种政策（特别是人口政策）等诸多因素对人们生育意愿产生影响以外，框架图中还着重显示出被人们忽视的另一种事实，即新中国建立以后，由于生产资料所有制的改变对家庭功能、家庭结构、家庭规模、家庭观念产生的影响，继而导致对生育意愿和生育率的影响。

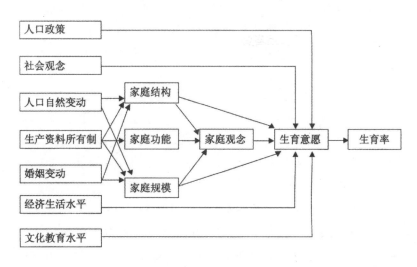

图　影响生育率的因素

二　家庭经营对人口文化素质的挑战

从 20 世纪 80 年代初开始中国推行经济体制改革以后，首先在农村实行生产责任制，允许城乡居民承包和从事个体经济活动。农民可以承包大田、菜园、果园、山林、茶园、养殖、编织、缝纫、商店、饭馆、旅馆、运输等类。生产资料的所有权和经营权的分离,虽使农民家庭成为一个生产的承包单位,但是在生产关系上家庭仍然不是一个独立的基本经济单位。因为土地和大型生产资料仍归公社和生产队所有,所以家庭只是某些生产作业的承包经营单位。由于报酬和产量相结合,充分照顾到生产者的利益,所以联产计酬制和家庭承包制的经济效益十分明显。至于完全自营的家庭企业(手工业、农产加工业、养殖业、商业、运输业)的生产资料,属于自有,生产和流通过程全由自家完成。自产自销虽属个体经济,但它是社会主义经济的补充。目前农村家庭经营收入所占比重相当大,约占全国农村经济收入的2/3左右(见表2)。这一成就,经济学家大多认为是调整所有制使所有权和经营权二者分离,以及分配手段调动生产者的积极性的结果。这种结论虽然是正确的,然而还不是最全面的。还有一种被人们忽视的动因便是家庭经济功能的恢复或部分恢复和发挥。因为家庭承包制发挥了家长在生产经营中的指挥才干和组织才干;充分发挥出家庭成员的劳动技艺。家庭内部彼此了解各自劳力的强弱和技术水平的高低,家长容易把男女分工和老少搭配安排得当;家庭成员十分熟悉承包的劳动对象和生产工具,所以安排生产容易因时因地因物制宜,使其物尽其用,各得其所。加之家庭成员之间既有共同生产的关系,又有姻亲血缘关系,彼此容易协调一致配合默契,家庭范围内的合理和谐的分工协作产生出较大的生产力,这是取得较好经济效益的重要原因。此外,家庭承包产品的生产,也取得某些产品的销售权利,在上交合同产品定额或上交包产产值以外,其余部分任由家庭留用或出售,并按劳动份额分配给家庭成员。所以实行承包制的家庭在不同程度上恢复了经营功能、交换功能和分配功能。这是当前家庭经营在物质生产领域中有利的一面。从另一方面来看,目前农业生产过程多数还处在手工劳动,使用简单机械、手工工具和畜力的状况下，便于发挥出家庭经营功能优越性。因此，它的潜力不是无限的，手工劳动的协作所提高的劳动生产率毕竟是有限的。所以在充分发挥家庭经营功能时不可夸大其效用。

表2 全国农村经济收入情况

	1985 年		1984 年		1985 年比 1984
	金额(亿元)	比重(%)	金额(亿元)	比重(%)	年增长(%)
总 收 入	5990.0	100.00	4891.0	100.00	22.5
乡村企业收入	1827.1	30.50	1268.3	25.93	44.1
集体统一经营收入	161.2	2.69	201.6	4.12	-22.0
经济联合体收入	132.9	2.22	82.0	1.68	61.1
家庭经营收入	3868.8	64.59	3339.1	68.27	15.9

资料来源:《中国统计年鉴（1986）》，中国统计出版社 1987 年版。

然而值得重视的问题是家庭经营功能的发挥对人口发展的影响。各类专业户进行稍大规模的商品生产，都需要聚合较多劳动力进行集约化经营。因此家庭承包制和个体经营制的出现，客观上必然抑制家庭成员的分离趋势，同时在一定程度上也会刺激人们产生增殖人口的企望。将来各种专业户有可能发展为家庭种植场、养殖场、园艺场、酿造厂、农产品加工厂、手工工场、食品厂、商店货栈、运输商行等等较大规模的商品经营形式。这就会更加迫使现有家庭人口不要分离，并且更加迫切渴望自己家里增添人口。因此家庭经营功能的发挥对于家庭现有人口的向心聚集和外延扩大的影响都是相当大的。由各种专业户发展到各种家庭种植场、养殖场，进一步再发展到各种合作联合体，这个发展过程将不会是很短的。在这样一个相当长的时期里，一方面要充分发挥家庭的经济和经营功能，这对于加速社会主义物质文明建设是十分重要的。同时也要积极做好农村的计划生育工作，严格控制其人口增长。与此同时还要增加对农村的智力投资，提高农村劳动人口的文化科学技术水平，以便扭转农村家庭经济发展诱发的单纯增加人口数量的企求。

1982 年中国人口普查结果表明，全国在业人口为 5.2 亿人以上，其中 3.8 亿以上农林牧渔业在业人口文化素质最低，大学程度极少，高中文化程度只占 5.43%，文盲和半文盲率高达 35.90%（见表 3）。目前家庭经营单位主要分布在农林牧渔行业，这些行业人口的文化素质状况显然不适应四化建设的进程。目前在家庭经营功能的进一步发挥中，势必首先依赖增添劳力，从而刺激人口出生率的回升。所以提高义务教育入学率，加强扫盲教育、职业训练、科学普及、技术推广等文化科技活动，应与深入经济体制改革同时并进。

表 3　　　　　　　农林牧渔业在业人口文化程度　　　　单位：万人

合　计	大学毕业	大学肄业	高中	初中	小学	文盲半文盲
38415.5	12.2	2.7	2087.7	8245.9	13936.4	13792.0

资料来源：《中国 1982 年人口普查资料》，中国统计出版社出版。

总之，应该看到当前家庭经营功能的发挥对两种再生产，即物质资料生产和人口再生产的影响，亟须通过提高人口文化素质的途径，既达到扩大物质生产的经济效益，同时又消除其对劳动人手即人口数量增长的需求。这是在经济体制改革中面临的新的挑战。

三　发挥家庭教养功能提高人口道德素质

家庭原有抚养和教育子女的功能，赡养亲长的功能。在社会主义制度国家里如何充分发挥教养功能是涉及提高人口思想道德素质的一件大事，应该加以重视。

（一）发挥家庭教育功能

随着家庭结构和家庭观念的变化，家庭成员在家庭中的地位和角色也相应发生了变化。昔日家庭中一切由一家之主说了算的局面有很大的改变。家庭所有成员在土改中都分到土地，在生产劳动中同工同酬。政治上的解放和经济上的独立使得妇女和晚辈一样在社会上和家庭里都提高了地位和拥有发言权。根据我们在1987年对中国16省74城镇中的23901户调查结果，发现妇女担当户主的有8221户，略高于调查总户数的1/3。年长者在家庭中仍然享有重要地位，50岁以上的家长约占调查总户数的一半，65岁以上的户主在直系家庭、联合家庭以及直系联合家庭中为数最多，比重最大。特别是在直系家庭中，户主的年龄分布几乎是递高递增。30—34岁的男女青年担任户主的数量很大，仅次于65岁的老年户主。表明青年一代在家庭里的地位大不同前，几乎与老年人口处于同等地位，与老年人口拥有同样的发言权。

家庭成员之间的关系和家庭成员的思想道德面貌都有一定变化，特别是"五代家庭"① 活动的开展使得封建家长秩序，男尊

---

① "五好家庭"是：热爱社会主义祖国、热爱集体、遵守法纪好；努力工作、生产、学习、完成任务好；实行计划生育、教育子女、勤俭持家好；移风易俗、文明礼貌、清洁卫生好；尊老爱幼、家庭和睦、邻里团结互助好。

女卑，歧视妇女的传统观念都大大削弱。人们的思想道德素质比旧中国有相当大的提高。但是同社会主义现代化建设的要求，同改革和开放形势的要求不相适应。党的十二届六中全会提出："适应社会主义现代化的需要，以'四有'（即有理想、有道德、有文化、有纪律）为指针提高整个中华民族的思想道德素质和科学文化素质。"社会主义道德建设要以"五爱"（爱祖国、爱人民、爱劳动、爱科学、爱社会主义）为基本要求，建立新型的家庭关系和邻里关系。家庭成员思想道德水平的高低，决定着家庭关系邻里关系的好坏，也是人际关系和谐与社会安定的必要条件。社会主义精神文明建设要求人民具有社会公德、职业道德和开拓进取精神。思想道德素质和个人的品德操行修养的培养应该从小开始，尤其是应该从家庭开始。父母是子女思想的启蒙者，父母的言行对子女影响最大。所以不能忽视学龄前的幼儿家庭教育和青少年的课余教育，父母应用言传身教潜移默化的方法，对子女从小灌输好思想。在家庭里也要提倡文明健康的生活方式，克服愚昧落后的习俗和剥削阶级的腐朽思想。

社会主义制度的发展，为孕育人类精神文明创造了条件。然而目前以家庭为承包经营单位和其他个体经济的存在，有些人产生个人利益和家庭利益高于一切的错误思想也是必然的。因此要教育人民处理好国家、集体、家庭与个人之间的利益关系，发扬社会主义集体主义精神，个人和家庭富裕不忘国家和集体。发扬互助友爱，帮助贫困户脱贫致富。

根据上海市有关方面进行的抽样调查，调查结果大约有87.6%的家庭对子女的教育缺乏科学性。主要表现为：（1）只注意对孩子的智力培养，忽视道德教育；（2）溺爱孩子使他们的心理形成强烈的以自我为中心；（3）家庭对孩子"全包全替"的周到服侍，结果孩子生活自理能力极低；（4）父母忽视言传身教，不能以身作则，结果家长的不良品质和作风对下一代产生不良影响。目前中国 14 岁以下少年儿童数量约在 3.3 亿人口以上，其中独生子女即有 8000 多万人。如果少年儿童受不到良好的家庭教育，随之将会加重学校教育和社会教育的负担，如果他们不能得到德、智、体全面发展，对于四化建设将会产生严重后果。多年以来社会上失足青少年犯罪的原因是多方面的，其中从幼缺乏家庭德育教育也是重要原因之一。因此应该充分发挥家庭的养育功能，要高度重视家庭在培养人口道德素质和建设社会主义精神文明中的作用。

（二）发挥家庭赡养功能

建国以后 30 多年以来，人口平均期望寿命逐步增长，65 岁以上老年人口逐年增加，人口的世代同样相应提高，但是 1982 年人口普查结果表明家庭世代明显缩短（见表 4），这是因为家庭结构变化的结果。直系家庭和直系联合家庭的解体，往往把三个世代以上的家庭分解为两个核心家庭，所以家庭世代明显缩短了。家庭世代构成中，一个世代户和两个世代户明显增加，三个和三个以上世代户明显减少。

表 4 　　　　　　　　　　不同世代户比重 　　　　　　　　　单位:%

年份	调查人和调查地点	一代户	二代户	三代户	四代户	五代户
1930	李景汉教授，河北省定县	2.52	48.98	40.19	8.15	0.19
1982	人口普查	13.74	67.46	18.76（包括三代以上户）		

值得重视的是在一代户家庭中就有许多是独自生活的老年家

庭，今后还会进一步增多，新一代青年是建立核心小家庭。特别是城市的居住条件多数人家容纳不下三代同堂人口，加上青年就业往往分配在外省市，这些也是导致老年人口家庭增加的原因。即使在农村，在工业化引起的农业人口向非农业人口转移过程中，农村青年被征招到外地工厂或矿山充当工人若干年以后，妻子前去投靠或是就地成家立户。目前农村多数剩余劳动力会被当地的社队企业吸收，可以不必远离家乡，但是工作岗位即使是距本村只有几里路以外的城镇，他们仍然不可能把父母带去一起生活。

展望到20世纪末的家庭结构的发展变化趋势，届时该轮到第二代的子女，也就是第三代成家立户了。他（她）们之中有许多人是独生子女，即使他（她）们婚后都不离开一方父母（男方父母或是女方父母），那么整个社会上另一方父母还都会成为老人家庭，何况总有不少新婚夫妇分离另立。因此，伴随一户新的核心小家庭的建立，同时就产生两户中年夫妇家庭逐渐步入老年家庭。我国1982年65岁以上老年人口为4927万人，预计到20世纪末65岁以上老年人将会达到8648万人。如果其中半数是生活在独自料理家务的家庭里，如果社会上有这样庞大的需人照顾的社会生活细胞，必将出现种种困难问题。这是应该引起整个社会高度重视的一件大事。目前国家的财力提供不了数量庞大的老年人口所需要的社会福利基金。所以赡养老人仍然是依靠各自家庭的子女，而不是依靠社会。因此面临将来出现大量老人家庭的这种趋势，需从两方面预先做好充分准备。

一方面应该充分发挥家庭赡养老人的功能，为此必须加强社会主义道德教育，使青年一代懂得赡养父母是公民的义务，也是社会主义伦理道德的规范。家庭结构的变化，子女婚后家庭的分合，虽然不是法律干预的范围，但是赡养照顾老人是法律规定的

400 马侠集

子女义务。婚姻法规定："子女对父母有赡养扶助的义务。"还规定："子女不履行赡养义务时，无劳动能力的或生活困难的父母，有要求子女付给赡养费的权利。"所以，无论是未婚子女、已婚子女，还是与父母共同在一起生活或是已经分离另立的，都应该无条件地履行敬老养老的义务。在社会主义社会的现阶段，物质资料生产还未达到比较丰富的情况下，应该充分发挥家庭原有的养老功能，通过宣传教育使敬老养老成为人们的道德风尚和社会主义精神文明的重要内容。

另一方面还应加强社会主义的社会福利事业的建设。在那些经济发展水平较好的农村，已经建立了农民退休金制度的，应该不断巩固和发展，只要条件许可还应增加退休者的社会福利设施。如举办老年人的生活服务设施和文化娱乐设施。还要办好现有的农村卫生医疗保健和敬老院等项事业，并且要逐步发展农村的各种社会保险事业。那些迄今还没有建立农民退休金制度的乡村也应积极创造条件为失去劳动能力的老人的生活助一臂之力。在城市也应大力发展社会福利事业，不仅使现有老人能够老有所养余热可用，并且也使现在的年轻人想到自己年老时有所依靠，可以解除后顾之忧。这对于落实一对夫妇生育一个孩子，巩固计划生育政策，控制人口数量的增长是有积极意义的。

（原载《中国人口科学》1989 年第 1 期）

生产方式·文化传统·生育意识

自20世纪70年代我国大力推行计划生育政策迄今，就人口增长须与社会经济发展相协调的观点，可以说已为相当多的人所接受。其间马克思主义"两种再生产的理论"的重新提出和再认识，对于解决人们思想上的模糊认识，起了重要作用。现在没有人说中国不需要通过计划生育，进行人口数量的控制。然而就微观而论，一个家庭或一对夫妇对于其本身节制生育的必要性，就未必完全被他们接受，现实生活中的超生和多胎，就是节制生育未被每个生育单元接受的证明。这部分人在计划生育问题上的思想障碍在哪里？我们应该使用什么理论和观点去解决他们的疑虑？学术界已经从不同角度进行了多方面的探索。在此基础之上，本文拟就涉及生产方式与中国文化传统对生育意识的影响作些探讨，希能对于解决群众的思想认识问题提供若干依据。

一 生产方式与生育意识

生育意识一词，我以为包括人们希望自己生育子女的数量、生育子女的性别偏好和人们意识中的生育目的三者。众所周知，中国人传统的生育意识，一般是希望多生多育、偏爱男孩和生育是为了传宗接代。这种生育意识的形成自然有其深远的社会经济和文化背景。

生育意识有两种范畴：一种是人们对于其自身生活于其中的群体增殖发展的意识；另一种是人口群体中每个个体对于其自身生殖繁衍的意识。这两种生育意识并非在每个社会形态中都同时存在，而且这两种生育意识在同一社会形态中，有时是一致的，有时是相互矛盾的。

人类在未脱离动物界以前的生育行为，只是一种物种繁殖本能。当人类进入社会的人的历史阶段以后，人们的生育行为便发展成为一种有社会意识的结果。

最初出现的是群体的生育意识，即个体对于人群整体发展繁衍的要求。在家庭还未出现以前群体中的个体还不会产生自身要求生育的意识。他们从生产和生活的实践中，懂得维护群体对于每个个体生命生存的必要性；懂得壮大群体和使其健康发展的必要性。人们关心的是希望本群中的成年女性生育强壮的后代，足以延续群体、足以生产狩猎和抗御外群入侵。初期婚姻制度的演变是人们在物竞天择优胜劣汰规律中，认识到群体发展应该选择优化发展方向，这足以证明当时群体生育意识的存在。

然而当时每个成员未必都有希求拥有自己儿女的个体生育意识。在母系社会阶段，女性自然受到尊重，男性因有狩猎和防御的功能，也并不受到歧视。因此很难说当时存在性别偏好。个体生育意识的发生是与私有制和家庭这些前所未有的社会范畴出现以后，才逐渐形成和发展起来的。在生产力发展基础上劳动产品出现剩余，家庭成为社会基本的物质资料生产单位，同时也就成为社会基本的人口生殖单位。家庭积累的物质财富需要传给后代，因此确定自己的嫡生儿女成为必要和可能。"导向一夫一妻制的动力是财富的增加和想把财富转交给子女，即合法的继承人，由婚配的对偶而生的真正的后裔。"① 以农牧为主的自然经济的艰辛，促使人们希望多生劳力的意愿，也影响人们产生钟爱男孩的性别偏好。随着母系制度向父系家庭制度过渡，更加重了对男孩的性别偏好。扼要地说：私有制、个体自然经济、父系家庭制是影响人们形成个体生育意识的经济和社会因素。

中国奴隶制西周国君所谓："溥天之下，莫非王土；率土之滨，莫非王臣"的礼赞，和封建王朝所推崇的"广土众民"（《孟子·尽心上》）思想，都反映土地和臣民在当时的统治者心目中占据首要位置。因为在农耕为主的自然经济条件下，社会财富的主要来源是土地，而财富的取得依靠劳力。衣食粮秣来自土地、赋税服役唯征丁口。因此拓展新的疆土，鼓励人口增殖成为历代君主为摄取大量财富而推行的政策。在当时土地与人口的比例还未发展到像今天这种紧张尖锐的情况下，一国之君的"众民"思想作为群体的生育意识，在自然经济社会占据统治地位。为社会的多数成员所接受。当时只有少数的思想先觉者看到有限土地和日益增多的人口之间的矛盾。

在自然经济条件下，一个家庭是一小片土地的拥有者，男耕女织、自给自足。劳力与土地粘连在一起，便是这种生产方式的生产力和生产资料的结合。粮棉丝麻概出土地，衣食温饱全凭气力。这种生产方式客观上引导人们的个体生育意识趋向多生劳力。约定成俗的父系家庭制度和男性财产继承制度，已被社会成员认同为一种社会文化传统，这种文化传统的影响更强化了人们

---

① 马克思：《摩尔根〈古代社会〉一书摘要》，人民出版社1965年版，第30—40页。

对于生育男孩的偏好。在这里个体生产者所渴望的多生贵子、发家致富的意愿，与一国统治者所追求的广土众民、国富民强的目标是一致的。反映在整个封建社会的个体生育意识与社会的群体生育意识是相吻合的。

笔者曾经为文论证，无论是在旧中国封建土地制度下的农民，还是新中国成立以后经过土地改革实行土地国有后，拥有土地使用权利的个体农民，都仍处于以手工劳动为基础的自然经济条件之下，家庭是一个封闭式的自给自足的生产和生活以及生育单位，个体农民为一家人免于冻馁，或企求成为小康，他们都懂得为达到这些目的，确保土地和增添人手是最为重要的基本条件。增殖劳力的要求既是当时社会生产力发展水平所决定的，也是家庭作为社会的基本生产单位的经济功能所需要的。家庭在这里是"两种再生产"的结合点。土地改革以后农村流行的民谣"三十亩地一头牛，老婆孩子热炕头"，正是自然经济条件下个体农民对于土地和劳力以及家庭之不可分割的写照。家庭的物质资料生产功能和家庭的人口生殖功能结合在一起，对于人口增殖的影响作用是明显的。

在农村实行合作化以后，农业生产经营单位先后转归合作社和公社，家庭的物质资料的生产功能消失了，剩下来的只是共同消费的经济功能，家庭生产功能的削弱自然在一定程度上减弱农民对于生育劳力的要求。然而20世纪80年代开始实行农村经济改革，推行生产责任承包制以后，家庭的生产经济功能重新恢复了，个体经济发家致富的向往，直接刺激家庭追求增添人手，从而影响生育率的增长。

自20世纪70年代以来国家开始大力推行旨在控制人口数量的计划生育政策，人口增长必须与整个社会经济发展相互协调平衡的理论，已为多数人所接受，可以说多数人的群体生育意识已经要求国家控制人口数量和提高人口质量。不少人的个体生育意识也已转变为少生和优生，可以说这部分人的个体生育意识与社会的群体生育意识是一致的。然而还有不少追求多生的人，他们的个体生育意识和社会的群生育意识则是矛盾的。他们或者是行动上接受了计划生育的安排，但思想上并未放弃追求多生的愿望，或是不顾计划生育安排贸然抢生超生。

根据梁中堂同志1986—1988年在山西省临汾地区，对经济生活属于中等发展水平的襄汾、翼城、隰县进行的、部分生育多胎妇女婚育状况调查表明：

生育多胎妇女的希望生育数量一般比实际生育低些，希望生1个孩子的占申报妇女的0.5%，希望生2个孩子的占43.8%，希望生3个孩子的占35.5%，希望生4个孩子的占17.1%，希望要5个孩子及以上的占3.1%。

生育多胎妇女对于生育孩子性别的意愿，从第一胎到第五胎希望要男孩的比重，分别是78.8%、65.6%、68.5%、69.4%、74.5%。5个胎次希望生育男孩的比重均占申报该项人数的2/3以上。

该项调查指出，接受调查的生育多胎妇女反映该地区的节育措施是有保证的，凡是采取避孕措施的妇女，从未发生过避孕失败的现象，并且有76%的多胎妇女怀孕被发现以后，都由干部对她们进行过工作。由此可见这些妇女生育多胎的行为是有意识的有目的的。她们的个体生育意识与社会群体生育意识是相互抵触的。

驱使她们超生的生育目的，调查表明以传宗接代、增加劳力、保障晚年生活分别占第一、第二、第三位。这说明目前父系家庭制度，以家庭为单位的家庭经济，和以家庭养老为主的赡养制度的存在，仍然是促使部分农民追求多生男孩的客观因素。

人们常说发展商品经济，增强商品意识，有助于人们改变追求多孩的生育意识，这种看法在理论上是正确的，然而这种改变需要一个相当长的过程，因为在发展商品生产的初始阶段，那些以家庭为单位的小商品经营，原材料采购、制造过程的分工协作，产品的输出销售，诸多环节的人手需求，会刺激人们企望多生自家的子女。当小商品经济越过家庭门槛组成为一定规模的商品生产时，生产过程的家庭内部的分工发展为家庭外部的协作，那时的商品竞争意识会促使人们由追求生育数量转变为追求生育的质量。

众所周知，马克思主义经济学严格地把小商品经济和资本主义商品经济区分开来。前者的生产目的是为了自身家庭的消费，不是为了出售。只是在产品满足自身消费仍有剩余产品时才售出，以便换取自身所不生产的其他物品。马克思对小商品生产的形象概括是"为买而卖"，公式是"W—G—W"（W指商品，G指货币）。

而资本主义商品经济的生产目的，不是为了生产者自身的消费，而是为了出售从中获利。马克思对资本主义商品经济的形象概括是"为卖而买"，交换形式是"G—W—G"。虽然上述二者在生产的物质形态上是毫无差别的，但它们是两种不同的经济范畴，从而两种经济形态的生产者，有两种不同的意识。

在改革开放过程之中，经济学界埋怨我国农民缺乏"商品意识"，正是说这部分庞大的小商品生产者缺乏商品意识，因为他们生产的主体部分还不是商品生产，而是自给性产品生产。即使把全部乡镇企业完全算做是真正的商品经济，其从业人数，充其量不过2亿，而其余2/3以上农民仍然处于自给性生产的小商品经济状况。因此当前重要的是促进农村的社会主义商品经济的发展，而不可过高估计农民商品意识的存在。小商品生产者，即以自给为主的以家庭为生产单位的生产者，要求他们的生育意识由追求生育数量转变为追求生育质量，对其中多数人而言，显然需要帮助他们改变生产方式。

二　文化传统与生育意识

前面引述的山西临汾地区三县部分多胎妇女的生育目的调查显示：占第一位的生育目的是传宗接代。那么这种已被批判多时的封建思想，何以仍然束缚着人们的头脑呢？我们还须从中国的社会文化渊源中寻觅文化传统对生育意识的影响。

（一）生育意识与伦理观念

中国儒家思想把伦理道德与生育意识结合为一，视传宗接代为维系代际伦理关系的纲常和生育目的的规范，从而强化人们的生育意识，数千年来对中国人民影响之深，是随处可以觉察到的。

孟子说的："不孝有三，无后为大"（《孟子》卷二十，离娄上），把无后列为不孝之首的话，几乎是家喻户晓的。

东汉学者赵岐（110—201）对孟子这句生育伦理道德规范的注释是："于礼不孝者三事，谓阿意曲从，陷亲不义，一也；家贫亲老，不为禄仕，二也；不娶无子，绝先祖祀，三也；三者之中，无后为大。"（《四书集注》）赵岐的注释既说清了三不孝的具体内容，也对无后为大的着眼点做了说明，那是因为没有子嗣就会断绝了对于祖先的祭祀。

宋代理学家朱熹重申赵岐的上述注释以外，进而对孟子的另外一句宣扬生育伦理的话做了发挥。孟子曰："舜不告而娶为无后也，君子以为犹告也。"朱熹的注释是："舜告焉则不得娶，而终于无后矣，告者，礼也，不告得；权也，犹告。"意思是舜如果禀告父母，就不能娶到妻室，从而没有后人。禀告只是一种礼仪，不禀告则是权宜，因此禀告和不禀告是一样的。朱熹强调对于涉及生育子嗣的这种大事，可以不顾父子之间的一般礼仪，进行权宜处置。还是把生育子嗣置于一般纲常礼仪之首。

明代丞相张居正对于孟子说的"不孝有三，无后为大"的解释是："然就三者较之，不谏其亲者，止于不能成亲，不为禄仕者，止于不能养亲，其罪未为大也。惟至于无后，则先祖的支派，绝于一人，而父母之宗祀无主矣，其为不孝孰有大于是乎？"

张居正把三不孝概括为不能成亲（不成全父辈）、不能养亲（不奉养父辈）和不能祀亲（不祭祀祖先）。认为三者之中罪过最大的莫过于断绝子嗣无人祭奉宗祠了。

张居正还对孟子说的"舜不告而娶为无后也，君子以为尤告也"所做的解释是："盖告而后娶所以禀命于父母而不敢自专，礼之经也，不告而娶所以继承其宗祀而不至无后，礼之权也。故君子以为舜之不告与告而娶者同，归于孝而已。向使舜拘禀命之礼，而蹈无后之罪，则是泥于小节而陷于大不孝矣。君子奚取焉。夫古今之孝莫过于舜，乃其所最重者在此。可见子之事亲，以承祧（音挑，意原指祭远祖的家庙，后指继承上代）为大，以养老为小，故必宗祏（音崩，祭祀祖先的地方）有托，主鬯（音唱，祭祀神用的酒）得人，而祖宗之神灵可慰，父母之志可悦也，以孝治天下者其尚体而推之。"

张居正这番长篇解释，更为突出地渲染娶妻是为了不使宗嗣断绝，祭祀祖先有人，是压倒一切的孝道，是儒家的最高的生育伦理思想。

儒家的生育伦理观点经过历代思想家和当权者的解说和宣

扬，流传所及，就是对于农夫百工市井小民的生育意识有深远的影响。我们从中国古代文学著作中找到这种思想影响的痕迹。

明末文学家、白话文的倡导者冯梦龙（1574—1646）是率先提出一对夫妇只生一男一女的节制生育的先驱者（见《太平广记钞·古远之》）。在他所处的时代提出人口替换数字的构想是极为难得可贵的。他所编辑的120卷描写世俗风情的话本《三言》（即《喻世明言》、《警世通言》、《醒世恒言》）之中，还附带记录了上溯汉唐下至宋元明各代人民的生育意识。无论是那些乐善好施，救人危难，或爱情忠贞，孝悌友爱的平民百姓，或是横遭陷害的忠良清廉之士。最终结局多是得官致富，享有高寿，子孙繁盛，俱登科第，家族兴盛。这些结局就是旧时一般人所追求的富、禄、寿、子。每回故事的主人并非同时都能得到富、禄、寿，然而"子"是每回故事主人都必获得的报偿。可见追求子嗣在当时人民心目中的地位，要远高于福、禄、寿。

《警世通言》第29卷里书生张浩成年未娶。季父担心延误子嗣，就以"不孝以无嗣为大"为由劝他"在当立之年娶妻纳室"。那些已经结婚成礼的新婚夫妻，父母更迫不及待地"要他们夫妻二人共枕同衾，生儿度种"（《醒世恒言》第9卷）。这里毫无掩饰地把结婚与生育视为同一行为，或是把生育视为结婚的直接目的。如果结婚以后年逾四十仍然无子，就急得烧香许愿，舍金修庙，求神赐子。（《警世通言》第22卷、第25卷）若是身遭横祸，首先考虑的是保全子嗣的延续。《喻世明言》第40卷里，明代权奸严嵩陷害刚直县令沈某下狱，友人劝沈氏次子从速远去，以免祸及全家，谓："公子以宗祀为重，岂可拘于小孝，自取灭绝之祸？"次子不听，遂死于严嵩杖下。又复拘捕沈氏长子，临行对妻说道："我三十无子，小妾已有身孕，他日倘生一男，也绝不了沈氏香烟。"可以想见当时人们的生育意识之中对于子嗣延续的强烈追求，受儒家的孝道的生育伦理观点的影响是很大的。

（二）生育意识与祖先崇拜

如前所述儒家生育伦理思想的生育目的首位是"祀亲"，其次才是"养亲"和"成亲"，在冯梦龙《三言》中各种人物的生育目的的位序也是这样。"养亲"这种生育目的，反映的并不强烈，其中只有一处提到"养儿防老，积谷防饥"（《警世通言》第22卷）。另一处是"生儿育女都有依靠"（《喻世明言》第18卷），其余有三处（《喻世明言》30卷、《警世通言》第22卷、《醒世恒言》第28卷）是"指望寻个女婿靠老终身"。然而《三言》各代人物的"祀亲"意识却极为强烈。《警世通言》第22卷叙述苏州宋氏对浑家道："你我年过四旬，尚无子嗣，光阴似箭，转眼白头，百年之事，靠着何人？"四十岁无子就已心烦意乱，惟恐百年之后身后无人奉祀了。《醒世恒言》第10卷明代直隶客店主人刘氏夫妻六十开外，并无子嗣，夫妻病倒在榻对二义子道："我夫妻年老孤子，自谓必做无祀之鬼，不意地天怜念赐汝二人与我为嗣，名虽义子，情盛嫡血，我死无恨矣。"这些话流露出当时人们对于自身死后无人祭奠的忧虑，和断绝了宗门血胤和列祖烟火的悲痛。所以人们求医问卜焚香许愿，竭尽全力志在必得嫡生儿子。正室不生就娶妾、妻妾都无所出，仍不甘愿绝户，还要使用种种方式"续绝"。

"续绝"的一般方式有"过继"、"收养"、"招赘"。《三言》之中反映各代以上述方式"续绝"的故事很多。值得指出的是：（1）这些"续绝"的主人都是有家有业的，是为寻找继承自己家业的人进门，而不是自身无家无业的，去寻找衣食靠老的收养人；（2）不论哪种"续绝"方式，更为重要的是，百年之后有人接续宗祀，续其烟火；（3）现世活着的人不仅为自己"续绝"，而且还常常为已经亡故的人"续绝"，《警世通言》第32卷提到"文天祥父子夫妻一门忠义，文天祥嫡侄文升嗣天祥之后，延其宗祀"。甚至还有为亡故年代久远的人，过继隔代孙儿的"续绝"方式。《警世通言》第11卷记述明代苏氏为客死他乡多年的胞弟过继次孙为后的故事。由此可以想见当时人们对于自身死后，子嗣后继有人要求的强烈。

那么为什么当时人们那样强烈地要求子嗣延续祭祀有人，千秋万代烟火不断呢？"自然崇拜"、"神鬼崇拜"和"祖先崇拜"在中国古代先人心目中占重要地位，殷代对上帝自然诸神和祖先，不加区别地一律祭祀。史称商代尊天事鬼神人不分。崇拜畏惧上帝自然，希望神鬼祖先赐福。

对祖先的奉祀也是宗教活动的一部分。常以为战败，疫病等是已故祖先在作祟。须常祭祀，祈求福佑。人们深信不疑地是，肉体虽死，而灵魂不灭。祭祀神鬼祖先已经成为文化传统，那么自身百年以后也望子孙祭祀，所以"神鬼崇拜"、"祖先崇拜"强烈影响人们的生育目的。它的根源是人们对于生命的珍爱，和对现世生活的眷恋。但在生命过程有限的现实面前，不得不按照人世景观幻想出灵魂在冥界中永生，使生命终结离开人世时寻找慰藉。

（三）生育意识与释家思想

富贵贫贱、人寿长短、子嗣有无概由命定，这些宿命思想在昔日中国人的头脑中普遍存在的。旧中国又是一个泛神论的国度，本土宗教与外来宗教杂然并行混为一体，佛教的因果轮回善恶报应思想也广泛流传。有无子嗣虽然前生已定，但是现世善恶报应，天道不爽。命中无子因积德行善者，老天可赐儿女。命定有嗣而为恶作孽者，老天可使断子绝孙。在人们的生育意识之中注入了诲人背恶从善的释家宗教思想。

《喻世明言》第1卷，县令吴氏向来艰子，因"心存厚道积德行善"成人之美，使被人拆散夫妻重聚，后来"连生三子科第不绝，人说阴德之报"。《喻世明言》第9卷，唐代丞相裴度将下属逼迫买来的乐女归还本夫，"阴德所致，寿过八旬，子孙繁衍"。《警世通言》第22卷明代苏州宋氏年过四十无子，因广行善事遂得一男。妻子道："宋门积德善良、未曾作恶造孽，况你又是单传，老天决不绝你祖宗之嗣……"后享寿九十余，子孙为世富之家。《警世通言》第25卷，元代苏州施氏年逾四十无子，持诵《白衣观音经》，刊本布施，舍金修庙，果生一男，后及第为官，至今子孙繁衍，为东吴名族。施氏少时同窗桂某吞占施家财产，见难不救又毁约退婚，终遭报应，妻和二子暴死，转世托生为犬，俱为施家看守门户。桂氏乃持斋悔罪。《喻世明言》第32卷宋代"忠臣岳飞父子屈死，但子孙世代贵盛，血食万年，权奸秦桧陷害忠良，上苍断其血胤，养子秦熺乃其妻兄王焕之子，秦妻冒认为子，岂得享异姓之祭哉？""天道报应，或在生前，或在死后……毫厘不爽。"

这些带有宗教色彩和德行说教的劝人向善的故事，把有无子嗣作为上苍对人们行善或作恶的赏罚。有功德就有子嗣，缺德行即绝后裔。把社会推崇的道德规范与人们追求的子嗣延续置为因果报应。这些德行说教劝人积德行善，同时也鼓励人们追求生育。

综观《三言》所反映的历代的社会风情和人物思想，我们明显地看到当时人们生育意识中表述的生育目的，虽然是多样的，如衍续子嗣，继承家业，养儿靠老等等，但其核心则是传宗接代子嗣永远繁衍。其次，在生育子女性别上的选择，无例外的是偏好男孩。第三，在生育数量的追求上，《三言》中描述的各代官吏、商贾和市井良民实际生育多是一子二子，极少人家生得三子五子。没有看到强烈追求"多子"的记述。当然也没有看到独子即足的记述。

在中国漫长的封建历史发展过程中，形成的强烈追求传宗接代延续香火的生育目的和偏好男孩的生育意识的原因，可以概括归结为生产方式和社会文化传统两个方面的原因。具体说来是：（1）在封建土地所有制基础上，自然经济条件下的个体生产单位，需要劳力特别是男性劳力从事物质资料的生产劳动。（2）建立在父系家庭制度上的家庭养老制度，要求生育子嗣以待反哺。（3）建立在父系家庭制度上的家庭财产男性继承制，在世代更替中需要生育嫡系儿孙继承父辈遗产。（4）儒家伦理思想特别是孝道与生育意识相结合，使修身齐家与生儿育女混为一体。（5）神鬼观念和祖先崇拜要求人们生育子嗣祭祀祖先以及百年以后自身的亡灵。（6）佛教善恶报应教义把个人德行好坏与子嗣有无联为因果关系。

依据上述影响中国人民生育意识的经济因素和文化因素，针对现实的人民生育意识，在加强"两种再生产"理论教育和"人口增长必须适应国家和社会经济发展水平等思想教育的基础上，还须加强经济和文化因素的变革，从而促进生育意识的变化。"

三　经济文化因素变化与生育意识变革

（一）小商品生产与手工劳动转向商品生产与机械化劳动

改革开放以后，我国农村承担农业生产的家庭经营者及其家庭人口约有7亿以上，他们绝大多数是"小商品"生产者，即产品的大部分满足自家消费，只有小部分成为在市场出售的商品。同时他们还是以手工劳动为主的劳动者。如前所述，只要家庭经营和手工劳动、半手工劳动两者结合的家庭经济存在，对于男性劳力的需求就是客观必然的。特别是责任田承包制经营使农民不再消极担心扣发超生口粮，进而因积极向往发家致富，从而激发他们增添人手的意愿。家庭经济和手工劳动、半手工劳动是促使人们多生的客观经济基础。因此设想削弱由此产生的多生意愿，需要引导家庭经营由手工劳动和半手工劳动向机械化转变，以及引导小商品经济向商品经济转变。这些转变将会影响农民由追求生育子女的数量转变为追求生育子女的质量，从而导致生育数量的降低。

（二）单系继替与男性继承，转向双系继替与两性继承

新中国建立以后，社会经济制度已有根本性的变革，家庭结构，夫妻在家庭中的地位等等也有相当大的变化。但是父系家庭的实际存在，特别是农村多数家庭父权的统治地位和男性继承制的实际存在，这不能不是影响人们偏爱男孩的客观因素。尽管《婚姻法》规定了"夫妻在家庭中的地位平等"、"夫妻双方都有各用自己姓名的权利"，"子女可以随父姓，也可以随母姓"，"父母和子女都有相互继承遗产的权利"。这些双系继替姓氏，两性继承遗产的法律准则，虽然都有利于提高妇女权利贯彻男女平等，削弱生育意识中的男性偏爱，但在实际生活中，这些法律实施的效果远没有传统习俗影响的巨大。

从法律上规定以两性继承代替男性继承，无论是在道义上和法律上都是公平合理的，但在具体的实施之中还有实际上的困难。旧中国小农经济生产规模很小，许多农户的生产资料和财产数量微不足道。为使物质资料再生产得以延续，避免因遗产公平继承，

割整为零，致使生产陷于绝境。往往在兄弟之间也不分开，仍然维持生产资料的完整（见费孝通：《生育制度》），这是单亲偏重的物质原因之一。在新中国土地归属国家所有，农民只有土地使用权。农民拥有的动产和不动产虽然极为有限，但两性继承多少会提高女性地位，和削弱男孩偏好，因此仍该大力依法执行。

至于亲属体系中的姓氏嗣续，法律由传统的随父姓，改为可任随父姓或母姓，当然也可收到一定的提高女权的效果，但是实际应用的人数并不很多。

众所周知姓氏嗣续的社会作用，无论从父姓或从母姓都是以简明的方式表述亲属体系，按理说兼姓父母双姓最为公平合理。虽然偶然有之，但终难为继。旧中国有姓"陆费"的，"许邓"的，外国也有兼用父母姓氏的事例。这种旨在显示源于双亲的复姓设计，虽然表露尊重母系，但是这种复姓设计只能维持一代，第二代的复姓要用 4 个字表述，要三代则须用 8 个字来表述。因此复姓继替是无法延续的，而双系继替仍可实行。

单系偏重服务于财产继承，但是父亲姓氏偏重也并不能完全约束财产继承。现今发达国家的财产继承权基本做到了男女平等儿女有份。但是姓氏的沿用仍然是父系偏重，而且男性偏爱也有人在。因此姓氏的选择对于提高女性地位和对消除男性偏爱都有一定作用。

（三）养儿防老与家庭养老，转向自我养老与社会保险

当前我国以家庭养老为主的养老方式，仍然是影响人们生育意识的社会因素之一。在父系家庭的更替中，养老靠子是养儿的思想根源之一。随着个人养老储蓄的发展和社会养老保险制度的实施，"养儿防老"思想将会逐渐淡漠。因此，相对而言，在多种影响生育意识的因素之中，家庭养老制和养儿防老思想的影响力并不是最大的。这是因为中国农民的一生就是劳动的一生，就

是到死他们几乎也没有离开劳动，没有享受清闲的想法和经历。笔者在公社化时期看到许多七旬老人，仍在场上劳动，以便换取自己的衣食。如今中国人口的平均期望寿命约为 70 岁。就以 65 岁完全丧失劳动能力而论，那么老年农民需要赡养的平均年月不过 5 年，这样较为短暂岁月的衣食，是完全可以从自己的积蓄之中得到解决的。其次，现在农村之中相当多青年人的赡养意识十分淡薄。在公社化时期，老年夫妇口粮多由社队在其儿子名下扣除直接交给老人。抑或按月按日轮流在几个儿子家中就食，晚景并不风光。法律尽管明文规定："子女对父母有赡养扶助的义务"，"子女不履行赡养义务时，无劳动能力的或生活困难的父母，有要求子女付给赡养费的权利"。但是赡养诉讼案件仍然时有发生。这样的现实生活还能使人奢望"养儿防老"？何况现今农村流行的新潮是娶媳的代价极高，要房、要钱、要物，不一而足。父母为了完成"神圣的种的衍续"，日夜操劳，以便为儿完婚。及到新妇入门，父母便告完成历史使命，依然蛰居旧屋，简朴度日，哪里还能指望什么养儿防老？他们更多是付与，谈不上什么索取，这种心态和现实，哪里谈得上指望儿子养老？个人养老储蓄和社会养老保险制度的推行，基本可解决老人的后顾之忧。因此，养老保险制度的普遍施行，无疑会逐渐消除追求多生的意愿。

（四）促进个体生育意识与群体生育意识的一致

山西省临汾地区多胎生育调查资料表明，"传宗接代"仍是农村妇女生育多胎的主要生育目的之一。"传宗接代"的具体内容虽未调查，但从一些省份农村依然流行给亡故的父母，清明烧纸、冬至焚衣，大做功德超度亡灵等活动看来，反映神鬼崇拜、祖先崇拜企望血脉不绝，百年身后子孙祭扫、香烟不断的传统思想依然存在。

　　对于这些鬼神崇拜等愚昧迷信思想，应该在广泛宣传唯物论和无神论的基础上，予以扬弃。增强家族权势等封建意识应在广泛宣传民主法制的基础上加以清除。但对于民间正当的宗教活动和迷信活动应该加以区别，对于悼念祖先的正常形式和祭奠亡灵的迷信方式应当加以区别，给以正确引导。这是一项具有深远意义的精神文明建设。但是应该清醒地看到，清除了上述愚昧的封建思想，仍不能清除掉传宗接代意识，因为就本质而论，传宗接代的核心是人类种群繁衍的社会意识在家庭成员思想上的反映。也就是说传宗接代既是民族的意识，也是每个家庭及其成员的意识。物种繁衍是生物的本能，而传宗接代则是每个家庭及其成员渴望人丁延续和世代接替的追求。

　　每年清明国家举行祭扫黄帝陵寝大典百姓家家扫墓，以示缅怀始祖激励后代，是有益的社会伦理行为。举凡华裔俱认是炎黄子孙和龙的传人，企望民族繁荣昌盛。这种民族强大凝聚力的自豪感和民族繁衍的强烈群体生育意识，符合社会发展的要求。而组成民族的每个成员、构成社会的每个家庭企盼子孙繁盛，是与上述民族繁衍的愿望一致的。因为个人是构成民族的分子，家庭是构成社会的细胞。群体（民族或社会）和个体（个人和家庭）的发展是相互依存的。不能想象一个民族的成员没有自己家庭人丁延续和世代接替的强烈愿望，能使民族的人口和经济社会繁荣昌盛的。费孝通教授在其《生育制度》一书中提到："社会完整是个人健全生活的条件，而社会的完整必须人口的稳定，稳定人口有赖于社会分子的新陈代替，因之引起了种族绵续的结果。"同时"种族绵续是人类个体生存所必需的条件"①。在人们心目

----

① 费孝通：《生育制度》，天津人民出版社1981年版，第11页。

中，子女是父母自身的一部分，这不仅是因为用血统观念加强亲子一体的信念，认为子女是父母生物学上的支派，更重要的原因是父母把子女看成自己理想重生的机会。父母一生的不幸遭遇和自身的缺点已经无法避免和矫正，因此把实现自己理想重生机会的希望寄托和交卸给子女。就等于用社会标准来责成子女，从而也是抚育作用的保障。社会各种因素使人们在心理上认为父母和子女是一体的，希望"青出于蓝"。理想的交卸，一方面解决了父母内心的矛盾从而得到心理上的平衡，另一方面也正符合抚育作用①。这种对子女的追求和厚望，符合社会延续的需要。不仅是无可非议的，而且是有益于社会的稳定和发展的。问题是应该用科学的道理使人们懂得无论是子是女都是父母结合的产物，其中都含有父母的血缘，因此无论是儿是女都已接替上一代的血脉，都可传宗接代。

清除传宗接代思想中的糟粕，留下来的便是合理内涵。然而在家庭兴旺子孙繁衍与社会民族昌盛的一致之中，也仍存在个体生育意识与群体生育意识之间的不一致。这种矛盾主要表现在生育的数量和性别的偏爱。目前我国群体生育意识的核心是少生优生和生育性别比正常。而部分个体生育意识则仍是多生和男性偏爱。清除传宗接代思想中的糟粕当然有助于促使个体生育意识与群体生育意识的一致。

四　简要的结论

综上所述，改变目前影响农村多胎生育的经济社会因素和传统文化因素，即应从以下几方面着手进行。

---

① 费孝通：《生育制度》，天津人民出版社1981年版，第14页。

第一，农村个体经济、家庭经营、手工劳动的小商品经济，逐渐转变为联合体经济、合作股份经济、规模经营和机械化劳动的商品经济。由此可以削弱追求男性劳力的经济动因。

第二，由目前流行的姓氏的单系继替与财产的男性继承，逐渐转变为姓氏的双系继替与财产的两性继承。由此可以削弱生育上的男性偏爱。

第三，由目前普遍存在的家庭养老制，转变为个人储蓄自养和社会保险。由此可以减缓"养儿防老"的观念。

第四，清除传宗接代中的封建意识，促使个体的世代更替与家庭延续与社会发展和民族延续相一致。

在上述四种因素之中，对生育影响最大，改革难度最大，并且转变时期最长的要算是第一和第四这两种因素。而所有这些因素的彻底转变，也都不是轻而易举的事，为此需要付出更大的努力。同时还须依靠"计划生育法"的强制性威力，使部分人的生育行为必须与反映群体生育意识的生育计划相一致。

（参加中国人口情报中心召开的计划生育

座谈会提交的论文，1993 年 1 月）

作者主要著述目录

中国家庭规模和结构分析　载《人口研究》1984年第3期。

中国农村家庭结构的变迁　载《社会学与人口问题》，天津人民出版社1985年版。

中国人口家庭规模和结构　载《中国人口统计年鉴》，中国社会科学院人口研究所编，中国社会科学出版社1985年版。

婚姻·家庭·人口　载《人口知识丛书》，辽宁人民出版社1987年版。

所有制·家庭功能·生育观　载《中国计划生育大全》，中国统计出版社1997年版。

人口的婚姻与家庭状况　载《中国人口总论》，中国财政经济出版社1991年版。

论工业扩散与农业人口转移　载《东岳论丛》1983年第3—4期。

商品流通与人口流动　载《社会学通讯》1984年第1期。

略论马克思和恩格斯的城市发展观　载《社会调查与研究》1985年第1期。

墨西哥、巴西、智利的城市化与人口迁移问题　载《人口与经济》1985年第3期。

论自发性人口迁移　载《科技导报》1985年第1—2期合刊。

三十多年来我国人口迁移及其展望　载《人口与经济》1987年第2期。

中国城镇发展模式　载《社会学研究》1987年第4期。

工业人口、国民总产值与城镇

发展　载《中国社会科学》1987年第 5 期。

黑龙江省移民调查　载《中国人口年鉴（1985）》，中国统计出版社 1986 年版。

当代中国农村人口面向城镇的大迁移　载《中国人口科学》1987年第 3 期。

封闭式人口向开放式人口的转变　载《中国社会科学院研究生院学报》1988 年第 5 期。

中国城镇发展模式　载《人口》季刊，复旦大学出版社 1988年第 1 期。

中国 74 城镇人口迁移调查报告　载《人口研究》1988 年第 2期。

关于暂时农村人口流动问题的探索　载《人口与经济》1984 年第 1 期。

中国城镇发展模式　载《人口》1988 年第 1 期。

中国人口迁移与城市化研究（主编）　北京经济学院出版社1988 年版。

中国城乡划分标准及城市化发展水平　载《人口与经济》1988年第 6 期。

乡镇企业、农村劳力转移与小

城镇发展　载《科技导报》1990年第 5 期。

中国大百科全书·社会学卷（词条若干）　中国大百科全书出版社 1990 年版。

中国城镇人口增长数据宏观分析　载《人口学刊》1992 年第 1期，后收入《中国城镇化区域比较研究论文集》，杭州大学出版社1992 年版。

人口迁移的理论与模式　《人口与经济》1992 年第 3 期，后收入《中国人口流动态势与管理》，中国人口出版社 1995 年版。

当代中国的人口（合著）　中国社会科学出版社 1988 年版。

中国城镇人口迁移（主编）中国人口出版社 1994 年版。

中国沿海小城镇经济发展与人口迁移（合著）　中国展望出版社1990 年版。

"中国和印度人口发展比较"国际讨论会概况　载《人口研究》1994 年第 2 期。

论脑流失　载《人口研究》1993 年第 3 期。

74 城镇人口迁移调查回顾　载《人口研究》1999 年第 1、2 期。

中国的家族世代规模和结构分

析（中国の人口问题最新基本资料） 日本厚生省人口研究所 1985 年。

An Analysis of the Size of Domestic Household & the Family Structure in China（提交"普查国际会议"论文）《A Census of One Billion People》1984, National Sitatistics Bureau.

On the Temporary Movement of the Rural Population,《Chinese Sociology & Anthropology》1988. No. 2, Drew University U. S. A..

The Pattern of Development of Cities & Towns in China（提交"城市化国际会议"论文）《A Collection of Essays From an International Conference on Urbanization》, Nankai University 1987.

Industrial Population, Gross National Product & Growth of Cities & Towns 《Social Sciences in China》1988, CASS Beijing.

A Study on Urban Population Migration & Urbanization in China 《Renkou Yanjiu》1988 No. 3, Chinese People's University.

Internal Migration in China Since 1949 & Its Future Prospects 《Chinese Geography & Environment》1988 Vol. 1 No. 2, M. E. Sharpe, NewYork U. S. A..

Rural – Urban Migration in Contemporary China 《Chinese Population Science》1989 No. 1, CASS Beijing.

Migration & Urbanization 《Beijing Review》1990 Vol. 33 No. 18.

Changes in Family & Population Reproduction in China（提交"北京大学与英国剑桥大学联合召开的家庭国际会议"论文）《Changing Family Structure & Population in China》, Peking University Press, 1990, Beijing.

Migration & Urbanization in China 《New World Press》1993, Beijing.

A Comparison of Population Development in China & India（提交 IUSSP 国际会议发言）《IUSSP, International Population Conference》, Montreal Canada 1993.

《Migration & Urbanization in China》 M. E. Sharpe, New York U. S. A. , 1994.

New Trends in Population Migration in China（提交"德国科隆大学人口流动国际会议"论文）

《Floating Population & Migration in China》, International Migration Conference at Cologne University, Germany, 1997.

Migration of 74 Cities & Towns Survey Data on Families & Households 《Directory of Surveys》, The Population Council, New York U. S. A. , 1992.

Historical Mission of Township Enterprise in China（提交"农村发展与农村劳力转变国际会议"论文） Paper for International Conference on Rural Area Development & Change of Agriculture Labour in China, 1989.

作者年表

1923 年　北平出生。

1935 年　日寇进逼平津，举家西迁。

1944—1948 年　国立中央大学（重庆、南京）毕业，地下加入中国共产党。

1948—1949 年　撤进苏北解放区，入编金陵支队，南下渡江。

1950—1954 年　华东革命大学指导员，江苏省文委大学工作组组长。负责思想改造和院系调整工作。

1954—1958 年　南京农业大学经济系讲师兼副主任。

1958 年　北京中国农业科学院党委宣传部副部长。

1958—1980 年　北京清华大学经济系副教授、副主任。

1980—1989 年　先后任中国社会科学院人口研究所副教授、教授、副所长，兼研究生院人口系主任。1980 年偕美国斯坦福大学人类学系副教授沃尔夫在京、闽、浙、苏、鲁、陕、川七地农村调查30 年代妇女生育率问题。

1981 年　赴美国、加拿大、日本考察人口学教学与研究，并访问联合国人口司。赴菲律宾参加第十九届国际人口科学研究联盟（IUSSP）大会。

1982 年　参加主持"六五"国家社科重点研究项目《当代中国人口》。

主持在京举办美国密执安大学凯什教授关于抽样调查讲习班。

赴山东省济南、潍坊、济宁、

烟台、威海五市调查人口流动问题。

1983 年 参加世界卫生组织（WHO）在北京召开的"中国人口发展"国际研讨会。

赴黑龙江省加各达齐调查自发性人口迁移问题。

1984 年 参加北京"中国第四次人口普查"国际研讨会。

主持"七五"国家重点研究项目《中国人口迁移研究》。

赴墨西哥、巴西、智利三国考察人口迁移与城市化问题，并访问南美经济委员会与联合国人口司。

主持联合国人口基金组织驻华代表默顿斯与美国布朗大学教授哥斯坦在京举办关于人口迁移讲习班。

受聘国家计划生育委员会专家咨询委员会委员。

1985 年 当选中国城市科学研究会常务理事。在京主持联合国人口基金组织驻华代表拉昆博士、前任代表默顿斯博士、哥斯坦博士关于人口迁移讲习班。

1986 年 与河北省社科院合作进行昌黎、永年等四镇人口迁移问卷调查。

主持十六省市 74 城镇人口迁移抽样调查。

赴英国参加剑桥大学"家庭结构变化"国际学术研讨会。

1987 年 参加天津南开大学"中国城市化"国际学术研讨会。

参加北京大学英国剑桥大学在京联合召开关于家庭结构变化与老龄化国际学术研讨会。

加入国际人口科学研究联盟（IUSSP）。

1988 年 赴澳大利亚国立澳大利亚大学做访问学者，并合作编写《中国人口迁移与城市化》。

1989 年 主持在北京召开"中国城市化与人口迁移"国际学术研讨会。

赴印度参加第二十一届国际人口科学研究联盟（IUSSP）大会。

参加北京国际文化交流中心召开的"农业社区发展与农村劳力转移"国际学术研讨会。

1990 年 离休，继续担任中国社会科学院研究生院教授兼系主任。

1993 年 赴加拿大参加第二十二届国际人口科学研究联盟（IUSSP）大会，应约主持大会所属第四十一分会。

1994 年 受聘中国社会科学

院学衔评定委员会委员，受聘中国社会科学院优秀作品评定委员会委员。

入选美国《国际人名词典》。

1995 年　入选英国《国际剑桥人名词典》，受聘英国《剑桥人名词典》顾问。

赴德国参加科隆大学"人口流动与迁移"国际学术研讨会。

参加农业部召开的"农村发展与农村劳动力转移"国际学术研讨会。

1997 年　参加在京召开的第二十三届国际人口科学研究联盟（IUSSP）大会。